ものづくり経営
リンケージ戦略
LINKAGE

田中 芳雄
野村 重信
編著

上田 隆司
宮本 真一
安田 正義
著

学文社

はじめに

　日本経済は1990年には停滞期に入り，2020年には失われた30年に至っていると言われている。その中で，妹尾堅一郎の『技術力で勝る日本が，なぜ事業で負けるのか』（2009年）の問いかけがある。現に，日本の技術貿易収支が黒字化する時期と経済の停滞期に入る時期とがほぼ重なっている。それ故に，世に言う標語，「科学技術立国」は，立国には十分ではないに違いない。

　「科学技術」の「科学」は自然科学であり，「技術」が自然科学の応用とみなされている（木村英紀，2009年）。しかし，人間の経済活動に関与する科学には自然科学にとどまらず，企業戦略などを対象とする本家本元の社会科学や，企業活動を担う人間や製品・サービスを利用する人間の心理などを対象とする人文科学がある。また近年，「自然科学」に基礎をおかない科学であるシステム科学や制御科学などの「人工物科学」が台頭して，ソフトウェアを介したICT（情報通信技術），IoT（モノのインターネット），AI（人工知能），サイバー・フィジカルシステム（コンピューター上の仮想空間と現実の物理空間を統合したシステム）により，新たな産業革命を牽引している。

　これに加えて，現実の経営においては，科学を超えて哲学的思考による解決法が求められることが多い。経営上しばしば遭遇する，対立する利害を克服するための弁証法や，何が原因で何が結果かが錯綜する経済データから因果関係を導き出す自然実験などはその例である。技能も技術の進化に対応することが求められる。以上を総合すると，新しい標語が必要なことがわかる。これには，「哲学・文理両科学（社会科学，人文科学，自然科学，人工物科学）・技術・技能立国」で応えたい。

　さらに重要なことは，国の基幹産業を担う製造業企業は社会的存在として，いかにあるべきかである。その基本理念として人間尊重，社会調和，環境保全を考え，企業の経営者は全てのステークホルダー（利害関係者）である顧客，サプライヤー（供給業者），従業員，株主，地域社会，地球環境，政府からの

満足（7つの満足）を獲得すべきと考える。

　この標語と7つの満足の主旨を経営に生かす方法を述べる。

　本書は基本編として第1章から第7章まで，活用編として第8章から第11章まで導入編として第12章から第15章までの3つに分かれている。以下にその項目を示し，各章の紹介として簡単な説明をする。

（基本編）

　第1章では，日本製造業がなぜ不振に陥ったのか，停滞の原因を10項目に整理してまとめている。目まぐるしく変化している環境の中でものづくり，つまり「もの」と「つくり」の戦略と戦術が必要である。将来を見据えて，これらにいかなる企業理念をもって対処するか。

　第2章では株主第一主義，ステークホルダー主義について述べ，我々の提案する7つの満足の獲得について説明している。

　第3章では経営戦略を策定する上において，何を根拠にすれば良いのか，従来の戦略について体系的に述べる。そして新たな観点からまとめた戦略を「企業の持続的発展のための8つの根拠に基づく戦略」として提案し，戦略を策定する上においての留意点について述べる。

　第4章ではものづくりを持続的に発展させるために戦略も含めた，より広い観点となる理念・戦術を統合した10の要件をあげる。

　第5章ではものづくり企業の戦略的経営をいかに定量的に把握し，実践するかについて述べる。

　第6章では日本のものづくりシステムとして TPM，TPS，TQM，アメーバ経営の4つを取り上げ，活動の展開，特徴を整理している。そして第11章で4つのシステムの特徴を比較して有用性，効率性について述べている。

　第7章ではものづくり経営と SDGs について述べ，SDGs を考慮した7つの満足についてリンケージした内容を説明している。

　第1章から第7章までをものづくりの基本編とした。

（活用編）

　活用編では基本編の内容に基づいてものづくり戦略をどのように展開すれば良いのか，リンケージ（つながり）というキーワードで整理している。

　第8章ではリンケージという考え方を通じてものづくり経営との関連性を述べている。リンケージとは何かを説明し，ものづくり経営に戦略的に活用され，成果をあげていることを説明している。

　第9章ではリンケージの価値，リンケージの継続性について説明し，リンケージ・マネジメントという考え方を提案している。この考え方は，ものづくり経営に有効に機能することを示している。

　第10章ではリンケージの考え方は人の動機付けと問題解決に深くかかわっていることを示し，ものづくりの環境の変化に対応できることを説明している。

　第11章ではものづくり経営にリンケージ・マネジメントを活用することによって成果が出ることを，いくつかの事例によって説明している。そして基本編からのものづくり経営戦略を，リンケージの考え方に則してこれからのものづくりの方向を提案している。

（導入編）

　第12章ではものの流れをリンケージしたつくりかたを目指したシステムを導入した日本企業を紹介している。

　第13章ではリンケージ生産システムとして海外企業における実際の導入事例を説明している。

　第14章ではリンケージ・マネジメントの講座を AOTS で行い，その内容を紹介している。

　第15章では DX 時代におけるものづくりの導入方向について述べている。

　以上15章よりなる本書は基本編で日本企業の不振の原因とは何かから出発し，ものづくり企業のありたい姿，企業戦略の根拠となる内容，持続的に発展するための10の要件について説明した。活用編ではリンケージ戦略，リンケージ・マネジメントの説明と活用方法を述べ，基本編とのリンケージによって有効性，効率性，社会性をつないだ内容を説明した。今までのものづくり経営とこれか

らのものづくりの方向についてリンケージという考え方で整理した。

　本書はグローバルな環境，情報化環境，地球環境という開かれた外的環境の中で，どのようなものづくりをすれば企業が成長し継続するのか，について一つの拠りどころを示す内容をまとめた。本書は経営者，経営管理者にこれからの方向のものづくりとして活用していただきたいと考えている。また学生の教科書，参考書としてこれからのものづくりを考える指針として活用していただければ幸いである。

　内容をすばやく理解したい読者は第2章，第3章，第4章，第6章，第9章，第11章を読まれればよいと思う。じっくり読まれる方は初めから順に目を通すことをお勧めする。

　リンケージ・マネジメントはいろいろな分野に適用されている。より積極的に活用することによって，新しいことに挑戦する推進力になると考えている。環境の変化が速くなっている現在，リンケージの考え方を活用して場の変化に対応してみてはどうであろうか。つながりから生まれる積極的な Win-Win の関係は，とても素晴らしい世界を我々にもたらすと思う。

　最後に謝辞を申し述べたいと思う。

　本書をまとめるにあたり多くの方々からのご指導・ご鞭撻に感謝申し上げます。何といっても本書をまとめるにあたり，5人の執筆者の強い絆（リンケージ）から生まれたことを記しておきたい。

　最後に，本書の出版にあたり，出版事情の厳しい中，快くお引き受けしていただいた学文社田中千津子代表にお礼を申し上げます。

2022年10月吉日

田中　芳雄

野村　重信

目　次

第 2 部　活用編

第3部　導入編

第1部　基本編

第1章　日本製造業の不振の原因

1.1　日本の GDP の成長率の推移に見る経済の長期低迷

　日本経済は1975年からの黄金期を経て1990年には停滞期に入り，2020年には失われた30年に至っているとまでいわれている。これを如実に示すデータとして図1.1の日本の GDP の年ごとの成長率[1]がある。明らかに1990年以降，低成長が続いている。世にいう失われた20年を経過した2009年にこのような状況に対する危機感から，停滞の原因の分析とそこから抜け出すための提案が，堰を切ったように5冊もの書籍でなされた。それらを発行月順に示すと，『ものつ

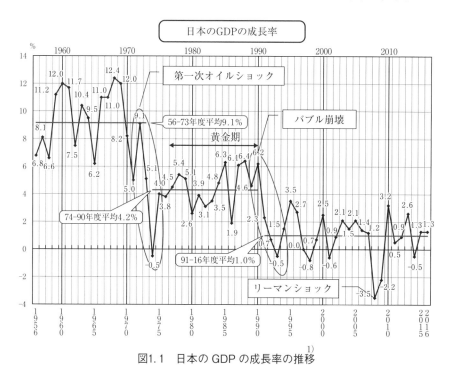

図1.1　日本の GDP の成長率の推移[1]

くり敗戦[2]』,『技術力で勝る日本が,なぜ事業で負けるのか[3]』,『日本「半導体」敗戦[4]』,『危機の経営[5]』,『国際標準化と事業戦略[6]』である。また,2009年の出版のものではないが,その後,『勝つための経営[7]』,『オープン＆クローズ戦略[8]』も同じ趣旨で記述されている。

1.2　日本の製造業の不振の経緯とその背景

　上記の書籍に分析されている停滞の経緯と原因として述べられているものの概要は次のようなものである。

①　近年の大量生産・大量消費の勃興によって生じている技術の複雑化,不確実化に対処するために,自然科学に基礎をおかずに論理に基礎をおく人工物科学が必要だということが日本では十分に認識されておらず,これを基礎とするシステム工学,制御工学,ソフトウェア理論などの技術における活用が弱いのである（木村,p. 20[2]：基本ソフトウェア,パッケージソフトなどで広く使われているものは少ないことからわかる）。この人工物科学の誕生は,第3の科学革命といわれ,20世紀中頃に出現したものである。なお,これに先立つ第1の科学革命は16世紀から17世紀にかけて,ガリレイ,ニュートンによって,技術とはほぼ無関係に近代科学の基礎がつくられたものをいう。第2の科学革命は,19世紀にナビエ・ストークス式,カルノー・サイクル式,ゲイリュサックの気体反応法則などに代表される,数学,物理学,化学などの自然科学と土木,建築,砲術などを体系的に結びつけたものをいう。

　ソフトウェアの具体的な例としては,携帯電話のソフトウェアや,外見上,ハードウェアの典型とみられる自動車でさえも既に走るコンピューターといわれるようになっており,ソフトウェア開発力の遅れは致命傷となる（木村,p. 16[2]）。

　ものづくりに利用されるソフトウェアは一般にディジタル情報を処理して行われ,これによってものづくりが飛躍的に発展してきた。例えば,CAD（計算機支援設計）やCAM（計算機支援加工）などを用いて,簡単にものを製造できるようになっている。ものづくりの知識が全くない人でも,機械の操作を習えば立派な戦力となる。つまり,通常の製造技術水準では高い技術力を有して

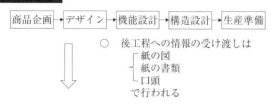

後工程への情報の受け渡しは
　　紙の図
　　紙の書類
　　口頭
　　で行われる

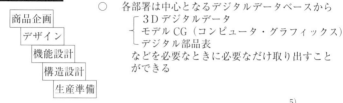

各部署は中心となるデジタルデータベースから
　　３Ｄデジタルデータ
　　モデルＣＧ（コンピュータ・グラフィックス）
　　デジタル部品表
　　などを必要なときに必要なだけ取り出すこと
　　ができる

図1.2　アナログものづくりとディジタルものづくりの比較[5)]

いることがディジタル化の前ほど競争を優位に進める武器にはならなくなっている。

② このものづくりのディジタル化は，製品開発全体のプロセスをも変革できる。図1.2のようにディジタルを使わないアナログものづくりによる製品開発は，商品企画からデザイン，機能設計，構造設計，実際の生産までの開発プロセスがすべて順送りになっている。これに対して，開発期間を大幅に短縮したのがディジタル化によるプロセスイノベーションである。商品企画が続いている間にデザインを始め，デザインの最中に機能設計，構造設計も始めるという開発方法が，ディジタルデータを使って，情報の伝達をうまくやり取りすることで可能になったのである。この方法は，コンカレントエンジニアリング（Concurrent Engineering：CE）といわれ，製品の開発プロセスを構成する複数の工程を同時並行で進め，各部門間での情報共有や共同作業を行うことで，開発期間の短縮やコストの削減が実現される。

③ 世界でのものづくりの勝負は，「もの」と「つくり」のうち，いかなる新

しい「もの」をつくりあげるかにかかっている。新しい「つくり」の技術，つまり生産技術も重要であるが，「もの」あっての「つくり」であるので，始めに「もの」を考えるべきこととなる。

新しい「もの」を得るには，2つの道がある。

(1)　一つは，基礎研究により「先行開発」で全く新しい革新的な製品・サービスを作り出すことである。これは，いうまでもなく，先進国の企業の道となっている。

(2)　他の一つは，基礎研究を特に行うことなく，市場のニーズを的確に捉え，「商品開発」で顧客が欲しがる製品・サービスを作り出す道である。これは，かつて，米国に追いつくために我が国が通り，現在は韓国，台湾，中国などの新興国・地域の企業や，我が国でも特に基礎技術力を持たない企業が取る道となっている。

日本にとっては，現在はもちろん将来にわたり(1)の「先行開発」の道が重要であることは，言うまでもない。

ところが，日本の産業の中でディジタル家電や情報通信，半導体ディバイスや液晶関連の製品では，「もの」の開発に対する投資が多ければ多いほど営業利益が少ない例が1990年の後半から顕在化している。一方，農業機械，産業機械，建設機械，事務機械，部品産業，そして素材や化学，自動車などの産業では，研究開発投資に比例して営業利益が大きくなっている（小川，2015年，p. 62）。[8]

この投資に対する利益が異なる両者を分ける主な要因は，製品設計で使われるソフトウェアの重要度にあるとされる。ソフトウェアが重要な位置を占める産業では，製品アーキテクチャー（設計思想）が大きく変わっている。そこでは，産業構造も競争のルールも急激に変わっている。一方，ソフトウェアがそれほど使われていない産業では，製品アーキテクチャーは大きく変わっていない。したがって産業構造も競争ルールもゆっくり変わるので，技術伝播を事業戦略としてコントロールすることが可能となり，従来と同じ経営思想を追求しても，研究開発投資が営業利益にしっかり結びついているのである。

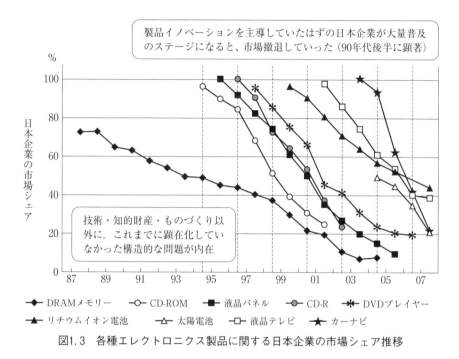

図1.3　各種エレクトロニクス製品に関する日本企業の市場シェア推移

④　図1.3は，随所で引用される小川紘一による図である[8]。ここでは，代表的な例として，DVDプレイヤーを取り上げる。日本のエレクトロニクス産業が総力をあげて基本技術や製造技術に取り込み，市場開拓と国際標準化もすべて日本が主導したイノベーション製品である。必須特許の90％以上を日本企業が持ち，出荷が始まる1990年代後半にはグローバル市場で圧倒的な市場シェアを握っていた。しかし，大量普及の段階でグローバル市場のビジネスリーダーとなったのは日本企業でなく韓国企業や台湾・中国企業である[8]（小川，2015年，p.46）。このように圧倒的な必須特許の保有比率と市場の占有率を誇っていた他のエレクトロニクス製品もDVDの場合と同じく，数年の後に図のように市場シェアを急激に落としている。

⑤　この原因は何であろうか。製品・サービスにソフトウェアが豊富に含まれ

る，いわゆるソフトウェア・リッチのエレクトロニクス産業では製品・サービスの国際標準化が進行している市場環境の下にあるが，日本の企業の知的財産（知財）戦略が適切でないため，市場シェアを落とし，投資に対する営業利益率の低さとなっていると考えられる。

　知財戦略が適切でない理由を述べる。日本企業は，開発・製造を自社および系列企業内で行う垂直統合モデルにこだわり，基幹部品は自社で開発・製作して知財を秘匿化するが，汎用品化した周辺部品との結合の仕方に関する知財は新興国に公開して一つの製品を作りあげるという国際斜形分業（水平でなく上下関係を持つ分業）モデルへの転換が図れていないのである（妹尾[3]，p. 208）。秘匿（または先使用権*）によって開発費の回収が確保でき，一方，分業によって低価格化と販路拡大が期待できるので，結果として自社の収益の増大が図られるとともに，新興国にとっても付加価値の高い高機能技術製品の製作に携われるという，両者に利点がある戦略がとられていないのである（小川，2009年，p. 108）[6]。

　＊他人が出願した発明と同じような発明を既に実施している者は，他人が特許権を得ても引き続きその発明を実施できるという権利。特許がかえって技術流出の起点になる恐れからあえて特許申請をしない場合がある。

⑥　エレクトロニクス産業に限らず，市場環境がグローバル化しているのに，それが持つ意味を日本の企業ではあまり理解されていないように思われる。これまでは，国内，北米，西欧の市場を考え，高品質な商品・サービスを提供することを主眼としてきているが，アジアを中心とする新興国の台頭により多種多様な地域の消費者に合わせるレベルの商品の開発が重要になってきたのに気が付いていないのである。それらの地域の多数の中間所得層（いわゆるボリュームゾーン）向けに高品質でなくてもある程度の品質のものを低価格で作り上げることが重要になって来ている。韓国のサムスンでは現地に住み，市場調査ができる人材の育成には取り組んでいるが，このようなことは日本の企業では行われていないのではないかと思われる。また日本製品は有名だと思い込んでいるために，あらゆる場所やいろいろなイベントで，自社のブランドを売り込む

ための戦略がおろそかになっているのである（畑村・吉川，2012年，p. 82）[7]。

⑦　半導体関連企業を牽引しているサムスンのイ・ゴンヒ（李健熙）会長の「技術は調達するものであってみずから開発するものでない[7]」との経営思想，あるいは「自ら技術を開発せずに先進国から導入すれば3分の1のコストで済む」という北京大学の林毅夫（中国人）のキャッチアップ思想[9]が新興国にある。これらが実践に移され，日本の企業を窮地に追い込んでいる（小川，2015年，p. 228）[8]。林教授は別のところで次のようにも述べている。「一般的には，新しい技術の特許保護期間は20年である。実際には，技術の変化が速いため，10年も経てばほとんどの技術はただに近いコストで導入することができる。そのため，すべての失敗した実験のコストを併せて考えれば，導入コストは研究コストの1％にも満たない」（北京大学中国経済講義，p. 12）[9]。このことばかりではなく，新しい技術を10年も待たずに安価に手に入れるクロスライセンスという方法もあり，これが新興国の戦略ツールとなっている。クロスライセンスとは，複数の企業が自らの持つ特許等の知的財産権の行使を互いに許諾することで，一つの製品・サービスに対する必須特許は1,000件を越えることは珍しくないのであるが，その製品に対して必須特許を1件しか持たない新興国のキャッチアップ（追いつき）企業であっても，先進国企業側に支払うロイヤリティ（特許料）が3％から5％程度の安価な料金で使用できる権利を獲得する戦略となる。先進国側企業にとっては，ひとたびクロスライセンスに持ち込まれれば，開発に投入した資金の回収が危うくなる。

　「日本を猛追している韓国や中国などの企業には，世界に誇れるような基礎技術がほとんどない。彼らは日本や他の先進国が開発した基礎技術をうまく利用することで成功を収めている。『商品開発』の中で特に売れるためのものをつくる『市場分析』，『商品企画』とそのための『設計開発』に優れている。つまり『戦略の勝利』である」（畑村・吉川，2012年，p. 58）

⑧　新興国では，日本や欧米の製品を機能まで遡って分解・分析し，消費者が本当に必要としている機能は何かを考慮して，付け加える機能と削除する機能を見つけ別の解を導き出している（単なる模倣ではない）（畑村・吉川，2012年，[7]

p. 68)。この既成の製品の分解・分析の手法は先進国でも行われているもので珍しくもないが，特許に抵触しないように，また模倣にならないようにしているのが巧妙である。

⑨　いまやあらゆる産業のコメといわれている半導体製品に求められる性能に対して，日本企業は過剰技術・過剰品質から抜け出せないために低価格化が困難となっている。低価格化を図ろうとしても，ひとたび高品質なものを得る手段を獲得した開発技術者がそれをあえて捨てることを心情的に許さないためと思われる。またそもそも低価格化を図る志向が希薄なのである（湯之上，p. 32）[4]。なぜこのように高品質ではなく，それなりの品質のものが求められるかといえば，新しい製品といえども最高品質の部品が必ずしも必要でなく，製品に付与する機能の組み合わせが顧客に受け入れられるものであれば，部品が汎用技術のものでもよいのである。

⑩　「技術は調達するもの」を極端にしたものが「技術を狙う」ことになる。狙われた技術の流出に関して，書類や製品図面の持ち出しを考えがちだが，この形で技術が流出するケースは稀であり，実際には，価値ある技術情報は人を介して流出する。一般的には，技術者の流出はおよそ3つのパターンに分類することができる（畑村・吉川，2012年，pp. 71-74）[7]。

⑴　日本人の現役ないし引退した技術者が週末だけ海外の企業の工場に出向いて技術指導を行う。

⑵　海外の企業が日本人技術者を社員として雇う。定年退職者を迎える，または若い優秀な技術者を一本釣りする。

⑶　ある技術を持っている会社から組織ごと，あるいは部署ごと根こそぎ人材を引き抜く。

　　韓国のサムスンがある技術であっという間に日本の技術をキャッチアップできたのはこうした事情もある（畑村・吉川，2012年，p. 74）[7]。

1.3　日本の技術貿易収支黒字化後に始まる経済の長期低迷

　以上述べたように，日本の経済が1990年以降停滞していることを示す資料と

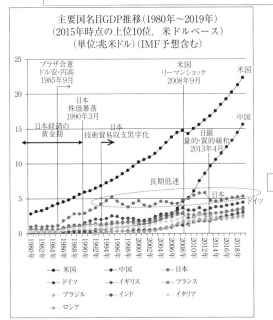

日本経済の長期低迷

各国の GDP と国民 1 人当たりの GDP の国別順位（日米比較）

主要国名目GDP推移（1980年〜2019年）
（2015年時点の上位10位，米ドルベース）
（単位:兆米ドル）（IMF予想含む）

GDP：一定期間内に国内で産み出された付加価値の総額

プラザ合意
ドル安・円高
1985年9月

米国
リーマンショック
2008年9月

日本
株価暴落
1990年3月

日本経済の
黄金期

日本
技術貿易収支黒字化

日銀
量的・質的緩和
2013年4月

長期低迷

日本

ドイツ

中国の急速なGDPの増大は，主として生産性の低い農村からそれが高い都市への人口移動（人口ボーナス）によるとされている。
その後の発展は「世界の工場」となったことによる。

国民 1 人当たりのGDP順位の低下

OECD国民 1 人当たりのGDP
購買力平均*USドル／人

1993年	日本		6 位
	米国		3 位
2018年	日本	42,823	18位
	米国	62,853	5 位

*物価水準の違いなどを調整した実質的な購買力のUSドル換算

─●─ 米国　　─●─ 中国　　─●─ 日本
─●─ ドイツ　─●─ イギリス　─●─ フランス
─●─ ブラジル　─●─ インド　　─●─ イタリア
─●─ ロシア

図1.4　主要各国の名目 GDP 推移（主要国名目 GDP「米ドルベース」で2018年の上位10カ国，IMF 予想含む）と日米の国民 1 人当たりの GDP 順位の比較[10]

して図1.4がある。先に示した，図1.1から GDP の上昇が非常に緩慢になることは容易に想像できるが，それよりも1993年以降，日本の技術貿易収支が黒字になった後も，停滞が続いていることに注目する必要がある。

この技術貿易収支の推移を主要国について示したのが図1.5である。技術貿易収支の黒字額は順調に増大し，米国に次ぐ額となっていることがわかる。2国間の技術貿易収支は統計によると，日本が黒字の相手国は，米国ばかりではなく，他のほとんどの国になっている。

図1.4と図1.5[10]の 2 つの図だけを見れば，妹尾堅一郎[11]の著書名『技術力で勝る

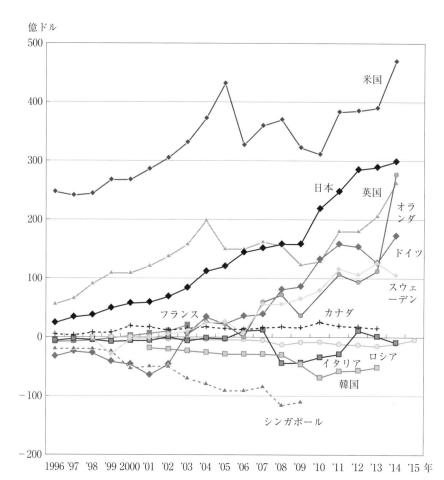

億ドル

図1.5　主要国の技術貿易収支の推移[11]

（注）技術貿易は，特許，ライセンス，ブランド，ノウハウや技術供与・技術指導によって生じる国境を越えた金銭の受取（輸出），支払（輸入）を指し，ここでの収支は受取超過のことである。

（資料）OECD, Main Science and Technology Indicators（OECD. Stat 2017. 1. 11）

日本が，なぜ事業で負けるのか』のように腑に落ちないが，①から⑩に紹介した内容から見れば何の不思議ではないのである。これに関連した事項として，研究開発効率の国際比較を第 5 章の図5. 9，5. 10で取り上げる。

　日本は，宿命的に天然資源に乏しく，災害も多い国である。また過去からの経緯によって食料自給率が低く，政府の財政赤字が巨大な国である。災害に備え，食料を確保し，財政赤字を解消するためには，否が応でも貿易立国であることが求められているのである。第 2 次世界大戦の敗戦後，48年を経てようやく日本の基幹産業の製造業で，技術貿易収支が黒字化した。しかしこの技術開発にかけた努力と資源が経済の成長に効果を発揮しているようには見えない。企業を取り巻く環境は，この間，地球環境，政治，経済，社会，技術（Global Environment, Politics, Economics, Society, Technology）のいわゆる E-PEST が目まぐるしく変化している。技術問題に限定しても ICT（Information Communication Technology：情報・通信技術），IoT（Internet of Things：もののインターネット），AI（Artificial Intelligence：人工知能），インダストリー4. 0などが提唱されている。「もの」と「つくり」に関する戦略と戦術が今ほど求められているときはない。目を世界に転じれば，地球温暖化などの環境問題，所得間格差問題などを包含して SDGs が設定されている（第 2 章参照）。将来を見据えて，これらにいかなる企業理念をもって対処するか，またそれさえも越えて何をなすべきかを考え得る策を探していくことができればと思う。

注
1 ）Hosokawa Data Tribune『社会実情データ実録図録，経済成長率の推移』内閣府 SNA（System of National Accounts）サイト
2 ）木村英紀（2009）『ものつくり敗戦』日本経済新聞出版社，p. 20
3 ）妹尾堅一郎（2009）『技術力で勝る日本が，なぜ事業で負けるのか』ダイヤモンド社，p. 208
4 ）湯之上隆（2009）『日本「半導体」敗戦』光文社，p. 32
5 ）畑村洋太郎・吉川良三（2009）『危機の経営』講談社，p. 126
6 ）小川紘一（2009）『国際標準化と事業戦略—日本型イノベーションとしての標準化ビ

　　ジネスモデル―』白桃書房，p. 108

7 ）畑村洋太郎・吉川良三（2012）『勝つための経営―グローバル時代の日本企業の生き
　　残り戦略―』講談社現代新書，p. 82

8 ）小川紘一（2015）『オープン＆クローズ戦略―日本企業再興の条件―』翔泳社，p. 228

9 ）林毅夫著，劉徳強訳（2012）『北京大学中国経済講義』東洋経済新報社，p. 12

10）https : //news.yahoo.co.jp/byline/fuwaraizo/20210110-00215865（2018. 4. 4）『主要 各
　　国の名目 GDP 推移』および日本生産性本部『国民 1 人当たりの GDP』

11）Hosokawa Data Tribune『社会実情データ実録図録，主要国の技術貿易収支の推移』
　　内閣府 SNA（System of National Accounts）サイト

第2章 ものづくり企業のありたい姿
—「7つの満足の獲得」

　アメリカの主要企業の非営利経営者団体である，ビジネス・ラウンドテーブルは2019年8月に，従来の「株主第一主義」(1970年，ノーベル経済学賞受賞者，M. フリードマンの論文で有名) を見直すとの宣言を，アマゾンやアップルなどアメリカを代表する181人の経営トップの署名の下に出した。1978年以来，この団体は定期的に，企業の役割についての声明を含む「コーポレート・ガバナンス（会社*統治)」を発表しているが，1997年以降に出版された各版では，「会社は原則的にその株主に奉仕するため」としているので，今回の宣言は画期的といえる。

　　＊ここでは，企業が株式会社の形態をとっていることを前提としているので，以下の記述では，企業と会社は同義である。

　しかし，「株主第一主義」はこの後すぐに述べるように，一般にはアメリカの資本主義を代表する概念として長らく考えられてきたが，アメリカは1930年代から「ステークホルダー（利害関係者）重視」との論争を続けて，いまだに決着していないのである（林)。「会社の目的」を考えるさいには，この「株主第一主義」と「ステークホルダー主義」は互いに対極をなすと考えられるので，まず前者を取り上げ，その趣旨と問題点を整理し，その後，もう一つの極である後者によって問題点をどのように解決しようとしているのかを述べ，これを受けてものづくり企業のありたい姿—「7つの満足の獲得」を提案する。

2.1　株主第一主義とは

　株主第一主義は一般に次の主張から成り立っている。

(1)　企業の主要で，唯一の目的は，株主のために利潤を最大化することである。

(2)　株主は企業の所有者である。よって，企業の収益は株主に属する。

(3)　利潤は株主が投資先の倒産や業績不振による無配当等のリスクに対して受

け取る契約上の見返りである。

(4)　経営者は株主の代理人であり，株主のために会社を経営する。つまり，株主の富を最大化する道徳的責務を負う。

2.2　M. フリードマンの「企業の社会的責任とは何か」

M. フリードマンの1970年の論文では，株主第一主義を念頭に，当時既に議論されていた企業の社会的責任に関して次のような趣旨の記述がなされている（ただし，ここでは箇条書きにしている）。これを上記に加えて，(5)，(6)，(7)とする（M. フリードマン[1]，pp. 322–328）。

(5)　企業の経営者が社会的責任を果たすべく，次のような策を実施することは，株主の利益に反する。

・経営者がインフレーションを防止する目的に貢献するために，価格引き上げが会社の最高の利益になるにもかかわらず，製品の価格引き上げを遠慮すること。

・環境を改善するという社会的目的に貢献するために，会社の最高の利益になるような量を超えて，または法律によって要求される量を超えて，汚染の減少に費用を支出すること。

・貧乏追放という社会的目的に貢献するために，より良い資質をもつ労働者が雇えるにもかかわらず，会社の利益を犠牲にして，厄介者の失業者を雇うこと。

(6)　上記のケースのいずれをとっても，会社の経営者は，彼の「社会的責任」に一致した行為が株主に対する収益を減ずるかぎりにおいて，株主の金を勝手に使ったことになる。このことは，減じられた収益分だけ株主に税金を課し，その税金の使い道を経営者が勝手に決めていることに相当する。

M. フリードマンは続けて次のように述べている。我々は，税金を賦課し支出を許可する立法府の機能（議会）を，税金を徴収し・支出の計画を管理する行政府の機能（行政）から，また対立を裁定し，法律を解釈する司法府の機能

（司法）から分離するという，チェック・アンド・バランスのシステム（三権分立制度）をもっている。

　ところが，(5)にある策が，インフレーションを抑制し，環境を改善し，貧困と戦う，等々という高踏的次元からの一般的観点のみによって導かれるとすれば，会社経営者は，同時に立法者であり，行政官であり，裁判官であり得る。彼は，税金を誰に対して，何の目的のために，どのくらい課するかを決定することができ，また，彼はその徴税総額を支出することができるのである。

　しかし，会社経営者という者がなぜ株主によって選任されても差し支えないか，という正当化の理由は，経営者とはその主人の利益に奉仕する代理人にすぎないということ以外には何もない。この正当化の理由は，会社経営者が「社会的」目的のために，税金を賦課し，徴税総額を支出するのであれば，消滅してしまう。彼は，名目上は私企業の雇われ人のままであったとしても，事実上は公衆に雇われたもの，すなわち公僕となる。

　政治的原則のレベルでの問題から見て，このような公僕が現在のような選任のされ方をしていることは許しがたいことである。もし彼らが公僕であるべきだというならば，そのときは，彼らは政治過程を通じて選任されなければならない。彼が「社会的」目的を促進するために，税金を賦課し，支出をなすべきであったら，そのときには，課税の影響関係を評価し，また，何を目的としてそれが支出されるべきかを決める政治過程を含んだ政治機構が，設置されなければならない。

　もう一つ効果のレベルでの問題がある。会社経営者は本当に彼の主張している「社会的責任」を果たすことができるのであろうか，ということである。いま，仮に，彼は，株主の，顧客の，従業員の金を勝手に使うことができると考えてみよう。彼はその使い方を，どうして知ることができるのであろうか。彼は，インフレーションと戦うことに貢献しなければならないといわれている。彼は，どうすればこの目的に貢献することになるかということを，どうして知ることができるのであろうか。彼は，おそらく自分の会社を経営すること―製品を生産し，それを販売し，また融資を受けること―についてはエキスパート

であろう。しかし，彼が経営者に選任された理由のどこを探してみても，彼がインフレーションについてのエキスパートであるなどということは見当たらない。

⑺　社会的責任の教義は，経営者の社会に寄与するとの行為の理由となるというのではなく，むしろ他の目的のための行為として正当化されるような行為の，仮面となっていることがよくある。例をあげて説明すれば，小さな地域社会での主要な雇用者である株式会社が，その地域社会に快適さを加えることとか，その地域社会の行政体を改善することに諸資源を提供することは，その会社の長期的な利益にまさに合致していることであろう。そのことは，好ましい従業員を引き付けておくことを容易にするであろうし，給与支払額を少なくさせるであろうし，他にも多くの価値ある効果をもつことになるであろう。

　経営者には，この行為を「社会的責任」の遂行として合理化したいという強い誘惑がある。そうすることは，「資本主義」「利益」「魂のない株式会社」等々に対する嫌悪感が広く行きわたっている今日の世論動向の中で，株式会社が自己利益のためにイメージを良くしようとする方法の一つとなっている。このような戦術を詐欺に近いものだといって軽蔑している個人企業家とか，企業のオーナー，株主に対して私はあらためて尊敬の念を表明することができる。

　自由社会において「企業の社会的責任は一つ，そしてただ一つしかない―すなわち，その持つ諸資源を使って，ゲームのルール内で利益を増大させるような活動に従事すること，いいかえると，ごまかしや詐欺を使わずに，オープンで自由な競争に専念することである」（当節はM．フリードマンの主張である）。

2.3　「株主第一主義」に基づくM．フリードマンの企業の社会的責任論への疑問・異論

　この「株主第一主義」の結果として，現在問題となっている気候変動や所得格差拡大などの企業活動の負の側面が種々顕在化しているとの指摘があり，またより根源的に企業統治の観点からみて，異論がある。これらの批判や異論として考えられるものの筆者なりの意見を簡単にまとめてみよう。

・株主には，株式を短期保有して，その間に株価が上昇したときに売却して利潤を得ようとする人がいる。そのような人にとっては，全く新しい革新的な製品・サービスを作り出そうとすることは，長期の投資が必要となり，自分にとって利潤を最大化することに反することになる。しかし，長期展望から企業が新しい製品やサービスを生み出すことに期待して，投資を促し，結果として利潤の最大化を得ようとする株主もいる。このように，「利潤を最大化する」といっても短期に見るか長期に見るかによって，その方策がまるで違ってくるであろう。この2種類の株主の存在を前提とすると（多くの企業はそうである），一つの方策では，「利潤の最大化」は，少なくともいずれかの株主には得られないことになり，現実には「唯一の目的」はすべての株主に対して普遍性をもたなくなる。それでは，複数の方策ではどうかということになる。しかしこのような場合にも，短期志向株主と長期志向株主が互いに妥協を強いられることになり，株主にとって果たして唯一の目的が実現され得るかは疑問である。

・不特定多数の株主がいる場合，企業の株式を持つことと，株主がその企業を所有することとは同義ではない。例えば，企業にとっての窮極の選択である廃業や売却を，ある株主が行おうとしても，他の株主だけでなく多くの利害関係者の賛同が得られなければならず，一般に容易でないからだ。真に所有者であるならば，これは随意であるはずだ。そうならないのは，他の株主の存在が一つの社会を構成するうえに，株主以外の利害関係者の存在によっても，企業は立派な社会的存在である。このような社会的存在である企業の廃業や売却が容易でないのはむしろ当然である。社会は専制性でない限り，権力をもつ者の意のままにできないからだ。

・株主のリスクと従業員，取引業者などの他の利害関係者のリスクは，一般に等価でない。例えば，株主は投資先の倒産危機に対して株の売却で対応することができる。また，企業が多額の負債を抱えて倒産したとしても，その返済を求められることはない。つまり有限責任が保証されているのである。しかし，このような時，従業員は生活の基盤を失う心配をしなければならなくなる。事態の深刻度に違いがある。他の利害関係者についても，株主に比べて深刻度が

低いとは必ずしも言えない。したがって、株主が、株式を持つことによる投資先の倒産や業績不振のようなリスクを負っていることだけをもって株主第一主義を是とすることには無理がある。林順一が言うように、もともと、株式会社制度は、株主に有利な制度といえる。この有利さは制度が作り出したものであり決して自明のものではなく改変可能なものであろう[3]。

・経営者は、経営において株主の代理人であるが、そのなかに企業の利害関係者すべてに対して調整者としての役割が含まれる。単に株主の富を最大化することを目指し、従業員、取引業者、地域社会を始めとする他の利害関係者の正当な利益に関心が薄く、自分の企業の利益のみを上げることに専心するようでは、利害関係者との軋轢により経営そのものが危うくなるに違いないであろう。つまり、社会に受け入れられる企業統治とは何かを問いかける問題となる。

・M. フリードマンは経営者の「社会的責任」の例として、2.2の(5)にあるように、インフレーションの抑制、環境の改善、貧困との戦いをあげている。このうち、環境の改善については、後に述べることにして、まずインフレーションの抑制と貧困との戦いについて述べれば、経営者は、現実にこれらの目的だけに、「製品の価格引き上げ」を遠慮し、「厄介者の失業者」を雇うであろうか。経営している企業が基幹産業を担い、しかも圧倒的な市場占有率をもたない限り、インフレーションに対して「『製品の価格引き上げ』を遠慮」することだけで、目に見える効果を発揮できないことは、経営者はよくわかるはずだし、また経営者はどれだけ多数の「『厄介者の失業者』を雇う」ことを行えば、貧困と戦え得るかを考えるはずである。このように、成果の実現が不可能と思える2つの極端な例をもってして、経営者が企業の社会的責任を果たすための他の種々考え得る行為そのものすべてが欺瞞とは言えないであろう。

つぎに、「環境の改善」であるが、これを「環境の悪化の抑止」と捉えると、企業の役割は、よりわかりやすい身近な問題となる。「環境の改善」には、「CO_2削減」のようにグローバルな問題があるが、「環境の悪化の抑止」には、「汚染水排出ゼロ化」のように地域に密着した課題がある。身近な環境の悪化をもたらす恐れが、自分の企業が発生源である場合は、自ら取り組むべき問題である

ことは明らかである。その発生源について一番よく知っており，また，知るべきは当該企業であり，法律上の規制発動以前に，取り組むべき問題である。このような身近な問題を考えると，たとえ会社の最高の利益になるような量を超えても，または法律によって要求される量を超えても，汚染の阻止に費用を支出することは回避すべき問題ではないことは明らかであろう。企業がその影響を実感しにくい「CO_2排出による地球温暖化」であっても，多くの科学的根拠が示されている問題への取り組みを免れるものでないことを認識しなければならない。

・経営者が行う行為が株主第一主義に違反しないか，または三権分立に違反しないかを手遅れになる前に判断しなければならないとするならば，頻繁に業務報告書の提出を義務付け，政府が介入して公的に監視する必要がある。このようなことは，規制のない自由主義経済の設計を理想とする M. フリードマンの意図と真逆の結果となるに違いない。経営者の裁量に委ねるものもあってこそ，生きた企業活動が行えるのではないか。

2.4 「ステークホルダー主義」とは

ここでは，「ステークホルダー主義は，企業がその存在と発展を通して社会に貢献することを目的として，法令と倫理規範の遵守のもとに，顧客，サプライヤー，従業員，政府，株主，地域社会や環境主体も含めた多様なステークホルダーとの協働を通じて，付加価値を創造し，それを適正に配分することを旨とする概念」と定義することにする。株主が，他のステークホルダーと同等に扱われていることで，「株主第一主義」と対極にあると言える。

水尾順一によれば，「会社の目的」に関する考え方を大別すると，①株主第一主義，②啓発的株主価値，③多元的アプローチの３つの考え方があるとされる。②，③は，ステークホルダーに利益を取り入れる程度の違いによって分けられるが，これについては林順一が後述のようにまとめたものがあり，これを基にすれば，このステークホルダー主義は②，③と進むにつれて株主の利益の優先度が下がり，さらに下がった④に位置づけられるものである。つまり，逆

に言えば，株主の他のステークホルダーの利益を最も重視したものとなっている。

　さて，②の啓発的株主価値は，取締役は株主利益を優先して行動すべきであるが，それに止まらず，株主価値を向上させるために，従業員の利益やその他ステークホルダーの広範な利益を考慮する義務があるという考え方である。ここで留意すべきは，取締役の主たる目的は，あくまで株主利益のために会社を成功させることであり，株主利益とその他のステークホルダーの利益が衝突した場合には，株主利益を優先させるということである。

　次に，③の多元的アプローチは，株主とその他のステークホルダーの利益を同格に扱い，利益が衝突したときには，場合によってはその他のステークホルダーの利益を優先させるという考え方である。この考え方は，日本の伝統的大会社の経営者や，1970年代前半までの米国大企業の経営者によく見られる，ステークホルダー重視の考え方と整合的であると林順一は言う。

　本項の冒頭で定義した「ステークホルダー主義」は，③の「場合によっては」のような曖昧性を排除して，株主と他のステークホルダーの利益を常に同等に扱うので，④と位置づけられるのである。

2.5　「7つの満足の獲得」とは

　林順一は株式会社制度に関して次のように述べている。企業が「法人」として国の経済活動の権利義務の主体となれるのは法律で定められたからであり，自明のことではない（既に引用した）。また，この法律が株主の有限責任を保証しているのであるから，株主に有利な制度である。このように株主は有限責任の恩恵を受けているのであるから，社会的役割を果たす責任がある。現行制度のメリットが株主や経営者など一部のものに偏り，多くの人にデメリットをもたらすのであれば，仕組み（法律）を変えるべきという議論がなされる余地がある[3]。

　筆者は，そもそも企業がいかにあるべきかを考えるさいに単なる法律論に止まらずもっと広い観点から論ずるべきではないかと考える。それには，個別の

事象や事物を議論の対象とする科学論（自然科学，社会科学，人文科学）を超えた哲学的観点がまず必要と思われる。そこで，経済活動に主体となる企業を，この世は人間，社会，自然から構成されているとする哲学的世界観の中でどのように捉えるかである。これらはすべて密接につながっているとまず考える。[5]
次に人間の活動は，この世界の中で，人間尊重，社会協調，環境保全がいずれも満足されていなければならないと考える。企業活動のように，規模の大きい，またはそうなり得る活動ほど，これらの満足が必須となる。

　そこで，企業活動のステークホルダーをいかように考えるかである。ここでは，2.4の冒頭に述べた顧客，サプライヤー，従業員，株主，地域社会や環境を基に，政府をそれらに加える。企業はこれらの7者のステークホルダーすべてから満足を獲得することを目標とするのである（このステークホルダーには擬人化したものもある）。これをまとめたのが表2.1である（2008年第1回JIPM ソリューション（日本能率協会の一法人）—コンサルタント会議で提唱し，日本能率[6]協会マネジメントセンター発刊の書籍に引用されたのは2014年である）。[7]

　ここで，重要なことは，「社会的責任を果たすこと」は問われていることに応えることであり，一方，「満足を獲得すること」は問われずとも行動を起こすことである。いわば，受動と能動の違いである。なお，満足の獲得を目指す

表2.1　7つの満足（Seven-Way Satisfaction）の獲得

基本理念	利害関係者	満　足　の　内　容
人間尊重 社会協調 環境保全	顧　　　客	要請に応える機能・品質・価格の製品・サービスの時宜を得た提供
	サプライヤー	適正価格・安定購入・共同開発
	従　業　員	教育・適正給与・公正処遇・職場環境
	株　　　主	利益計上・投資還元・情報公開
	地域社会	雇用提供・地域交流・共栄
	地球環境	資源循環・省エネルギー・CO_2削減
	政　　　府	納税，法令遵守

主語は経営陣であるから，ステークホルダーに入れていない。もう一つ重要な点は，7つの満足は，英語表記で Seven-Way Satisfaction としていることである。水などの流体の流れを三方に分岐する三方コックは Three-Way Cock と表記されるのと同様，最後の語が単数形であり，構成機能（要素）のどれ一つを欠いてもそのものとして認知されないのである。

　この表の満足の内容について，説明をする。

① 　顧客には，欲しいものを欲しいときに欲しいだけ提供する。いずれも容易ではないが，欲しいものが何かを見出すことや，または欲しいものを作ることは特に難しい。多様な考え方の間の葛藤を乗り越えるための戦略的思考（次章で述べる）とそれに基づいた投資が必要となる。

② 　サプライヤーには，発注側の強い立場を利用して適正でない低価格や過度な短納期を強いてはならない。また，サプライヤーの経営の安定化のために，安定購入を図る。さらにサプライヤーの持てる技術力を活用する共同開発を行うことは企業，サプライヤー双方にとって好ましい。

③ 　従業員にとって，適正給与，公正処遇は言うまでもないが，職場は危険がない設備や業務が行いやすい作業空間が整備されるハードウェアの面だけでなく，単純労働の繰り返しを回避し，能力に応じた業務設定がなされているなどのソフトウェア面からの取り組みが必要である。さらに，昨今の情報通信技術 ICT（情報・通信技術），IoT（もののインターネット）や，AI（人工知能）などの DX（ディジタル技術）の発達などにより，既存の技術の陳腐化が加速化しており，それに対応しきれず厄介者扱いされるような従業員を生み出さないよう，計画的な教育は欠かせない。

④ 　株主に対しては，利益をあげ，その還元を行うのは基本である。また常に業務内容の透明化を図り，株式投資の判断に寄与するようにしなければならない。経営層の報酬についても適正水準であることの説明が株主にできなければならない。

⑤ 　地域社会には，地域の土地，道路，水道，電力等の様々な社会資本（インフラストラクチャ）の便益を受けていることから雇用を提供するとともに，

地域交流を通じた共栄を図り，良好な関係を作り上げることが必要である。これを行うことは，先に述べた M. フリードマンのいう詐欺では決してない。

⑥　地球環境には，汚染物質の排出を防止し，資源循環や省エネルギーを通じた資源節減を図る必要がある。現在，地球規模で問題となっている CO_2 ガス削減は喫緊の課題である。

⑦　政府には，業務を実施している国や地域の法律遵守はもちろんのこと，納税の義務を果たさなければならない。地域社会と同様，あるいはそれ以上に社会資本を利用していることから，節税のため所得税の低い国や地域に本社機能を移す租税回避を行ってはならない。

この「7つの満足の獲得」を目指すことを企業経営者にとって徳目と捉えるか，あるいは，規範とみなすかは大きな岐路となる。徳目とするならば弱者に対する施（ほどこ）しの意味を包含し得るが，規範とするならば守らなければならない当然のこととなる。この7つの満足の獲得はすべてのステークホルダーへの社会的還元を基にしており，規範と考えるべきものとなろう。例えば，顧客からは購買を通じて事業継続に対する支援があると捉えると，それに対して，当然，顧客が望み，それが社会的に認められるものならば，商品・サービスとして還元すべきものである。他のステークホルダーからの満足獲得についても還元の考え方を基にしている。M. フリードマンの「株主第一主義」では，この徳目の実践があたかも経営者を良く見せたいとの詐欺に近い行為とみなされているが，そうではなく社会への還元と考えることによって，M. フリードマンの企業観の軛（くびき）から完全に逃れることが可能となるであろう。

この7つの満足は，すべてのステークホルダーから獲得を目指すものであるものも，あるステークホルダーから満足を得ようとしても，他のステークホルダーの満足と衝突すること，またはその間に葛藤があることは避けられない。その原因の代表的なものは，財務的な配分である。また，ステークホルダーの案件間の軽重の判断もある。この衝突または葛藤の基本が一組のステークホルダー間のものとすれば，その組み合わせの数は $_7C_2 = 21$ 通りにもなる。このよ

うな多数の衝突または葛藤の解決は容易ではなく，戦略的思考が求められる。

　もう一つこの7つの満足の獲得で考えるべきは，そのような獲得が実現されているかの評価である。これを定量化するならば，個々のステークホルダーの満足度Sを0から1で評価することにして，全体の満足度をいかに表すかである。これを加算平均で表現するのは，すべてのステークホルダーからの満足を獲得する目的にそぐわない。そこで，一つでもこの満足度が低いものがあれば，評価値が大幅に下がる相乗平均を使うのが一つの方法である。式で表現すれば次のようになる。

$$S = \sqrt[7]{S_1 S_2 S_3 S_4 S_5 S_6 S_7}$$

　ここで，Sは全体の満足度，S_i $(i=1,\ ,\ ,\ ,\ 7)$は各ステークホルダーの満足度である。例えば，6つのステークホルダーの満足度が0.90であっても，一つのステークホルダーの満足度が0.10であれば，全体としての満足度Sは0.68にまで下がる。他の方法として，個々の満足度はある閾値以上でなければならないとし，その上で相乗平均を用いる方法がある。

　この評価を企業間で比較するのは共通の判断基準がない限りできないが，一つの企業で，その基準を決めて，過去と比べてその変化を見て，いかに企業活動が社会に貢献するようになったかを確認するのに役に立つであろう。

　米国も近年の所得格差拡大を受けて，ようやく企業経営の株主第一主義を見直す方向に向かうようである。今後の展開に注目したい。

　この章の結論として，7つの満足を獲得するよう活動を行うことが，企業のありたい姿と考えるのである。

　ここで，2015年9月の国連サミットで採択されたSDGs（持続可能な開発目標）と7つの満足との関係に触れておきたい。このSDGsは，国連加盟193カ国が2016年から2030年の15年間で達成するために掲げた，経済活動や社会活動による開発を持続可能とする人間の営為について，大別して17の目標であるが，それらを達成するための具体的な169のターゲットで構成されている（7章で述

べる）。

　まず考えるべきことは，7つの満足の内容とSDGsの目標とは整合的かどう
かである。また，SDGsの目標達成で求められている「誰一人取り残さない」
の包摂性，「すべてのステークホルダーが役割を」の参画型，「社会・経済・環
境に統合的に取り組む」の統合性，「定期的にフォローアップ」の透明性の方
法や性格も整合的かどうかである。結論として，上述した7つの満足の内容と
その獲得方法の観点から，少なくとも不整合というものはない。しかし，この
SDGsの目標達成は，たとえ多くの企業が整合的にかかわったとしても，連携
がなく，いわゆるトリクルダウン（富む者から貧しい者に成果がしたたり落ちる）
に期待するだけでは不可能である。業界や関係省庁などの官民あげての計画的
な取り組みが必要なことは明らかであろう。

1）M. フリードマン著，土屋守章訳（1974）「企業の社会的責任とは何か」『中央公論経
　　営問題』13(3)，中央公論社，pp. 322-328。原文はMilton Friedman（1970）*A Friedman
　　doctrine-The Social Responsibility Of Business Is to Increase Its Profits*, New York
　　Times.
2）日本経済新聞（2019）「米経済界『株主第一主義』見直し，従業員配慮を宣言」2019
　　年8月20日付
3）林順一（2021）「英国・米国における『会社の目的』に関する最近の議論とわが国へ
　　の示唆—株主のための会社か，ステークホルダーのための会社か—」『日本経営倫理学
　　会誌』28号，p. 52
4）水尾順一（2001）「21世紀における経営倫理—コーポレート・ガバナンスにおけるス
　　テークホルダーアプローチ—」『日本経営倫理学会誌』8巻，p. 25
5）島崎隆（1993）『対話の哲学—議論・レトリック・弁証法—』こうち書房，p. 11
6）田中芳雄（2008）「KPIへのKAIの寄与」第1回 JIPMS—コンサルタント会議，p.
　　1。なお，これ以前に（2004）「ものづくり企業におけるSeven-Way Satisfaction」『テ
　　クノメイトコープ通信「環」—冬号』NPO法人テクノメイト，巻頭言（p. 2）で提唱。
7）中嶋清一（2014）『TPMの実践教科書』日本能率協会マネジメントセンター，p. 24

第3章　経営戦略は何を根拠に策定されるべきか

　第2章では，ものづくり企業のありたい姿―「7つの満足の獲得」を提唱したが，このためには，まず企業は持続的に発展し続けられなければならない。企業の発展を目指して，これまで多くの経営戦略が提案されている。

3.1　これまでの経営戦略

　経営戦略の概念的な定義づけを行ったものに，経営学大辞典第2版のものがある[1]。すなわち，経営戦略は，「企業の長期的目的を達成するための将来の道筋を，企業環境とのかかわりで示した長期的な構想」である。

　この定義に対して，より詳しく論じた経営戦略を数え上げると，80を超える（M. リーブスらの『戦略にこそ「戦略」が必要だ』[2]，2016年に記載された戦略，p. 19）。これらの中で，一連の企戦略を概観したものに，H. ミンツバーグ，他（『戦略サファリ』[3] 2013年）がある。これについて，まず述べた後に，この『戦略サファリ』で詳しく紹介しなかった20世紀の戦略とそれ以降の戦略のうち，よく知られている戦略をあげ，最後に業界環境に応じた戦略の選択が必要と主張した『戦略にこそ「戦略」が必要だ』を紹介する。

3.1.1　『戦略サファリ』における経営戦略の例

　H. ミンツバーグらは『戦略サファリ』の冒頭，次のように述べている。「これまでの戦略は，あるグループ人たちにとって未知の動物である象の脇腹，牙，鼻，膝，耳，しっぽなど個々の部位のみを暗闇の中で触って，象とはこういうものだと言いあっているようなものである」（『戦略サファリ』，pp. 2-4）[3]。

　そのなかで，H. ミンツバーグらは，組織の発展段階に応じた各スクールによる戦略形成を提唱している。これらは，以下の10のスクール＝学校または学派に分類されている。
① デザイン（設計）スクール（P. セルニック[4]，K. R. アンドリュース[5]）

CEO（最高経営責任者）が，企業の内的能力の強み・弱み，外的要因の機会・脅威の分析（SWOT分析，用語集参照）を基にして，これらに適合する戦略を独自性のあるコンピタンス（競争力）を念頭におき構想する。このスクールでは，戦略の学習プロセス・進化・創発・組織依存性やCEO以外の人間の関与等を考慮していないが，これ以後の他のスクールがこれらを取り入れて，新たな戦略論を発展させるための基礎となっている。（『戦略サファリ』，pp. 23-53）

② プラニング（計画）スクール（H. I. アンゾフ[6]）

プランナーが，チャートやチェックリストなどを用いた形式的な手続きでSWOT分析などを行い，目標・予算・運用計画，中長期計画・年度計画も同じく形式的な手続きで策定する。しかし，変革や新規事業の模索を行う際には，「形式化」に頼り過ぎてはならない。（『戦略サファリ』，pp. 55-93）

③ ポジショニング（市場位置取り）スクール（M. E. ポーター[7]，B. D，ヘンダーソン[8]）

アナリストが，産業構造を大量のハード・データから分析して市場における戦略的に優位な位置取りに企業を誘導し，結果として組織設計にも影響を与える。これには，当該企業にとって外圧となる「5つの力」，すなわち，競合企業・供給企業・顧客・新規参入企業・代替品企業の交渉力に対処する力を養い，価格支配力や機能優位獲得をめざし，「コスト・リーダーシップ」，「差別化」や，ニッチ製品を狙う「集中」などの戦略を策定する。また，調達から出荷までに関与する業務を価値の流れと見て，価値連鎖（バリュー・チェーン）の管理を行う（以上，M. E. ポーター[7]）。さらに複数の事業や製品を扱っている場合には，これらの市場成長率と市場占有率の組み合わせから，いわゆる花形・問題児・金のなる木・負け犬型（後述）と分類して投資の選択・是非を決める製品ポートフォリオ・マネジメント（Product Portfolio Management : PPM）を行う。また，戦略の重要な指針となる商品の価格設定には経験曲線（後述，用語集）を活用する（B. D，ヘンダーソン[8]）。（『戦略サファリ』，pp. 95-147）

④ アントレプレナー（起業家精神）スクール（J. A. シュムペーター[9]，A. H. コール[10]）

偉大なリーダーたる起業家や企業内起業家が持つ直感・判断・知恵・経験・

洞察などを統合した「起業家的人格」を分析し，ビジョン創造や戦略形成を体系化しようと試みる。その典型例としては，「カリスマ的で人を説得することがうまく，情熱に溢れ，世界を変えられるという壮大な志にエネルギーを注ぎ込む人格」がある。(『戦略サファリ』[3]，pp. 149-179)

⑤　コグニティブ（認知心理学応用）スクール（H. A. サイモン[11]，J. G. マーチと H. A. サイモン[12]）

　アントレプレナー・スクールでは，起業家的人格の力を完全に普遍化しているとは言えない。そこで，認知心理学を応用し，起業家の心の中を分析することによって，ビジョンや戦略がどのようなプロセスで形成されるかを探究し，他者，また他企業でも利用できる学習の方法論を追究する。

　組織が進化した中でコグニティブ・スクールの認知機能を活用して戦略形成を図る際には，世界は複雑であり，それに比べて人間の頭脳と情報処理能力にはかなりの限界があること（H. A. サイモン[11]，pp. 65-68），また経営者または戦略作成者自身の偏向が存在することで適切でないものとなることに注意しなければならない。認知心理学による「戦略家の心の中での概念の形成過程」については，これまで適切な答えが出ていないが，成功する戦略家や経営者の資質・条件を，深く考えるきっかけを与えてくれるはずである。(『戦略サファリ』[3]，pp. 181-214)

⑥　ラーニング（学習）スクール（K. E. ワイク[13]）

　戦略作成はプラニング・スクールのような後ろ向きの（過去のデータの）分析的アプローチではなく，個人および組織が経験に基づいて状況を学習し，さらに市場へ適応するための能力を学習し，結果として創発的な戦略を学習するプロセスが実現できると考える。つまり，このスクールでは，組織学習から学習する組織へと発展することを目指す。後述のコア・コンピタンス戦略や組織的知識創造理論の SECI モデル（図3.3）はこのスクールの例とされる。(『戦略サファリ』[3]，pp. 215-271)

⑦　パワー（政治や権力による影響力）スクール（G. T. アリソン[14]，H. ミンツバーグ[15]）

　組織内でのミクロな，また外部組織とのマクロな利害関係をパワー（政治や

権力を含む影響力の行使）によって自らに有利な方向へ誘導して戦略形成を行うことの重要性から，独立したスクールとして取り上げられうる。影響力を行使される側の企業の立場からは，他企業との合併やコラボレーション（共創），コーペティション（共創かつ競争）などの戦略的方法が採用される。いっぽう，影響力を行使する側の立場からいえば，単なる策略・権力抗争や不法な結託を避けなければ，長期的には自らの組織に不利益をもたらすことに注意する必要がある。(『戦略サファリ』, pp. 273-308)

⑧　カルチャー（集団的協力）スクール（J. B. バーニー[16]）

　組織に独自性を与え，組織全体への伝播力を生むカルチャー（企業文化）を基にした戦略形成により，組織の利益に焦点を絞り，戦略的な「安定的維持」機能を有するようにする。上記のパワースクールは主に自己の利益に焦点を絞るが，カルチャースクールは共通の利益に的を絞るので，対称的である。このスクールでは，VRIO（3.1.2③参照）を作り上げるのが有効であるとしている。しかし，組織のカルチャーは組織の伝統と合意を重視するために，自らを変えることを難しくしてしまう恐れがあることに留意しなければならない。(『戦略サファリ』, pp. 309-341)

⑨　エンバイロメント（環境適応）スクール（M. T. ハナンと J. フリーマン[17]）

　組織の基本的な構造と特徴は，その組織が誕生してからすぐに決定されるものであり，環境が組織の適合条件を決め，その条件を満たす組織が生き残り，そうでない組織は排除される。この「条件適応」に基礎をおけば，戦略マネジメントは「最善策が一つだけ」あるのではなく，環境の様々な側面に起因して，"時と場合"によって変化するものと捉えられる。(『戦略サファリ』, pp. 343-361))

⑩　コンフィギュレーション（組織再編・変革）スクール（A. D. チャンドラー, Jr.[18]）

　組織には大きく2つの局面がある。一つは，周辺状況との間で，ある特定の安定したコンフィギュレーション（配置・構成状態）であり，もう一つは，トランスフォーメーション（変革）と呼ばれる変化のプロセスである。戦略形成は，あるべきコンフィギュレーションの状態にトランスフォームするためのプロセスとなる。トランスフォーメーションの際，適切な時と文脈に応じて，他

の9つのスクールの考え方を総括して戦略が形成される。中・長期にわたって改革を続け，発展・成長を遂げている企業は，厳しい環境の変化にさらされる際にも，外部からの手助けがなくても，自らの組織の中から創発的に変革の機運が沸き上がってくるものだ。(『戦略サファリ』，pp. 363-413)

用語説明

SWOT分析：内部に持つ強み・弱みと外部に潜む機会・脅威 (Strengths・Weaknesses・Opportunities・Threats) を分析し，戦略を策定する。

PPM：製品ポートフォリオ・マネジメント (Product Portfolio Management)，多角経営で，自らの複数の事業や商品の個々について，市場成長率Gと市場占有率Sを座標軸として組み合わせた2次元グラフ上の4象限の中で現在の立ち位置を分析し，今後企業が経営資源をどのようにこれらの事業や商品に配分するべきかを決める戦略をとる。

(高いG，高いS) ＝花形，維持

(高いG，低いS) ＝問題児，育成

(低いG，高いS) ＝金のなる木，収穫

(低いG，低いS) ＝負け犬，撤退

問題児から花形へ，花形から金のなる木へ向かって投資し，金のなる木の実りを使って問題児へ投資し，負け犬は撤退する。

経験曲線：製造・販売数量の増大につれ，それらに要するコストが低減する曲線

H. ミンツバーグらは，最後に次のように述べている (『戦略サファリ』，p. 442)。すなわち，「本質的に，戦略は統合的なものである。戦略は企業を形づくり，そのパフォーマンスに影響を与えるような，行動と意図の"統合"をもたらす」。

3.1.2 前項で取り上げなかった，または詳しく紹介しなかった20世紀の戦略とそれ以降の代表的な戦略

① **タイムベース戦略**：G. ストーク Jr., 他，1993年[19)]

　時間は従来の財務指標よりはるかに重要である。情報フィードバック・意思決定・スケジューリング時間，製品開発・生産・上市・流通・販売リードタイム，受注・納品時間などの時間削減によって，顧客・市場応答性，業務計画確度の向上，コスト削減が期待できる。このうち，意思決定の時間削減は，他の時間削減を誘導し，先行者優位やネットワーク外部性（利用者が多いほど製品やサービスの価値が高まる現象）に寄与し，特に重要である。

② **コア・コンピタンス戦略**：G. ハメル，C. K. プラハラード，1990年[20)]

　広範囲かつ多様な市場へも参入が可能で，最終製品が顧客に貢献でき，模倣が難しく，競合他社を圧倒的に上まわる中核となる競争能力を作り上げる。これを一つまたは複数組み合わせたコア製品から事業単位を作り，さらにこれらをまとめ上げて最終製品とし，顧客に提供する戦略をとる。

③ **リソース・ベースト・ビュー**：J. B. バーニー，2003年[16)]

　優れた資源（高い価値 V，高い希少性 R，模倣や代替に対する高い難度 I）や効率的な組織ルーチン（定型業務）O を作り，競争優位を得る戦略的行動をとる（VRIO と略記）。

　競争優位は，企業の内部資源により得るという戦略で，同じ産業・外部環境でも，成功している企業群の戦略行動が異なる。ポジショニング戦略の有効性への反証からこの戦略が出現した。戦略における二大概念の一つで，前述の M. E. ポーターのポジショニング戦略と対比される。

④ **ケイパビリティ戦略**：G. ストーク Jr., 他，1992年[21)]

　ケイパビリティとは，コア・コンピタンスに戦略の実行スキルを加えたビジネス・モデル全体の能力で，両者は企業戦略に関して相互補完関係にある。コア・コンピタンスは，バリュー・チェーン（価値連鎖）上の特定のプロセスにおける技術力や製造力を重視しているのに対し，ケイパビリティは M. E. ポーターのいうバリュー・チェーン全体に関係している。製品のライフサイクルが

短く，グローバルゼーションが進んで，新規参入企業が続々出現している市場環境に対応することを目的とする。

⑤　イノベーション戦略：C. M. クリステンセン，S. D. アンソニー，E. A. ロス[22]，2014年

イノベーションは単に技術の革新のみならず，経済発展の原動力となる広義の革新であり，資源，消費財，生産技術，産業組織，ビジネス・システムなどが対象となる。このような革新の型として，構成要素の新しい結合（J. A. シュムペーター[9]）によってもたらされるものがある（要素は新しいものでなくてもよい）。

また，市場品に対する顧客の満足度などとの関係でも出現する。なお，市場品と顧客の組み合わせによる型には次のものがある。

・持続的イノベーション：市場品に機能不足を感じる顧客

・ローエンド型破壊的イノベーション：市場品に機能過剰を感じる顧客

・新市場型破壊的イノベーション：市場品の非消費の潜在顧客

イノベーションは事業規模が小さいところから始まるので，大規模企業は既存の事業規模基準やプロセスを変える必要があり，参入に躊躇し，むしろイノベーションに遅れをとることがある（イノベーションのジレンマ）。

⑥　コーペティション戦略：B. J. ネイルバフ，A. M. ブランデンバーガー[23]，1995年

コーペティション（Co-opetition）とは，協調と競争（Cooperation と Competition）を合わせた造語で，新製品や新サービスの市場を作りだすときには，企業は互いに協調し，それらを分け合うときには競争するという戦略で，ゲームの理論に基づいている。ゲームにおけるプレーヤーとしては，当該企業，顧客，生産要素の供給者，代替品生産者，補完的生産者を考える。その間で協調と競争するという戦略で，M. E. ポーターが競合または脅威としていたファイブ・フォース・モデル（5つの力）とはかなり異なる企業観に立脚している。

⑦　アダプティブ戦略：S. ヘッケル[24]，2001年

大規模で複雑な組織が，変化が激しく予測不能な事業環境に対応するためには，戦略の方向を組織の効率的な運営のための計画ではなく，適応力のある設

計に向けなければならない。このような適応力は，センス＆レスポンド（Sense &Respond：S&R）組織によって与えられ，メイク＆セル（Make&Sell：M&S）組織の効率性に対比される。S&R の適応力は，感知・解釈・決定・行動サイクル（SIDA Cycle：Sense・Interpret・Decide・Act）の責任を負う人々が主導して得られる。

⑧　ブルー・オーシャン戦略：W. C. キム，R. モボルニュ[25]，2015年

　競争相手のいない市場（青い海）を開拓することを戦略とする（これに対して，競争を前提にする M. E. ポーターのポジショニング[7]は赤い海戦略となる）。

　顧客にとってあまり重要でない機能を減らすか，取り除くことによって低価格化を，逆に強調したい機能を付与して差別化を図る。低価格化と差別化の両立を目的とする。

⑨　ダイナミック・ケイパビリティ：D. J. ティース[26]，2009年

　急激に変化する技術・市場環境に対処するために，機会を感知・捕捉し，その上で組織内外の資源を統合・構築・再構築する（模倣不可能な）能力を築く。

　利益最大化ではなく，ゼロ利益回避あるいはプラスの利益獲得により，持続的競争優位を目指す。具体的には次のものを行う能力を指す。

　無形資産・知的資本の創造，ビジネス・パートナーの選定，ビジネス・エコシステム（生態系）への適応とそのものの創造，資産間の双務的依存関係の構築（共特化）による独自，かつ模倣し難いビジネス・モデルや技術・製品・サービスの創造，プラットフォーム（基盤技術の自他企業共有システム）を利用した補完製品（例えば，水素自動車に対する水素スタンド）の獲得，補完製品を得るための投資や共特化による利益の獲得など

⑩　価値づくり戦略：延岡健太郎[27]，2011年

　ものづくり企業にとって，高機能・高品質の商品を低コストで作ることは重要な目標であるが，近年これが必ずしも利益に結び付いていない。顧客が喜んで対価を払うのは，客観的に評価される機能・仕様の価値（機能的価値）から，主観的な自己実現・こだわりの価値（意味的価値：たとえば，自動車のステイタス性や乗り心地など）へ移行している。また，高い機能的価値だけでは，容易

に追従され，また過剰機能に陥りやすいので経営上，不十分である。価値づくりの主な対象となる意味的価値は，生産財にあっては，顧客企業に課題解決の提案をする，また消費財では，顧客の要望や顕在ニーズを超えた商品を開発するなど，いずれも模倣困難で，独自な活動から得られる。

⑪　知財戦略：小川紘一，2009年[28]

・知財の国際標準化が，比較優位の国際分業の促進，共創・競合の場の提供，また技術伝搬の加速などにより，市場規模が短期に大規模化することを認識する。

・製品・サービスをすり合わせ型とするかモジュラー型とするかの選択と，それが持つ知財の標準化の形態をオープン型とするか，クローズ型とするかの選択がある。これらの4つの組み合わせのいずれを採択するかを決める。

・基幹部品をすり合わせ型かつクローズ型とし，基幹でないモジュラー部品との接続部分はオープンにし，しかしその部分の技術改版権は保持することによって，自らの技術を保持したまま，モジュラー部品を製作する企業の参入を促し，巨大市場を作り上げる。

・公開特許がヒントを提供してしまうことによる技術流出，製造に必要な部品・材料・機械・設備に体化した技術流出，また人を通じた技術流出など意図せざる技術流出パターンを分析し，防止策を策定する。

3.1.3　戦略にこそ戦略が必要だ[2]

　これまで多くの戦略が提唱されているが，M.リーブスらは，企業は業界環境に応じた戦略を採択すべきだとし，それらは業界環境を変え得る可能性の高低，業界環境を予測できる可能性の高低および業界の苛酷さによって，これまで提唱された戦略を図3.1のように分類できるとしている。これらは，アダプティブ型，シェーピング型，クラシカル型，ビジョナリー型，リニューアル型である。

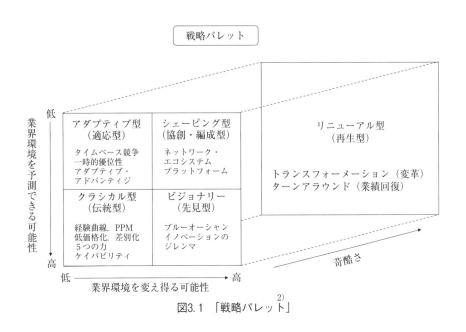

図3.1 「戦略パレット」[2]

3.2 新しい企業戦略論の提唱

　H. ミンツバーグらによる統合された戦略論とその後に提案された21世紀の戦略論，および M. リーブスらの戦略論を紹介してきたが，これらを含めて新たな観点からまとめた戦略を「企業の持続的発展のための8つの根拠に基づく戦略」として提案する。それらの根拠は，上記に紹介した戦略の概念と新たに導入した概念を含んでいる。

① 　企業の範囲：自社の参画すべき事業が何であり，参画すべきでない事業が何かを示す，自社の能力（コア・コンピタンス）[20]を含めた観点からの判断だけでなく，事業転換または新規事業参入にもこの範囲の判断が必要である。

② 　E-PEST の影響下：自社，業界，市場の経済活動は，地球環境・政治・経済・社会・技術（E-PEST）の影響下にあることの認識。従来いわれてきた PEST に E を先頭に置き重要性を強調する（表3.1参照）。これらが持つ非線形

表3.1 E-PEST の要因

E-PEST の要因

Global Environmental 地球環境的要因	・自然環境 ・資源節減 ・地球温暖化ガス削減 ・環境規制 ・SDGs（持続可能な開発目標）
Political 政治的要因	・法規制（規制強化・緩和） ・税制 ・裁判制度，判例 ・政治団体の傾向
Economic 経済的要因	・景気 ・物価（インフレ・デフレ） ・成長率 ・金利・為替・株価
Social 社会的要因	・人口動態 ・世論・流行 ・教育水準 ・治安・安全保障 ・宗教・言語
Technological 技術的要因	・技術開発投資レベル ・イノベーションの出現 ・新技術の普及度 ・知財管理・特許

性(世界の諸事物が変化する際の重要な特性の一つ，後述)のために予期せず変化・変動する可能性があることへの備えが必要である。

③　人間の志向：経営者から一般従業員まで，さらに顧客，株主，取引業者，地域社会の人間の志向・感性・行動様式に関する知識・洞察が求められる。企業経営を支配する二大概念である改革・保守や利己・利他の対立する考え方をいかに統合するかが企業の未来を決定づける。

④　知的・人的（役割的）・物的な階層構造・網目構造：企業の経済活動には知的・人的（役割的）・物的な階層構造（プラットフォーム）と各階層内での網

目構造（ネットワーク）で表されるような「つながり，連携」があり，これを明示して，取り組む必要がある。

⑤　**競争・協調の手段**：自社の経営活動に有効な競争・協調の手段の推測や実践に対する指針が含まれなければならない。これまで紹介してきた従来から存在する戦略は多かれ少なかれ競争に打ち勝つ方略を提案しているが，ここでは協調という新しい観点を導入する。

⑥　**対立の克服方法**：競争の中で遭遇する相克・相反・衝突等の対立の克服に対する指針が必要である。これについては後述する弁証法の活用が強く求められる。

⑦　**社会への貢献**：自社の経済活動がステークホルダーを通じて社会に寄与するための規範が含まれていなければならない。既に第2章で述べた企業の7つの満足の獲得がこれに相当する。

⑧　**有効性の限界・時限**：自社の経済活動の長期発展を目指すが，世界の動向の元来の不確実性と人間判断の合理性の限界（H. A. サイモン，2009年，pp. 66-67）[11] により長期予測は困難であり，上記①から⑦にも有効性に限界と時限があることの認識と備えが必要である。

3.3　企業の経済活動を包括した新しい戦略の策定上の留意点

3.3.1　社会科学においては，法則性発見が遅れていること

　経営の科学などの社会科学は，自然科学が自然現象の基礎にある法則性の発見を基盤にしていることと比べ，社会現象の基礎となる法則性の発見に遅れをとっていることを念頭におくこと。

　その遅れの理由は，H. A. サイモン[11]によれば，社会科学が，知識，記憶，および期待によってその行動が影響される意識的な人間を扱うという事実に由来するとしている。「人々がその活動によって経営の目的を限られた手段で最大限に達成するという目的志向行動は，それが信念あるいは期待に左右され，集団行動を伴う社会的場面においてより大きな影響をもたらす」といい，「集団のAの決定はBの行動に対するAの期待に左右されるだろうし，一方，Bの

決定は A の期待に左右されるだろう。このような不確定性が，まさに株式市場のような社会的制度において生じるように，生じよう。社会制度の基本的性質は，その安定性およびその存在さえもが，この種の期待に依存する」としている。ただし，「他人の行動は，それが正確に予測され得る限りで，客観的な環境の一部をなし，その本質において環境の人間外の部分と同じになる」とも言っている。したがって，H. A. サイモンの言うこの予測される部分に，不確定性や不安定性が存在する部分を加味して戦略は構築されるべきものということになる。

3.3.2 自然科学の方法の社会科学への適用が可能であること

　H. A. サイモンとは別の観点から，哲学者 R. バスカー[29)]は，科学の対象としての自然や社会の実在性を前提として，その性質を明らかにすることによって，自然科学と社会科学の統合が可能と考えているのである。彼は，自然や社会における事物，事象に関する知識には認識主体（人間）の意識または主観による主観的存在があり，それとは別に，主観とは独立の客観的存在があるとする。それらは，現象（事象，事態），知覚（経験，印象），深層の各領域（構造，力，メカニズム，傾向）のものに分けられるとしている。

　ここで，知識が主観的であるとの主張には，注釈が必要かもしれない。これに対しては，哲学者 M. ポランニー[30)]の次の言葉がある。「知識が人から分離独立して存在し，分析され，獲得される見方には反対する」。同じ事物や事象に対しても，これらから得る知識は主観的なものに依存して違ったものになるということである。

　自然や社会の実在性には，これまでの経験的実在論によるものに，上記の深層領域の存在を認める考え方から，R. バスカーが提唱する超越論的実在論を加えた2つがある（ここで，「超越論的」とは，先験的に，または経験されるものを超えて実在するものがあるという意味である）。

　経験的実在論では，範囲として現前的な（目の前にある）ものと，経験的なものがあり，まず事象や事態が発現し，これらを経験，印象，知覚として捉え

る。一方，超越論的実在論では，現前的，経験的なものに加えて，深化（深層領域）のものがあり，既に述べたように，その領域内で構造，力（パワー），メカニズム，傾向は実在するが，それらが作動するとは限らない状態，また力，メカニズムは作動して事象が発現するが，その動きが人間に感知されるとは限らない状態があるとする。

　経験的実在論は，深化領域にあるものを考えないために，経験されるものだけを実在とするため極く表面的なものと言える。この深化領域にある構造やメカニズムの作用をレトロダクション（Retroduction），すなわちアブダクション（Abduction：仮説推論）と呼ばれる比喩的な類推思考法と演繹，帰約法を合わせて解明することこそ科学の目的であると主張する。

　このレトロダクションの適用例を2つ示す。

・天王星の軌道が変則的に揺らいでいるという驚くべき事実に対して，天王星の外側に未知の惑星が存在すると仮説推論し，未知惑星の軌道を万有引力の法則のもとに演繹により予測し，新たに海王星が見つけられた。これを受けて帰納的に他の天体の軌道も万有引力の法則で計算できると推論する。

・ある大企業が事業を「選択と集中」した結果，倒産の危機に陥った驚くべき事実に対して，「選択と集中」は経営にとって何時も有効でなく，適切な「分散」も必要であると仮説推論し，「選択と集中」と「分散」の比率を演繹し，それを採択した結果，この比率がある値で業績の向上が帰納的に推論された。このような思考法は自然科学で既に採択されてきたものであり，その意味で，社会科学の方法と自然科学のそれとは基本的に同一だとみなすことができる（R. バスカー）[29]。

　この経験的実在論も超越論的実在論も因果関係をどのように捉えるかを中心の課題としている。それは，因果性が，物事を統一的に把握する知識の体系として諸学の根幹をなす哲学のみならず，自然科学，社会科学においても，因果性的な主張に満ちているからである（S. マンフォード，R. L. アンユム，2017年，[31] pp. iv-v）。

3.3.3 因果性の重要性とその複雑性を認識しておくこと

因果性は，古代ギリシャ以来，哲学の課題として取り上げられてきたが，現在でもそれが何であるかを完全に記述しえていない。

その中で，因果性は，これまでいくつかに分類されているが，その最も基本的なものは単称因果と一般因果である（D.クタッチ）[32]。それらは，一つの原因と一つの結果の関係（例：子供の飛び出しが事故の原因だった）と原因タイプと結果タイプの関係（例：子供の飛び出しは事故の原因となる）である。これを企業経営に適用して，「ある企業はある戦略を策定・実践して成功した」の単称因果があっても，「どの企業もその戦略を策定・実践すると成功する」の一般因果が必ずしも正しくはないことに注意する必要がある。

因果性に関係するものとして，傾向主義を述べておかなければならない。これは，個々の事物は自らに傾向的性質を内蔵し，これまで経験していないもの（または気が付いていないもの）もあり，これは因果性に影響する（または影響している）と考えるのである。R.バスカーは，既に述べた超越論的実在論により，この主義を重要なものとして提唱している（後述）。

さらに，介入主義とされる「行為者が原因となる p を引き起こすことができれば，結果となる q を引き起こせるであろう」があり，これも因果関係といえる（第5章では，p=重要活動評価指標 KAI，q=重要業績評価指標 KPI に相当）。

3.3.4 超越論的実在論の基本原理を知ること

さて，これから本題の超越論的実在論に戻り，その基本原理とそれによる因果法則について述べる。まず，基本原理として，(1)人間は知覚によって世界の事物を認識し，(2)実験や自然実験（後述）活動などを通じて，その構造を認識するが，(3)それらの事物や構造は人間とは独立に存在する。

超越論的実在論には，メカニズム，事象，経験的事実の3領域がある。メカニズム領域では，構造が持つ力（パワー）やメカニズムは実在しているが，作動しているとは限らない，事象の領域では，力，メカニズムが作動し，事象を発現するが，その動きが人間に感知（探知）されているとは限らない，さらに

経験的事実の領域では，力，メカニズムが作動し，事象が発現し，その動きが人間に感知されている，の3通りが存在する。

　この基本原理による因果法則は次のように表される。

(1)　事物の傾向（事物に備わった力，メカニズム）についての言明である。(i)傾向は保有されて（実在して）いても作動するとは限らない。(ii)たとえ発動したとしても，必ず事象の動きとなって現れるわけでもない。(iii)その傾向が実際に発現した場合でも，その動きが人間に感知（探知）されるとは限らない。

(2)　一定不変の随伴現象をめぐる言明などではない。
　　たとえ，経験として一定不変の随伴現象（つまり，ある物事が別の物事に続いて常に起こる）ことがあっても，理論的根拠がない限り，因果法則とはみなせない。

(3)　感知された事象が一定不変の形で随伴することは，因果法則の成立の必要条件でも，十分条件でもない。(i)一定不変の事象の随伴の有無にかかわらず，因果法則は存在する。(ii)一定不変の事象の随伴が感知されたとしても，因果法則が存在するとは限らない。

　社会と人間との関係性のなかで，社会活動のモデルとしてどのようなものが考えられるかを示したものが図3.2である。R.バスカーは，全部で4つのモデルを提示しているが，その最後の転態モデルが，社会活動モデルとして最もふさわしいものとしているので，これのみを紹介する。

　「社会は人間の意図的活動が行われるための必要条件であり，逆に人間の意図的活動は社会が存在するための必要条件である」が，社会と人間の間には「存在論的な断絶」（異質な存在である）があり，「一方を他方に還元することも，一方を他方で説明したり再構成したりすることもできない」。しかし，両者は「転態＝変形という様式」（人間の行動による社会の変形，およびその逆方向の変形）によって相互に関連づけられている。

　つまり，人間の個々の行動が社会のそれぞれの様態に変化を生み出し，また社会のそれぞれの様態が人間の個々の行動に影響を与える。この関係を生み出

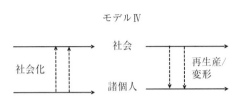

社会活動の転態モデル

モデルⅣ

社会・個人間関係の「転態=変形」的理解

社会と人間の関係性から見た社会活動モデル

図3.2　社会活動の転態モデル[29]

すものが転態であり，このような形で生じる転態の持つ特性は，社会に重大な影響を与える可能性がある。このことについては，後に，3.3.7で述べる。

　次に，事象の規則性について言及する。自然科学において重要とみなされる事象の規則性のほとんどは，「実験室のこと細かく制御された条件（閉じた世界）で意図的に」生み出されものにすぎない。現実の世界は，自然界といえども「不変の随伴現象など滅多に起こらない開いた世界」である。このため，因果法則は不変の随伴現象によるものではなく，事物の傾向である。たとえ，「開いた系」であっても存在するものである。社会は一般に自然界以上に「開いた系」とみなされ，やはり因果法則は事物の傾向とみなされるのである。

　以上のR.バスカーの超越論的実在論に対して，彼自身は次のように見解を述べている。社会科学の分野においては，「閉じた系」が成立しないために，理論の成否を判定しうるようなテスト状況を得ることは原則として不可能である。また，いかなる社会システムも転態を免れない以上，社会法則は作用域に関して歴史的（時間的）な制約を受ける。これに対して，榊原（2008年，p.56）[33]は，超越論的実在論では，「ある法則が本当に普遍的に妥当するのか，あるいは限られた時空のもとでのみ妥当するのかを，最初から知ることができない。

したがって，法則に初めからその妥当範囲などの但し書きをつけることは，単に批判を回避する手段としかみなされないことを知るべきであろう」と言っている。

　一方，筆者は次のように考える。社会と人間からなるシステムは「開いた系」のみならず，一般に非線形系である。転態も一般には非線形を含む（後述）。このようなシステムを一つの普遍式で記述するのは一般に不可能である。しかし，R. バスカーは，上記のように「社会法則は作用域に関して歴史的（時間的）な制約を受ける」と言っているが，記述不可能とは言っていない。したがって，システムの同定を逐次行えば，限定した時空（時間・空間）をつなぎ合わせることができ，より長期・広範囲の動作を把握できると考えるのが妥当であろう。結論として，この超越論的実在論は，転態モデルを含めて，システム論的に社会・人間システムの動特性と入出力特性を記述（同定）したものと捉えられる。現在，超越論的実在論は経済学への適用が既に図られているが，経営学への展開も十分有力な考え方と言いうるであろう。特に開いた系への言及は重要である。

　この超越論的実在論は，製造現場のいわゆる三現（現場，現物，現実）主義から見て観念的な空論に陥るのではないかと危惧することもあるかも知れないが，既に述べたようにアブダクション，演繹，帰納の一連の過程（レトロダクション）を経て分析・検証をすることを求めているのでその恐れはない。むしろ，深層領域にあって，いまだに顕在化していない事物の発見を促しうる論として，重要である。

3.3.5 「自然実験」が戦略の策定に活用されていること

　J. ダイアモンドと J. A. ロビンソン[34]は言う。「研究室の制御された環境で反復される実験においては，変化する要素を実験者が直接コントロールする。こうした形の実験はしばしば科学的方法の典型とみなされ，物理学や分子生物学の実験を行う際には，事実上これが唯一方法として採用されている。原因と結果の連鎖を解き明かすうえで，このアプローチが比類なく強力であることは間違

いない」。しかし，「科学として広く認められている多くの分野において，操作的実験は不可能なのだ。まず，過去に関わる科学において，操作実験は例外なく不可能である。進化生物学，古生物学，疫学，地史学，天文学のいずれも，過去を操ることはできない」。そうなると，「科学を行うためには新たな方法を考案しなければならない」。

　いま紹介したような歴史的関連の学問では，「自然実験」あるいは比較研究法と呼ばれる方法がしばしば効果を発揮している。このアプローチでは，異なったシステム同士が—できれば統計分析を交えながら量的に—比較される。この場合，システム同士が多くの点で似ているが，一部の要因に関して違いが顕著で，その違いがおよぼす影響が研究対象となる。

　さて，この自然実験を企業活動に適用した場合を筆者は次のように考える。一つの企業で経営者が交代し，そのため戦略が大幅に変わり企業の様態や業績に大きな変化をもたらすことは珍しくない。この他，経営者が代わらなくても戦略が大きく変わることもある。このように，当該企業というシステムが同一でも，それを作動させる戦略という要素が著しく異なることによる影響が研究の対象となるのである。戦略は，これまで述べてきたように，人間（や企業）の行動の束として実践される。企業は開いた系であるが，R. バスカーの言う通り，人間（や企業）の個々の行動の結果がいくつかの傾向として現れているはずである。過去に実践された戦略による結果と戦略前後の結果との違いを傾向として分析することによって，将来の戦略策定の根拠を得ることが期待できると考える（何が原因で，何が結果かが錯綜する普通の経済データから因果関係を導き出すための手法として「自然実験」を開発した米国の3人の研究者が2021年のノーベル経済学賞を受賞している）。

3.3.6　対立物の統一に弁証法を活用すること

　世界に存在するあらゆる相反，相克などの矛盾を克服する方法として，弁証法は古代ギリシャから現在に至るまで哲学上の大きな課題の一つである。これを完全に否定する哲学者（K. R. ポパー）[35] から，その有用性によって擁護する哲

学者まで，その振れは大きい。両者を分かつのは，矛盾の定義である。否定派は，弁証法では，あることを同時にかつ同じ意味で肯定し，かつ否定する矛盾を容認しており，これは論理学上の矛盾律に抵触していて認められないとする。もし，2つの矛盾する言明が認められるとなると，どんな言明でもすべて認めなくてはならなくなる。なぜなら一組の矛盾する言明からはいかなる言明でも妥当に推論できるからである（K. R. ポパーは事例を呈示。ここでは第一の言明と呼ぶ。p. 587）[35]。

　一方，肯定派は，現実に存在する相反，相克などの矛盾は必ずしも論理学上の矛盾律に抵触するものばかりでなく共存しうるものがあり，その共存を認めれば得るものが多いとする。例をあげれば，現存する社会構造を維持する方向に働く諸因子とそれを新しいものに代える方向に働く諸因子が存在する事態があるが，これらは論理学上の矛盾でなく，現実的な矛盾，すなわち現実的な非両立である（粟田・古在）[36]。このことに関して，K. R. ポパーは，弁証法論者は，「闘争」とか，「対立する傾向」とか「対立する利害」という言葉の方が誤解を招く恐れが少ない場合にも，好んで「矛盾」という用語を使うと言っている[35]（p. 595，これを，K. R. ポパーの第二の言明と呼ぶことにする）。

　したがって，K. R. ポパーは論理学上の矛盾律に抵触しない「闘争」とか，「対立する傾向」とか「対立する利害」にいわゆる弁証法の三幅対（後述）を適用することを否定していないことになる。この「矛盾」と「対立」等の用語上の混乱は，しばしば，誤解を招くことになる。たとえば，現実の問題を弁証法によって解決を図るときの矛盾は，K. R. ポパーの第二の言明にある「闘争」とか，「対立する傾向」とか「対立する利害」を意味することが多いが，K. R. ポパーの第一言明のみにこだわり，そこで使われている矛盾の定義を確かめずに，弁証法を使ったというだけで議論を全面的に否定する誤りを犯すことがある。また，始めから弁証法を使うのを回避して迂遠（回り道）な試行錯誤法を適用することも出てくる（試行錯誤法では，その解決の方向性を見出す指針がないので，迂遠といえる）。

　この現実的な矛盾は，もともと古代ギリシャでは対話法・問答法により解消

しうるものと考え，これを弁証法（Dialectic）としたのである。これが弁証法の原義である。その後，歴史を経るに従い，弁証法は多義的になるが，原点に立ち返って対話法・問答法を適用すれば問題解決に寄与するものが多い（島崎）[37]。本書では，以後，弁証法とは，対立物の統一の方法を意味する。

　これまで提案されている戦略の中で，一見，相反して両者が相容れないように見えても，それらの統一が図られるものも多い。3.1で多くの戦略をあげてきたが，この弁証法の利用により，たとえ対立するように見えても，実態に適合するものへとすることも可能な例もあるだろう。

　対立物を対話・問答法により統一するには，対話参加者が相互に言論を分割し（弁別して），真実や真理を共同的に探究していく。表3.2の対立物の統一における統一の概念図，統一の概念のスタイルは島崎隆に従って表記し[37]，統一の対象（例）は筆者があげたものである。

　対話・問答法の繰り返しにおける，対立物の統一はジンテーゼとみなせるが，新たなアンチテーゼが生じ，次のジンテーゼを探索すべき状況も出現する。これに対しては，弁証法の三幅対によって解決を目指す。

用語説明

- ・弁証法の三幅対：現実の世界の発展は次の三幅対を順にたどり，繰り返すことにより実現する。
  1．テーゼ（正）：ある観念または理論または運動が存在する。
  2．アンチテーゼ（反）：テーゼが限られた価値しかなく，弱点をもつので，対立物であるアンチテーゼを生む。
  3．ジンテーゼ（合）：テーゼとアンチテーゼのそれぞれの長所を（対立するものも含めて）保存し，弱みをなくし，いずれをも超越したものをもつジンテーゼを生む。
- ・矛盾律（アリストテレス）：同じもの（こと）が同じものと同時に（同じ時に）同じ事情の下で（同じ点について）属し，かつ属さないことは不可能である（あり得ない）。

表3.2　対立物の統一

	統一の概念図	統一の概念	統一の内容	統一の対象
1	(A)—(B)	相互関連	・独立したA，Bが対立する固有の特性をもちながら，相互に必然的に規定される一定の関係をもつ状態	・相互不干渉：互いに相手を認め，共存を図る ・競争相手との共存：競争相手の存在による相互向上
2	(A)⇄(B)	相互(交互)作用	・独立したA，Bの間に働きかけと影響の与え合いが存在する状態 ・結果であるものが反対に原因であり，原因であるものが結果である状態など	・攻撃と防御：攻撃のために防御し，防御のために攻撃する ・攻防兼備の戦略商品
3	(A)>＜(B)	闘争	・A，Bが相互に排斥し合い，否定し合う傾向にある状態 ・しかし，両者に同一基盤が存在して，闘争も相互作用の面をもつ	・特許紛争 ・クロス・ライセンス
4	(A＝B)	直接的統一	・対立物の直接的統一＝対立物の同一 ・対立項がそのまま合致している状態であり，A即Bとなる	・生産と消費：生産することは消費を伴い，消費によって初めて生産ができる ・需給の均衡：生産と供給能力
5	(A)─○─(B) C	媒介的統一	・対立項相互の自立性と質的差異が明確に現れるものに対して，一定の媒介CによりA，B間に本源的統一関係がもたらされるもの	・暗黙知と形式知の統合（SECIシステム）：Cは橋渡しを担う業務部署，または技能の伝承手法
6	(A(B))⇄((A)B)	相互浸透	・Aの影響がBの内部に入り込み，Bのなかに残存し，B自身の性質として生成する状態，BからAへの場合も同様 ・対立項相互の活発な働きかけによる	・資本主義（国）に社会主義を取り入れ，社会主義(国)に資本主義を取り入れる ・競争に協調を取り入れ，協調に競争を取り入れる

＊島崎隆の表の抜粋と統一の対象の新たな付与

3.3.7 企業は非線形の世界にその身をおいていること

　ある状態の変化が線形または非線形であることの違いによって，現状が続くか，画期的な変化が生じるか，また未来予測が容易か，または困難かが決定的に異なることが生じうる。このことは，自然現象でも社会現象でも存在する。なお，ここで線形とは，ある独立した変数の変化に対して従属する変数が比例することをいい，非線形とはこれから外れるものをいう。この外れ方の著しいものは非線形性が強いという。

　企業経営に関しても，非線形現象の例は無数にあるが，例えば，設備の突然の破壊，構造敏感性の存在（後述），イノベーションの突然の出現などはその例である。

　また別の非線形モデルを示す。それは3.3.4で述べた超越論的実在論における「社会活動の転態モデル」である。人間の活動が線形的に社会に作用するとは限らず，また社会が人間に影響を与える場合にも線形的に作用するとは限らないからである（曲線的に鋭敏に作用したり，逆に全く鈍感に作用したりする）。さらに両者が常に連続して互いに作用するのではなく，断続的に作用することもあるからである。この２つの非線形性が社会活動の不確実性や不安定性を生み出す可能性がある。

　さて，より本格的な非線形システムがあることを述べなければならない。それには，自然現象の非線形性を説明することから始めるのがわかりやすい。天気予報が一つの代表的な例である。これは，空気の流れを支配する流体運動方程式が典型的な非線形であり，数日の予報はある程度可能でも，それ以上の日数は困難とされている。

　生体工学者の山口は言う。[38]「一般的に，自然現象に限らず，世界の諸現象を記述する基礎方程式は，非線形であれば，全く予想できない振る舞いが出現しうることが知られている。われわれ人間の行動については，その本質的な力学的方程式が知られていないだけでなく，極めて非線形性が強いことは明らかである。たとえば，株式投資をする個人（企業＝法人でも同じこと）は，相互に強く干渉し，嘘やデマで，簡単にパニックに陥る」。続けて次のように言ってい

る。「つまり，現状，および，想像できる相当長い先の未来に対して，人工知能（AI）あるいは深層学習（AIの一つの手法）を用いたとしても，できることには本質的な制限がある。自然現象の予測にAIを用いることは，それが大規模かつ長期である場合には，信頼できない。限定された小規模の問題で，しかも時間的に発展する問題ならば，時間を限れば，ある程度成功するかもしれない。それは，どんな非線形の問題も，部分を取り出せば線形の近似をすることができるからである。じつは，我々が営々として築き上げてきた工学の体系は大部分そのような前提に立ったものである。人間の心理，社会の変化，経済の変動のような現象は基礎となる方程式系が確立していない上に，もし，それがあるとしたら強い非線形性を有しているに違いないと予想されるからである」[38]（山口，2020年，p. 106，抜粋，なお，AIや深層学習については後の章参照）。

　上述のどのような非線形の問題も，対象が小規模で，短時間を限れば，線形で近似しうるというのが肝要で，いかなる戦略においても念頭に置くべきものとなる。

3.3.8　企業活動の構造敏感性を考慮すること

　さて，企業の組織は「戦略に従う」という有名な言葉で表現されているが（A. D. チャンドラー，Jr.）[18]，その上に「構造敏感性をもつ」を加えたい。この「構造敏感性」は，もともと「材料学」で使われている用語で，母材の原子構造がなんらかの措置，例えば，極く少量の他原子の添加や材料に施す熱処理などによって変化し，材料全体の性質が大きく変わることなどに対して用いられる。また，材料内の局所的な微細な欠陥が全体の性質を大きく阻害する場合にも用いる。

　企業は人なりと言うが，適材適所という穏やかな表現では表し切れない超適材超適所があり，創業者は言うに及ばず，中興の祖はこれに該当するのではないだろうか。つまり人は企業にとって明らかに構造敏感性を示す。人に限らず，組織編制（内外環境変化に対して柔軟な組織），開発技術（先導的な技術開発力）等いろいろな構造敏感性を示すものがあり，正の効果を示すものを見出し，それを活用し，負の効果をもたらすものを軽減または無力化する指針を示すこと

が企業の発展に必要である。

　前項と合わせて世界に存在する非線形性が企業経営にいかなる意味を持つか
をそれぞれの事例について述べたが，総括すればそれが持つ不安定性に備える
べきだとする負の側面がある一方，状況を良い方向へ一変させうるという正の
側面があることである。

3.3.9　企業の強みを発揮するための知識経営の重要性が認識されていること

　近年の経済のますますの発展に伴い，企業の競争優位の源泉に「知識」を求
めることが，必須とされる。これには，個人や組織の持つ既存の知識をいかに
共有し活用するかという知識管理の立場と，単なる知識管理を超えて，競争優
位となる新たな知識をいかに創造できるかという知識経営の立場がある。

　知識管理の立場からは，知識をその水準の高低や流れの上・下流等から見た
階層構造（プラットフォーム）と各層内の網目構造（ネットワーク）として整理
し，全体としてこれらをつなぎ合わせて構造化して知識の充足程度を可視化し
て，企業内はもちろん企業外とも知識の連携を図るのが有効と考えられる。

　しかし，より重要な立場は知識経営である。野中らは，この立場に立ち，知
識の概念のパラダイム・シフト（後述）[39] を行い，それを基に組織的知識創造理
論を提唱している（ただし，野中らはパラダイム・シフト〔概念変移〕とは言って
いないが，それに相当するものと筆者は考えているので，以下このように言う）。

　ここでのパラダイム・シフトとは，M.ポランニーのいう暗黙知[40]，すなわち
「知っているが語ることができない知」は伝統的に言葉，文章で表現できない
知識とされているが，これを言葉，文章のみならず，比喩，絵，数値，データ，
パターン（野中らはパターンをあげていない）などにより表現できるものを知識
とみなすことである。

　野中らのパラダイム・シフト以前の伝統的知識概念では，知識は正当化され
た真なる信念と定義される。そのような知識は，自然法則と同様，概念の論理
法則も，たとえ現時点で認知できていないとしても，実在するものは想起によっ
て引き出されるものと考える。それは，人間から分離して「真」に存在し，発

見される，または想起されるのを待っているのである。このような知識は，客
観的なものであり，正当化は個人に依存せず，人や状況によって変わらない絶
対的なものであり，文脈（発見や想起などの経緯）に依存しない普遍的なもの
である。また，静態的なもので永続性がある。このように想起により発出する

表3.3　知識の伝統的な概念と野中らによりパラダイム・シフト化された概念

概　念	定　義	発出または創出	特　性	表現法
伝統的概念	正当化された真なる信念	・自然法則と同様，論理法則も，たとえ現時点で認知できていないとしても実在するものは，知識として想起により引き出される ・知識は，人間から分離独立して「真に」存在し，発見されたり，想起されるのを待つ	・客観的：正当化が個人に依存しない ・絶対的：人や状況によって変わらない ・文脈に依存しない：普遍性を持つ ・静態的：永続性を持つ ・受動的：想起により発出する	・言葉，文章 ・これらができない暗黙知は知識ではない
野中らによりパラダイム・シフトされた概念	意味ある情報	・個人の信念が対話により真実へと正当化され得るダイナミックな社会的な「場」で創り上げる ・人が他者あるいは環境との関係性の中から，主観による価値判断で創り出す	・主観的：知識は個人の信念から発する ・相対的：人や環境によって価値が違う ・文脈に依存する：対話と実践を通じて信念が正当化される ・動態的：新たな知識により陳腐化する ・能動的：新たに創出する	・言語，文章のみならず比喩，絵，数値，データ，パターンなど ・これらにより暗黙知からも意味ある情報として知識を創り出せる

（出所）　遠山亮子・平田透（2010）『流れを経営する』東洋経済新報社，p. 5 を基に筆者作成

知識は能動的に創られたものではない。このような知識は他人にもわかりやすい言葉や文章等の形式的・論理的言語によって伝達可能なもので形式知といわれる（M. ポランニー）[40]。

　暗黙知は，例えば，人の顔の場合，顔の諸部分に注目して何らかの要素情報を知覚して，全体として人の顔の識別を行っていることや，人の作業の場合，五感を働かせながら，筋肉の個々の要素的諸活動を協働させて目標の作業を実現している。ただし，このいずれの場合も，要素的諸活動を明確には語ることはできない暗黙知によるものと考えているのである。

　野中らのパラダイム・シフトによる知識は，「意味ある情報」と定義されうる。これによる知識は，個人が持つ信念が人との対話を含むダイナミックな社会的な「場」で，真実として正当化され創り上げられるものである。つまり人が他者や環境との関係性の中で，主観による価値判断で創り出されるものである。知識が主観的であるとの主張は既に述べたように M. ポランニーによる。

　このように，知識が個人の信念から発するものとすれば，主観的であり，人や状況によって価値や意味が違い，対話と実践を通じて信念が正当化されるので，文脈依存型である。知識は人や環境との関係性の中で創出されるものであり，また新たな知識によって陳腐化するので，動態的である。

　つまり，暗黙知とされているものからパラダイム・シフトにより，「意味ある情報」を創り出せるのである。例えば，AI による顔認証法，動作パターンの模倣による作業ロボット（自動車工場での溶接ロボット，塗装ロボット）などが開発・活用されているのである。

　組織的知識創造理論は，「組織の中で暗黙知と形式知が相互作用し，それらが質的にも量的にも増幅される」と考えるものである。その増幅プロセスとして野中らは４つの型の知識変換から成り立っているとしている。これらは，１．共同化（Socialization：一つの暗黙知と他の暗黙知の相互交換により新しい暗黙知を形成する），２．表出化（Externalization：暗黙知から新たな形式知を生み出す），３．連結化（Combination：表出化によって生成された形式知を組織レベルの形式知に体系化して，これを高次の形式知に変換する），４．内面化（Internalization：連結化

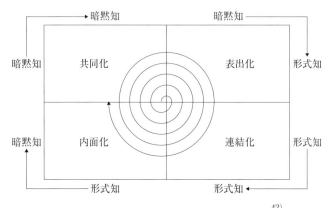

図3.3　4つの知識変換モードと知識スパイラル[42]

により，組織において創造された形式知が共有され，個人の内面に蓄積される）であり，それぞれ頭文字をとって，SECI［セキ］モデルと呼ばれる。いずれも，日々の社会的相互関係の「場」の形成によって得られる経験の共有が基礎となる。

　以上の4つの知識変換のプロセスは連続的に展開される。また知識創造のプロセスは必ずしも共同化から始まるわけではなく，単一のサイクルでもない。それは，スパイラルの形をした発展である。つまり，「暗黙知と形式知は，知識変換の4つのモードを通じて増幅」されていき，「個人の知から，グループの知，そして組織の知へと上昇」していくことである。イノベーションを生む一つの過程として，この知のスパイラルがある。これを示したものが図3.3（野中ら）[42]である。

　このように，知識は組織の中の関係性の中で作られる。対話と実践（行動）という人間の相互作用により，知識を継続的に創造していくためには，そうした相互作用が起こるための心理的・物理的・仮想的空間（コンピューター・ネットワーク）が必要である。そうした空間を知識創造理論では「場」と呼び，組織的知識創造のプロセスにおいて，重要である。つまり，知識が共有され，創造され，共有された動的文脈となる。このように，知識は文脈に依存し，特定

の時空間に依存する点で文脈に特有である。

3.3.10 企業統治の社会性を考慮すること

企業統治とは，法学や経済学では，会社の所有者である株主の合理的な期待に応えるための制度（法律）や慣行（実態），あるいは株主の意思を経営に反映させるための制度と定義されている（加護野他）[43]。

アメリカとイギリスでは，会社は制度，慣行ともに株主のものであり，株主の利益最大化または会社の価値最大化を目的として来ているのである。第2章で述べたM.フリードマンの株主第一主義はこのことを基盤としている。しかし，企業の経済活動によって，米国の所得格差が，他の先進諸国に比べて格段に高く，全国の上位1％の家族は，平均して下位99％の家族の26.3倍の収入を得るほど広がっていること（米国経済政策研究所，2015年）を背景として，「株主第一主義」の見直しの宣言が行われたのである。本書では，第2章で提案した企業の「7つの満足の獲得」を基に社会性を取り入れている。

3.3.11 企業は「開いた系」であること

企業を一つの体系（システム）と見た場合，外界（外部環境）との間で人的・物的・情報的資源の出入りが常にあり，「開いた系」であることが認識されていることが必要である。

この開き具合の適切さが，企業の活力を支配しているとも言える。このため，

・極端にいえば，昨日の自社は今日の自社ではない。昨日できても今日できるとは限らず，また昨日できなくても今日できることもある。

・これほど極端ではなく，昨日を過去に読み替えれば，過去に成功したことが再び成功するとは限らない。過去の成功体験に縛られることなく，現状を冷静に分析する必要がある。また，逆に過去にできていなくても将来できることもある。

・人的資源の導入は，企業の盛衰を決める大きな要素であることは言うまでもない。

・物的資源の出入りには有効性と効率だけでなく，企業経営にとって正の効果の構造敏感性を持ちうるかが考慮されていなければならない。
・好ましくない資源の出入り，たとえば不良品の流入，情報・技術の流出などが管理されていることが必要である。

3.3.12　テクノロジーの趨勢を見ていること

　未来予測ほど難しいものはない。現在の潮流を延長して予測せざるを得ないが，世界の非線形性のためにそれが長期的に見てどのように変化するかを正確に推測するのは不可能である。しかし，現在の潮流でさえも把握するのもそう容易ではない。またたとえ把握できたとしても，それに対処するのは容易ではない。図1.3にある各種エレクトロニクス製品に関する日本企業のシェアの急激な低減を始め，日本の企業の最近30年来の低迷はこのことを物語っている。

　テクノロジーの現在および近未来の趨勢として，次のようなものが考えられる。

・現在のものづくりはいかに地球環境に配慮するかにかかわっている。3.2でE-PEST という命名を提案した理由である。自動車のガソリン車から電気自動車または燃料電池車，さらに水素自動車への切り換え，発電の太陽光，風力などの自然エネルギーの利用，石油由来のプラスチックスの削減など地球温暖化・浄化対策が喫緊の課題となっている。

・ハードウェアとしてのものに第1章で述べた人工物科学の産物としてのソフトウェアを組み込み，画期的なもの，またはハードウェアのみでは決して実現し得ない機能のものを作り上げる。自動車の自動運転がこの良い例である。

・ただし，ハードウェアにソフトウェアを組み込めば，機能の付与に加えて，たとえ精度の低いものでも高精度化でき，所定の機能を発揮させうると誤解してはならない。精度の低いものの動作中のガタツキ（不規則運動）は，制御によって抑制するのは一般に困難である。精度の低いハードウェアは，機能実現のためのソフトウェアの働きを阻害する。

・もの自身を作り上げるさいに，やはり人工物科学の成果である IoT や AI を

活用する（ディジタル・ものづくり）。これらを包含した CPPS（Cyber Physical Production System：コンピューター上の仮想空間と現実の物理空間を連携させた生産システム，第5章で述べる）を活用する。

・サイバー（Cyber）技術がものの動作やその生産を高度化するための手段となるばかりでなく，むしろ技術全体の体系を支配するようになる。これによって，人間社会全体の行動様式に影響を与えるようになる。

・ものづくりを自社および系列企業内で行う垂直統合モデルにこだわることなく，たとえ競合他社であっても協業して新しいものを作り上げる。開発の費用と期間の短縮を図る。競争はその後に行う。

・国際分業モデルの製品・サービスのアーキテクチャー（設計思想）を作り上げ，開発国と新興国が利益を共に確保する。例えば，完成品をすり合わせ型部品とモジュラー型部品に分け，技術を秘匿化した基幹部品はすり合わせ型として，自社で開発し，一方，汎用品化した周辺部品はモジュラー型として，新興国が製作する。

・今に始まった趨勢ではなく，産業革命以来連綿として続いている人間の能力の代替としてのテクノロジーを改めて活用する方法を模索する。現在の代表的なテクノロジーには既に述べた CPPS の他に表3.2の対立物の統一の型5の SECI などがある。

・近年，ますます加速しているテクノロジーの発展に取り残される従業員をつくり出さないための普段からの教育体制の整備が求められる。

　この章では，戦略についてかなりの紙数をさいて述べてきた。これは，第1章で述べたように，「技術力で勝る日本がなぜ負けるのか」の回答として戦略の不在または不十分を考えるからである。

　これまで多くの戦略が提案され，そのいくつかを紹介したが，「戦略にこそ『戦略』が必要だ」といわれるように，戦略を構成する因子は多種，多様である。そこで，本章では，「新しい戦略の策定上の12の留意点」の中で，これまでと異なる，より根源的と思われる概念を中心に示した。それらは次のもので

ある。

- ・物理学の諸方法の社会科学への適用を行う自然主義
- ・アブダクション，演繹，帰納を統合した論理展開であるレトロダクション
- ・戦略の策定のための「自然実験」
- ・企業のように入出力がある開いた系の因果法則
- ・対立する概念の統一を図る弁証法
- ・自然現象や社会活動が持つ非線形性
- ・組織が持つ構造敏感性
- ・暗黙知と形式知の相互交換

これらによって，包括的な戦略策定が行えるものと期待する。

注

1）神戸大学大学院経営学研究室編（1999）『経営学大辞典　第2版』中央経済社，p. 239
2）M. リーブス，K. ハーネス，J. シンハ著，須川綾子訳（2016）『戦略にこそ「戦略」が必要だ』日本経済新聞出版社，p. 19
3）H. ミンツバーグ，ブルース・アルストランド，ジョセフ・ランペル著，齋藤嘉則監訳（2013）『戦略サファリ　第2版』東洋経済新報社
4）P. セルニック著，北野利信訳（1975）『組織とリーダーシップ　新版』ダイヤモンド社
5）K. R. アンドリュース著，中村元一・黒田哲彦訳（1991）『経営幹部の全社戦略　全社最適像の構築・実現を求めて』産能大学出版部
6）H. I. アンゾフ著，中村元一・黒田哲彦訳（1990）『最新・経営戦略　戦略作成・実行の展開とプロセス』産能大学出版部
7）M. E. ポーター著，土岐坤ほか訳（1995）『競争の戦略』ダイヤモンド社
8）B. D. ヘンダーソン著，土岐坤訳（1981）『経営戦略の核心』ダイヤモンド社
9）J. A. シュムペーター著，塩野谷祐一ほか訳（1980）『経済発展の理論　企業者利潤・資本・信用・利子および景気の回転に関する一研究上・下』岩波書店
10）A. H. コール著，中山敬一郎訳（1965）『経営と社会　企業者史学序説』ダイヤモンド社
11）H. A. サイモン著，二村敏子ほか訳（2009）『経営行動　新版』ダイヤモンド社，p. 53，553
12）J. G. マーチ，H. A. サイモン著，遠田雄志・アリソン・ユング訳（1986）『組織におけるあいまいさと決定』有斐閣
13）K. E. ワイク著，遠田雄志訳（1997）『組織化の社会心理学』文眞堂
14）G. T. アリソン著，宮里政玄訳（1977）『決定の本質　キューバ・ミサイル危機の分析』

中央公論社

15) H. ミンツバーグ著，北野利信訳（1991）『人間感覚のマネジメント　行き過ぎた合理主義への抗議』ダイヤモンド社

16) J. B. バーニー著，岡田正大訳（2003）『競争戦略論　競争戦略の構築と持続　上巻』ダイヤモンド社，p. 250

17) M. T. Hannan, J. Freeman (1977) The Population Ecology of Organizations, *American Journal Sociology*, Vol. 82, No. 5, pp. 929–964

18) A. D. チャンドラー Jr. 著，有賀裕子訳（2004）『組織は戦略に従う』ダイヤモンド社

19) G. ストーク Jr.,T. ハウト著，中辻萬治・川口恵一訳（1993）『タイムベース競争戦略—競争優位の新たな源泉…時間—』ダイヤモンド社

20) G. ハメル，C. K. プラハラード著，一條和生訳（2001）『コア・コンピタンス経営』日経 BP

21) G. ストーク Jr. ,P. エバンス，L. E. シュルマン著（1992）「ケイパビリティ戦略」『ダイヤモンド・ハーバード・ビジネス』1992年 7 月号

22) C. M. クリステンセン，S. D. アンソニー，E. A. ロス著，玉田俊平太解説，櫻井祐子訳（2014）『イノベーションの最終解』翔泳社

23) B. J. ネイルバフ，A. M. ブランデンバーガー著，嶋津祐一・東田啓作訳（1997）『コーペティション経営』日本経済新聞社

24) S. ヘッケル著，坂田哲也・八幡和彦訳（2001）『適応力のマネジメント』ダイヤモンド社，p. 6

25) W. C. キム，R. モボルニュ著，有賀裕子訳（2015）『ブルー・オーシャン戦略　新版』ダイヤモンド社

26) D. J. ティース著，谷口和弘ほか訳（2013）『ダイナミック・ケイパビリティ戦略—イノベーションを創発し，成長を加速させる力—』ダイヤモンド社

27) 延岡健太郎（2011）『価値づくり経営の論理』日本経済新聞出版社

28) 小川紘一（2009）『国際標準化と事業戦略』白桃書房

29) R. バスカー著，式部信訳（2009）『科学と実在論　超越論的実在論と経験主義批判』法政大学出版局

30) M. ポランニー著，高橋勇夫訳（1985）『黙知の次元』紀伊國屋書店，p. 18

31) S. マンフォード，R. L. アンユム著，塩野直之・谷川卓訳（2017）『哲学がわかる因果性』岩波書店

32) D. クタッチ著，相松慎也訳（2019）岩波書店，pp. 2–18

33) 榊原研互（2008）「超越論的実在論の批判的検討—R. バスカーの所説を中心に—」『三田商学研究』慶應義塾大学出版会，Vol. 51, No. 4, p. 56

34) J. ダイアモンド，J. A. ロビンソン著，小坂恵理訳（2018）『歴史は実験できるのか』慶應義塾大学出版会，pp. 7–11

35) K. R. ポパー著，藤本隆志・石垣壽郎・森博訳（1980）『推測と反駁　新装版』法政大学出版局，pp. 587–595

36）粟田賢三・古在由重編（2011）『岩波哲学小辞典』岩波書店，pp. 229-230

37）島崎隆（1993）『対話の哲学—議論・レトリック・弁証法—』こうち書房，pp. 197-203

38）山口隆美（2020）「AI と教養教育」東北大学教養教育院編『人文学の要諦』東北大学出版会，pp. 104-106

39）野中郁次郎・紺野登（2003）『知識創造の方法論』東洋経済新報社，p. 4

40）M. ポランニー著，高橋勇夫訳（2003）『暗黙知の次元』筑摩書房，p. 24

41）前掲40），p. 15

42）前掲39），p. 21, 25

43）加護野忠男・砂川伸幸・吉村典久（2010）『コーポレート・ガバナンスの経営学　会社統治の新しいパラダイム』有斐閣

第4章　ものづくり企業の持続的発展のための要件

　第2章では，ものづくり企業のありたい姿―「7つの満足の獲得」を提唱し，このために，まず企業は持続的に発展し続けられなければならないとして，第3章では企業の発展に寄与するための経営戦略が何を根拠に策定されるべきかについて述べた。この第4章では，戦略も含めた，より広い観点となる理念・戦術を統合した10の要件をあげる。これらをまとめたものが，表4.1のものづくり企業の持続的発展のための10の要件：理念・戦略・戦術である。これを述べた後，この10の要件と「7つの満足の獲得」との関係を説明する。

　それぞれの要件について，理念，戦略，戦術や企業存続基盤，資質，内外適応性，改革，改善等の属性を付し，また，その内容は主としてキーワードを使って示している。

　この要件について述べる前に，企業と言っても日本企業と米・英企業が持つ特性がかなり違うことを，日本経済発展史の研究者 R. ドーアが示した図4.1を[1]使って簡単に説明しておきたい。

　この中で，従業員集合体としての会社（企業）は日本企業のパターンであり，株主所有物としての会社は米英企業のものである。それらは，それぞれ次の性格をもつ。

　日本企業では，

・組合員から，管理職，役員，経営者への昇進の道が開かれている。

・役員，管理職も会社に雇われている意識をもち，現場の労働者も含めて，かなり強い帰属意識をもつ。

・経営者と一般従業員間の報酬差がかなり公平に決められているという意識がある。

　一方，米英企業では，

・株主の代理人としての経営者と，経営者の使用人としての従業員があり，従業員は下請け会社等と同じ範疇の利害関係者になる。

表4.1（1）　ものづくり企業の持続的発展のための10の要件

	要件		理念，戦略，戦術
1	企業理念（経営理念）	理念・目的	企業は社会における公器であり，自社はこの業種で社会に貢献することを目的とし，その実現に7つの満足の獲得を目指す。これを社是とする
2	経営者の資質・役割	企業存続基盤	世界および自国の産業構造の将来象への寄与または適合を目指し，自企業の理念と目的を達成する意欲，能力，実行力をもつ奉仕型経営者の存在とその継承者の輩出を存続基盤とする。株主価値最大化を目指すのは株主資本主義であり，理念に反することを認識する
		資質とは	人間的魅力（真摯・誠実・度量，前向き，部下の成長支援・継承者育成の熱意），精神的支柱（企業存立の意味・目的・気高い動機の発信力，決断力）
			分析的知能（技術・情報・情勢分析力，企業存続の必須要素の階層・網目構造）
			システム化知能（分析を基盤とする戦略策定能力，組織構成力）
			発想の創造力，技術・イノベーションの理解力とその将来性の評価力
			リスク予知能力・リスクリターン胆力
		戦略（策定）	代表的戦略の知識と咀嚼，環境（競合・買い手・代替品・新規参入・供給業者）分析，SWOT分析，自社中核・関連技術発展，企業・社会共通価値創造
		戦略（実践）	内外因的動機づけによるマネジメント，戦略対応組織の構築・管理，戦略間および利害関係者間の矛盾・衝突の（弁証法的）克服
		戦略（評価）	7つの満足達成度の確認
3	従業員の志気・倫理観・実践力	戦略	企業の目的・価値観・社風に共鳴できる従業員の採用，欲求段階説（A.マズロー）基盤の従業員育成，失敗から学ぶ姿勢の醸成
			職務充実・参加的リーダーシップ育成，イノベータとそのリーダーの発掘・育成，職務実践力向上
4	組織体制の内外環境適応性	戦略（組織）	組織は戦略に従う（A.チャンドラー），戦略は組織に従う（H.I.アンゾフ），事業別・機能別・マトリックス構造
		内外適応性	イノベーション用非公式小チーム組織，機能の一部外部化，開発業務の国際分業，競合企業との連携，オープン・イノベーション
5	製品・サービスの最適構成	戦略	所得層別・地域別製品，コストリーダーシップ・差別化・中間製品，ブルー・オーシャン製品，こだわり機能製品，破壊的および持続的イノベーション製品，省資源製品，模倣・陳腐化困難製品，リバース・イノベーション対応製品などのPPM（Product Portfolio Management）

表4.1（2）　ものづくり企業の持続的発展のための10の要件

	要件		理念，戦略，戦術
6	製品・サービスの出力・販売方法の革新・改善	革新（製品）	J. シュムペーターの「新結合」，C. クリステンセンの「イノベーション」，J. ダイアモンドと E. シュワルツの「発明は必要の母」，島崎の弁証法，J. クランボルツの計画的偶発性，K. ポパーの試行錯誤，PLC 戦略，SECI，TRIZ，QFD，省エネルギー・ゼロ CO_2 製品
		（手段）	アーキテクチャの選択（インテグラル型，モジュラー型），CPPS*（ICT による仮想現実ものづくり，IoT/AI 活用），情報ハブの活用，環境保全
		改善	サプライヤーとの連携・支援（SCM），顧客関係マネジメント（CRM），TPM・TQM・TPS，KMI・KPI・KAI マトリックス
7	変革への柔軟性	戦略（背景）	地球環境・政治・経済・社会・技術動向対応（E-PEST），グローバル化市場・新興国台頭対応，国家資本主義・社会資本主義台頭対応
		戦略（実践）	国際分業・国際標準化・技術のデジタル化対応，知財戦略対応
8	リスク管理	戦略	リスク・危機管理組織，戦略・金融・ハザード・オペレーショナル・社会的リスクなどの種類と影響度予測
		戦術	リスクの保持・削減・移転・排除体制，地震・津波・水害・火災リスクの種類・影響分析・対策，意図せざる技術流出・防止策
9	企業文化の構築・刷新	戦略（策定）	意識の高い文化（信頼，説明責任，思いやり，透明さ，誠実さ，忠誠さ，公正さ）の形成，従業員の精神的統合，外部環境迅速適応
		戦略（実践）	組織の固陋化の要因となる成功体験の過剰信奉の抑制
10	企業統治における監査	戦略（精査）	社内取締役・社外取締役・監査役などによる精査，企業統治規約（CGC）の遵守，敵対的買収対策

*CPPS：図5.6参照

・株主は株価が低迷し，配当の少ない場合には，経営者を交代させ，一方，経営者は不良部門の従業員は日本企業に比べて簡単に解雇する。

・経営者・役員報酬は高い「世間相場」に合わせて決まる（株主総会で報酬高騰の抑制にまわるべき投資機関の経営者の報酬も「世間相場」にならうため，抑制する仕組みが働かない）。

　先に第2章で述べた M. フリードマンの「株主第一主義」もこのような背景を持って提唱されたものと見ていいだろう。本書で提案する企業の「7つの満

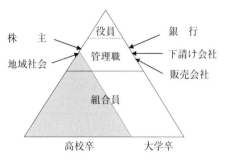

従業員の集合体としての会社

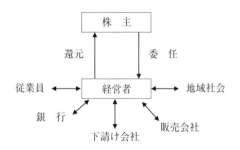

株主の所有物としての会社

＊ ←——→ は取引関係を示す。

図4.1　従業員の集合体としての会社と株主
の所有物としての会社

足の獲得」は，「経営者も含めた従業員集合体」としての会社への「かなり強
い帰属意識をもつ」ことから，日本企業の方が受け入れられやすいと思われる。

　さて，表4.1の個々の要件について述べる。

要件1．企業理念（経営理念）

　・企業の理念・目的として7つの満足の獲得を目指すことを社是とする。

要件 2. 経営者の資質・役割

・企業の存続は経営者の資質・役割から捉えると，大局を見て世界および自国の産業構造の将来象への寄与または適合を目指していることと，足元を見て自社の理念と目的を達成する意欲，能力，実行力をもち，継承者の育成を図ることという両面から達成できると考える。

ここで，世界および自国の産業構造の将来像への寄与または適合とは何かである。これを，例えば，現在の世界的喫緊の課題の一つである，地球温暖化対策のためのガソリン車のCO_2排出問題について考える。このために，現在，電気自動車，燃料電池車，水素自動車等を採用することが模索されているが，これらの選択肢のいかんによっては，自動車の部品点数がガソリン車に比べ格段に少なくなる場合があり，自動車のような裾野の広い産業の場合，国内の雇用が激減する可能性が大きい。次世代自動車としてのCO_2排出削減またはゼロ化機能の確保と国内の雇用確保との間に葛藤が生じた場合には，これを弁証法的に克服して（対立物の統一によって），自動車の主要メーカーは国の将来の産業構造への寄与または適合を図るべきことを意味している。このように国や世界レベルでの葛藤を含む問題は，他の産業を取り上げても存在する。

・企業にとって経営者のもつ資質と能力が第一に必要なことは言うまでもない。それには，まず人間的魅力であり，続いて，精神的支柱，分析的知能，システム化知能，発想の創造力，技術・イノベーションの理解力とその将来性の評価力，戦略策定・実践・管理能力，リスク予知能力・リスクリターン胆力などが求められる。これらを基盤として，実際に戦略の策定，実践，評価が行われる。

・表4.1にある全項目に対処しうる経営者を得るのは容易でない（なぜそのような資質の経営者を得難いかは，後述の表4.2で述べる）。一気に企業体質改善を図るために，外部から招聘する例もあるが，その人の人物像を見ずに，経歴のみから招くと大いなる過ちを犯すことにもなりかねない。そのような失敗例も見受けられる。外部招聘は，企業を一段と高みに引き上げるために行わ

れることは，納得できる面もあり，米国企業はこれを飛躍のきっかけとしているようだ。しかし，日本企業では，先に示した日本企業がもつパターン（特性）からしてこれが成功するとは限らない。資質の見極めには，やはり，基本は内部養成であろう。これができないのは，そのための力量不足または失敗と言える。

要件3．従業員の志気・倫理観・実践力

・日本企業の場合，経営者と並んで重要なのは従業員である。企業経営の実務を担う従業員であり，またその従業員の中から将来経営者になる可能性が十分あるからである。従業員の採用にあたり，企業の目的・価値観・社風に共鳴できる人物を見出し，また入社後に超マズロー欲求段階説により養成（図4.2）し，さらに従業員が失敗から学ぶ姿勢を醸成することが必要である。また，職務充実・参加的リーダーシップの育成を図り，イノベーターとそのリーダーの発掘・育成と，職務実践力向上を目指す。

・従業員の役割について，H. A. サイモン[2]の意見は非常に有用だと思われるので，少し長いが紹介する。「組織の目的を遂行する実際の物理的な仕事が，管理階層の最下層の人々によって担われることは明らかである。物理的客体としての自動車は，技師や経営者によってではなく，アセンブリー・ラインにいる機械工によってつくられる。（中略）また同様に明らかなことであるが管理階層の中でこの最下層ないし作業階層より上の人々は，単なる余計なお荷物ではなく，機関の目的の達成において，また，必須の役割を担わなければならない。（中略）組織の研究においては，現場の従業員に注意の焦点を合わせなければならない。なぜなら，組織の成功は，その中の現場の成果によって判断されるだろうからである。組織の構造と機能は，そのような従業員の決定と行動が，その組織のなかで，またその組織によって，影響されるその仕方を分析することによって，最もよく洞察される」（経営行動）[2]

・ここで，超マズロー欲求段階説とは，A. マズローの従業員の欲求5段

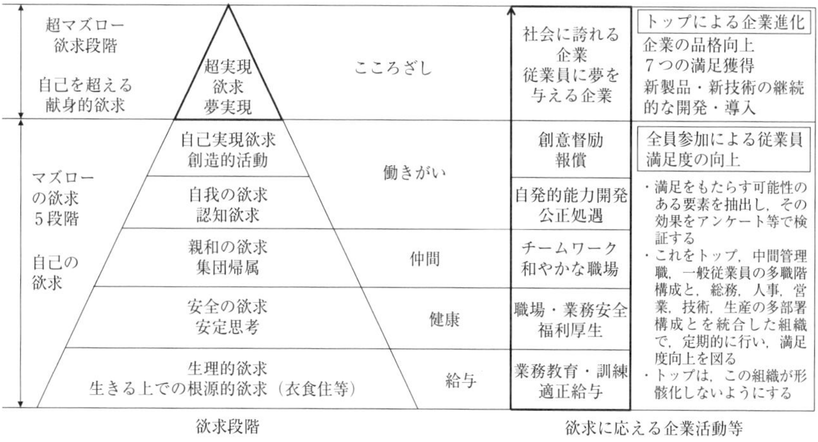

欲求段階				欲求に応える企業活動等
超マズロー欲求段階 自己を超える献身的欲求	超実現欲求 夢実現	こころざし	社会に誇れる企業 従業員に夢を与える企業	**トップによる企業進化** 企業の品格向上 7つの満足獲得 新製品・新技術の継続的な開発・導入
マズローの欲求5段階 自己の欲求	自己実現欲求 創造的活動	働きがい	創意督励 報償	**全員参加による従業員満足度の向上** ・満足をもたらす可能性のある要素を抽出し,その効果をアンケート等で検証する ・これをトップ,中間管理職,一般従業員の多職階構成と,総務,人事,営業,技術,生産の多部署構成とを統合した組織で,定期的に行い,満足度向上を図る ・トップは,この組織が形骸化しないようにする
	自我の欲求 認知欲求		自発的能力開発 公正処遇	
	親和の欲求 集団帰属	仲間	チームワーク 和やかな職場	
	安全の欲求 安定思考	健康	職場・業務安全 福利厚生	
	生理的欲求 生きる上での根源的欲求(衣食住等)	給与	業務教育・訓練 適正給与	

図4.2　超マズロー欲求段階と従業員満足

階説（A.マズロー，1967年）の上に，自己を超える献身的欲求の項を筆者が新たに加えたものである。また，右欄の欲求に応える企業活動等も新たに添付した。最上段は，企業の品格向上を目指すものであり，これには7つの満足獲得が寄与する。これとともに新製品・新技術の継続的な開発・導入を図り，いわば，物心ともに誇りをもてる企業を目指すのである。これを実践できる人物が次世代の経営者の資格を有するとみなされる。最下段から5段までは，全員参加により従業員満足の向上を目指す。具体的には，満足をもたらす可能性のある要素を抽出し，その効果を経営陣，中間管理職，一般従業員の多職階構成で，総務，人事，営業，技術，生産の多部署を統合した組織で，定期的に検証を行い，満足度向上を図る。経営者は，この検証組織が形骸化しないようにしなければならない。

要件4．組織体制の内外環境適応性

　組織体制は企業の力量が十分に発揮できるものでなければならない。A. D. チャンドラーJr. は，「組織は戦略に従う」として，経営戦略に従って，組織構

造が変革されるとしている。一方，H. I. アンゾフは，逆に「戦略は組織に従う」としている。この2つは対立概念ではなく，両者それぞれに適合する組織規模があり，大企業は戦略優先で事業別の組織づくりをし，一方，中小企業は戦略実行能力に限界があるため，組織の力量に応じた事業に絞った戦略を立案する必要があるからである。

　事業別または単独の事業において，さらにその内部で機能別，マトリックス構造の選択肢がある。これらを簡単に説明する。

　まず，事業別構造とは，複数の製品・サービス（以後，単に製品という）をそれぞれ別々の事業所で製作し事業所ごとに研究開発，製造，会計，マーケティングなどの機能部門を持つ構造である。この組織が持つ長所は製品ごとの市場環境の変化に素早く対応しうる，製品に対する責任が明確である，顧客満足獲得が容易である，各機能間の調整が容易であることなどである。一方，短所として，各機能の資源が分散し希薄になること，このため，知識・技能の専門家の養成が希薄になる，製品ライン間の調整が不備になる，製品間の統合や標準化が困難になることなどがある。

　機能別構造とは，研究開発，製造，会計，マーケティングの各機能部門が，企業のすべての製品を扱う構造である。長所として，機能部門の資源の集中が行える，その結果，知識・技術開発の深化が図られる，単一または少数の製品の場合に有効であることである。しかし，環境変化への対応が遅れがちになる，意思決定がトップの階層に滞りがちになる，また機能部門間の調整が不備になる，組織目標の全体像が使いにくいことなどの短所がある。

　マトリックス構造とは，製品担当役員と製品ごとのマネージャーがいる中で，製品を全体として通してみる設計担当役員，製造担当役員，経理担当者，調達担当者を設ける組織である。長所として，顧客からの複数の要求にこたえるのに必要な調整ができる，人的資源を複数の製品間で融通し合える，複雑な意思決定や不安定な環境の変化に対応できる，機能面・製品面のスキル開発のチャンスが与えられる，などがあり，複数の製品を作る中規模の組織に最も適している。しかし，従業員を二重の管理下におくことになり，混乱を引き起こしや

すい，優れた対人処理スキルや集中的なトレーニングが従業員に必要になる，頻繁な会合や葛藤処理に関わらなければならなくなる，従業員はシステムをよく理解し，上下関係よりも，同僚との協力関係が必要となる，権限のバランスの維持に努める必要がある，などの短所がある。

　上記の事業別，機能別，マトリックス構造はどちらかと言えば組織体制の伝統的モデルであるが，最近では組織機能の一部の外部化や競合企業との連携，また開発機能の国内外分業（オープン・イノベーション）によって，事業を加速し，コストを削減することは珍しくなくなっている。最近のもう一つの重要な傾向として，イノベーションが成功するか否かを迅速に判断するために，企業の本体の事業としては設定されないほどの小規模の事業を，非公式の小チーム組織に委ねることが行われる。

要件5．製品・サービスの最適構成

　製品をいくつかの観点から分類すると，所得層別製品か地域別製品，コストリーダーシップ製品か差別化製品またはそれらの中間製品[7]，ブルー・オーシャン製品[8]，こだわり機能製品[9]，破壊的および持続的イノベーションまたは新市場破壊型製品[10]，省資源製品，模倣・陳腐化困難製品[11]，リバース・イノベーション対応製品[12]などがある。一種類の製品に資源を集中させる，いわゆる選択と集中は，経営資源の効率化のため採用されるが，危険な場合が多い。複数の製品を扱い，第3章で既に述べたPPM（Product Portfolio Management）[13]を実施することが企業経営を安定，かつ発展させる戦略となるであろう。

要件6．製品・サービス・販売方法の革新・改善

　経済発展の原動力として，製品・サービス・販売方法に対する広義の革新であるイノベーションが必須である。イノベーションはその性格上，まず閃きや直感，または発想を起点として生み出される。つまり創造の世界の事象である。しかし，何の手がかりがないところから何かを生み出すことを業務とするにはあまりにも効率が悪い。そのため，これまでいくつかの手がかりが提唱され，

利用されてきている。これらの代表的なものについて述べる。

タイプ1. 特許マップ

　特許マップとは，自社事業の周辺領域に競合相手がどれだけ，どのような技術開発や事業展開をしているのかを特許出願状況を調べて，その情報を分析，加工，整理し，これを図面，表，グラフ等で表したものである。これによって，自社の開発業務の指針を得る。

タイプ2. Triz[14](トリーズ,ロシア語の理論・解決・発明的問題の頭文字を連ねた語)

　Triz はロシアの特許審査官 G. アルトシューラーが特許をベースに作成し，200万件以上の特許を，科学的，定量的に検証・ブラッシュアップし，「分野を超えて利用できる」ようにした，発明的な問題解決の理論であり，これを自社の発明のために活用する。

タイプ3. J. A. シュムペーターの「新結合」(1911年)[15]

　経済の画期的な発展は要素の新しい結合（新結合）によるとし，この場合，構成要素自身は必ずしも新しいものでなくても良い。具体的には，次のものである。
(1)　消費者が知らない新製品，あるいは新しい品質の製品
(2)　当該産業における新しい生産方法の適用
(3)　当該産業における新しい販路の開発
(4)　原料，中間財の新しい供給源の獲得
(5)　新しい組織の実現

　古典的な指針であり，具体的な例として，蒸気機関があり，強靭鋳鉄と蒸気圧の結合によって実現された，をあげているが，この指針は今なお有効である。これらを現在の言葉で言えば，次のようなものである。

　　新消費財の導入，生産技術の革新，ビジネス・システムの革新，資源の開発，特定産業の再組織化など

タイプ4．C. M. クリステンセンの「市場と顧客の関係性」によるイノベーション [10]

C. M. クリステンセンが提唱するイノベーションについては，経営戦略に活用できる非線形の項として，第3章で既に述べたが，ここでは，やや詳しく述べる。

市場と消費者の関係性によって，異なったタイプのイノベーションを生む。

(1) 持続的イノベーション：市場に不満足な顧客

　　顧客が既に認めている技術をブレークスルーして，製品の機能・性能を向上させ，ハイエンド（上位）製品を求める顧客を維持することを可能にする。

(2) ローエンド型破壊的イノベーション：市場に過剰満足の顧客

　　当初，単純で，低性能，低価格の下位の製品が技術の向上により，市場の需要を満たし，それまでの上位の製品とそのメーカを駆逐する。

(3) 新市場型破壊的イノベーション：市場で非消費（非使用）の潜在顧客

　　既成製品の特性のために非消費（非使用）となる状態を解消する。当初は，既成製品に機能的には劣るが，その代わり利便性やカスタマイズ（顧客適合）性といった新しいメリットを有する。ただし，初めは，豊富な資金がなければ利用できない，高度な専門知識がなければ利用できない，不便で集中的な場所でしか利用できない，行動や優先順位を変えなければ利用できない，などの欠点があるが，市場に出たあと，性能の改善と価格の低下を施し，新しい市場を形成する。例として，真空管ラジオからトランジスタラジオへ，ミニコンピューターからパーソナル・コンピューターへなどがある（トランジスタラジオは当初は雑音が多く，またパーソナル・コンピューターは，当初機能が低かった）。

タイプ5．J. ダイアモンドとE. シュワルツの「発明は必要の母」

　J. ダイアモンドとE. シュワルツは「発明は必要の母」といい，広く知られている「必要は発明の母」が当てはまらない場合が意外なほど多いと述べてい

る。すぐれた発明は顕在する必要を満たすために生まれたと思いがちだが，本当は発明が先にあってそこから必要が創出され，発明される前から想像した人はほんのわずかだが，いざ世の中に登場すると，にわかに生活に欠かせない必要なものになったとされている。

　つまり，「発明」と「必要」のいずれか一つを誘因とするばかりでなく，一つの発明が十分な機能をもたず，必要に応えられないため次の画期的な発明を促すきっかけになるというように，「発明」と「必要」が誘因として交互に入れ替わる第三の場合があるとみるべきなのである。例えば，ジェームス・ワットの蒸気機関の発明がある。この発明は，性能が不十分で必要を満たさない既存のもの（トーマス・ニューカメン型蒸気機関）を根本的に変えて生まれたものである。電信も，電球も，飛行機の発明にも先駆者がいる。ダイアモンドは次のように述べている（「発明は必要の母」[16]，p. 56）。

　「あの時，あの場所で，あの人が生まれていなかったら，人類史が大きく変わっていたというような天才発明家は，これまで存在したことがない。功績が認められている有名な発明家とは，必要な技術を社会がちょうど受け容れられるようになったときに，既存の技術を改良して提供できた人であり，有能な先駆者と有能な後継者に恵まれた人なのである」。

タイプ6．島崎の弁証法
　イノベーションを生むために，弁証法を活用することも有用な手段である。現にある概念や機能の対立する戦略や製品を弁証法的に統一することによって新しいものを作り上げるのである。このことは既に第3章で述べ，例を示した。

タイプ7．SECIシステム
　SECIシステムは，これも第3章で述べたように，暗黙知と形式知が知識変換の4つのモードを通じて増幅されていき，個人の知から，グループの知，そして組織の知へとスパイラル状に上昇していくことをイノベーションに利用する。

タイプ8．J. クランボルツの計画的偶発性[17]

　偶然の閃きや直感がイノベーションに至る重要なきっかけとなることも多い。そこで何らかの目的のために，偶然の出来事そのものを企んで生み出すための行動指針が存在するかである。J. クランボルツは計画的偶発性を起こす行動特性として次の5つの行動指針を提唱している。

(1) たえず新しい学習の機会を模索し続ける

(2) 失敗に屈せず，努力し続ける

(3) 新しい機会は必ず実現する，可能になるとポジティブに考える

(4) こだわりを捨て，信念，概念，態度，行動を変えること

(5) 結果が不確実でも，リスクを取って行動を起こすこと

　これらをイノベーションのため発想に使うのである。このとき，せっかく偶然に得た閃きや直感の意味を見逃すことなく，イノベーションへ向けての論理展開を施すことが必要となる。

タイプ9．レトロダクション

　レトロダクションも第3章で戦略形成の方法の一つとして述べたが，アブダクション，演繹，帰納を統合して，イノベーションを発出する手段として有用と思われる。この場合のアブダクションは，閃きや直感であるが，それを形あるものとするために，演繹や帰納を利用するのである。

タイプ10．K. R. ポパーの試行錯誤[18]

　試行錯誤は一般に人の名前を付けるものではないが，ここで K. R. ポパーの名をつけたのは，彼が事物の対立を克服するための弁証法に代わる方法として試行錯誤をあげたのと同じ意味で用いるためである。既に第3章で述べたように，試行錯誤は，まず解決したい問題があり，この暫定的な解決法を見出し，これに対して批判して誤りの排除を行い，その結果生じた新たな問題を再び次の暫定的な解決法を見出すような繰り返しによって問題解決を図る方法である。この暫定的な解決法の見出し方の方向性は無数のものが存在し，解決策のある

場合には窮極それに到達できる可能性が高い。つまり，まずは，解決したい問題があるのが出発点となる場合である。

　以上，タイプ1．からタイプ10．まで，イノベーションの手がかりとなりうる手段を上げたが，順が進むに従い，より漠としたものになっていることに気が付いていただけたと思う。なお，改善については次章5で詳しく述べることにする。

要件7　変革への柔軟性

　企業の経営環境は，地球環境・政治・経済・社会・技術動向（E-PEST）などにより刻々に変化する。これとともに，市場のグローバル化，新興国台頭，国家資本主義・社会資本主義台頭があり，国際分業・国際標準化・技術のディジタル化に対応して行かねばならない。中でも第3章で既に述べた知財戦略への対応は重要である。何もかも自企業で行う発想では，現在の経営環境では後れを取る可能性が高い。

要件8　リスク管理

　企業の経営基盤を根底から揺るがすリスクは常に存在する。このため，リスク・危機管理組織を構築し，戦略・金融・ハザード・オペレーショナル・社会的リスクなどの種類と影響度を予測し，リスクの保持・削減・移転・排除体制，地震・津波・水害・火災リスクの種類・影響分析，意図せざる技術流出・防止策とそれらの対策を立てておかなければならない。これらをまとめたのが表4.2と図4.3である。[19][19]

　表4.2の戦略リスクの中で，経営者の人格をあげたのは，いわゆるやり手であるが，自己中心的であり，目的のために手段を選ばず，利己的な特権意識が高いことからくる傲慢によって暴走し，その結果が露見し，企業内のみならず社会的にも指弾され，企業を危機的状況に陥らせることがあるからである。このような傲慢さは，就任当初はそれほど顕在化していなくても取り巻きの追従

表4.2　個別リスクとカテゴリー分類

大分類	中分類	小分類
戦略リスク	経営者の人格	傲慢による暴走（横暴，独裁，聞く耳持たない），内部（人事）抗争，恣意的役員人事，役員昇格人事失敗
	投資	選択と集中，事業方向づけ，商品戦略，研究開発，資源配分，事務投資，企業買収・合併・提携・吸収，景気変動
	マーケティング	広告宣伝，価格戦略
	企業統治	株主資本主義，企業統治欠如，行き過ぎた縦割り組織，過剰自社株買い，職権外介入
	その他	希少資源取引制限，役員賠償責任（D&O）
金融リスク	市場リスク	株価至上主義，株価変動，為替変動，金利変動，原材料価格変動
	信用リスク	売掛金，不良債権，貸し倒れ，資金調達力の低下，仕入れリスク，カントリーリスク（国・地域特有の信用不安）
ハザードリスク	自然災害	台風・竜巻，洪水・高潮，地震・津波，噴火，山火事，豪雪，渇水，異常気象，カントリーリスク（国・地域特有の災害）
	その他の災害	火災・爆発，停電・電力制限，設備の故障・転倒・落下，自動車事故，航空機事故，労働災害，盗難
	政治	紛争・革命・内乱，税制変更，法改正
	その他	テロ・誘拐，暴力団・総会屋・企業脅迫，マスコミ攻撃・批判中傷，不買運動，消費者運動
オペレーショナルリスク	製品	製品の瑕疵保証，製造物責任軽視，過剰外部委託，外部委託製品の検証不足，リコール，欠陥商品，偽装工作
	物流リスク	仕入先被災・事故，物流経路寸断
	雇用	差別・セクハラ，労災，労働紛争，ストライキ・デモ，人材確保困難，社員引き抜き，内部告発，風土病罹患，流行性疫病蔓延，役員・従業員の死傷，怠業
	情報リスク	顧客情報・重要情報漏洩*，サイバーテロ，不正アクセス，コンピューター・ウイルス，システム障害，情報公開，風評被害
	法務	役員・従業員の不正・背任・贈収賄行為，契約書の不備，商法違反，独禁法違反，証券取引法違反（インサイダー取引），名誉毀損，著作物侵害，知的財産権侵害，財務諸表の虚偽記載，監査法人の機能不全
	環境	環境汚染，環境規制違反，有害物質の漏出，物流道路の渋滞誘発・騒音発生
	事務	事務ミス（事務手続き誤り，コンピューター入力誤り）
社会的リスク	文化リスク	文化摩擦，宗教行事・戒律への無理解，地域社会への無関心に対する反発，従来慣行の問題化

*意図せざる技術流出（要件8参照）を含む
(出所)『経営のためのトータルリスク管理』[19)]を基に作成

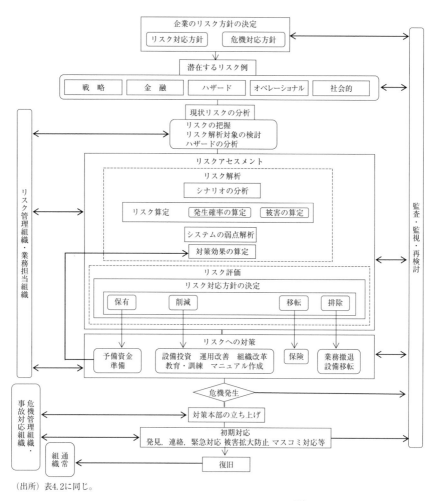

（出所）表4.2に同じ。

図4.3　リスク管理のフローチャート[19)]

などがあれば，その程度が漸次増大する。つまり，その人物の資質と組織環境の相互作用により好ましくない状況が作られることがある。これを避ける方策を備えていなければならない。

要件9　企業文化の構築・刷新

　企業が存続し続けるためには，単なる収益を上げ続けることを目指すのではなく，企業の社会における役割を常に念頭においた活動が行われなければならない。このため，意識の高い文化（信頼，説明責任，思いやり，透明さ，誠実さ，忠誠さ，公正さ）を形成し，従業員意識がこのことに向けて精神的に統合され，外部環境に迅速に適応する組織とすることや，組織の硬直化の要因となる成功体験の過剰信奉を抑制していかねばならない。

要件10　企業統治における監査

　社内取締役・社外取締役・監査役などによる企業統治の監査が必要であることはいうまでもないが，これが必ずしも機能しない例も少なからずある。監査制度に頼るばかりでなく，従業員が自企業の企業統治規約（CGC）の遵守に疑問を持つ場合にはそれを問いかけられる企業風土を醸成しておく必要がある。

　以上述べてきた持続的発展のための10の要件は7つの満足の獲得に寄与する。7つの満足の要素成分である各満足は，いずれも財務上と非財務上の満足から構成されており，このうち財務上の満足は，損益計算書上の数値で評価される。つまり，7つの満足は倫理ばかりでなく，通常の意味での企業業績も求めているのである。

　企業が持続的に発展するのは容易ではない。前進または攻めの姿勢ばかりでなく，リスク管理などによる守りの姿勢も重要だということである。当初わずかな過誤や欠陥と思われていたものが重大なものに進展することもある。さらに重要なことは，7つの満足の獲得であろう。これは，単に社会への還元とい

う倫理的な規範だけでなく，財務的にも十分に事業継続が可能ならしめること
を目指しているからである。

参考文献

1 ）R. ドーア（2006）『誰のための会社にするか』岩波書店，p. 171

2 ）H. A. サイモン著，二村敏子・桑田耕太郎・高尾義明・西脇陽子・高柳美香訳（2009）
『経営行動』ダイヤモンド社，pp. 2-3

3 ）A. マズロー著，原年廣訳（1967）『自己実現の経営』産業能率短期大学出版部

4 ）A. D. チャンドラー Jr. 著，三菱経済研究所訳（1967）『経営戦略と組織』実業之日本
社，p. 30

5 ）H. I. アンゾフ著，中村元一・黒田哲彦・崔大龍監訳（1994）『戦略経営の実践原理』
ダイヤモンド社
H. I. アンゾフほか著，佐藤禎男監訳（1972）『企業の多角化戦略』産業能率短期大学出
版部

6 ）R. L. ダフト著，高木晴夫訳（2002）『組織の経営学　戦略と意思決定を支える』ダイ
ヤモンド社，pp. 53-83

7 ）河合忠彦（2012）『ダイナミック競争戦略論・入門　ポーター理論の 7 つの謎を解い
て学ぶ』有斐閣，p. 47

8 ）W. C. キム，R. モボルニュ著，有賀裕子訳（2015）『ブルー・オーシャン戦略　新版』
ダイヤモンド社

9 ）延岡健太郎（2011）『価値づくり経営における経営の論理』日本経済新聞出版

10）C. クリステンセン著，玉田俊平太監訳，伊豆原弓訳（2001）『イノベーションのジレ
ンマ』翔泳社

11）J. B. バーニー著，岡田正大訳（2003）『企業戦略論　上，中，下』ダイヤモンド社

12）V. ゴビンダラジャン，C. トリンブル著，渡辺典子訳，小林喜一郎解説(2012)『リバー
ス・イノベーション』ダイヤモンド社，p. ii

13）B. D. ヘンダーソン著，土岐坤訳（1981）『経営戦略の核心』ダイヤモンド社

14）産業能率大学 CPM/TRIZ 研究会監修（2003）『TRIZ の理論とその展開』産能大学出
版部

15）J. シュムペーター著，塩野谷祐一・中山伊知郎・東畑精一訳（1980）『経済発展の理
論』岩波書店，pp. 150-153

16）E. シュワルツ著，桜井緑美子訳（2013）『発明家に学ぶ発想戦略』翔泳社，p. 18

17）J. D. クランボルツ，A. S. レヴィン著，花田光世・大木紀子・宮地夕紀子訳(2005)『そ
の幸運は偶然ではないんです！　夢の仕事をつかむ心の練習問題』ダイヤモンド社

18）K. R. ポパー著，藤本隆志・石垣壽郎・森博之訳（2009）『推測と反駁　新装版』法政

　大学出版局，p. 598

19）津森信也・大石正明（2005）『経営のためのトータルリスク管理』中央経済社および
　　三菱総合研究所政策工学研究部編（2003）『リスクマネージメントガイド』日本規格協
　　会

第5章　ものづくり企業の戦略的経営の定量的な実践

W. ホファーと D. シェンデルが「戦略策定」(1981年)[1] の冒頭で次のように述べている。企業を含めた組織は，その基本的な性格と構造を計画し変化させることができ，そのような変化は，2つのタイプに分けられる。

(1)　組織とその環境間の関係に影響を及ぼす変化と，

(2)　組織の内部構造と経営活動に影響を及ぼす変化である。

　ここで，環境にかかわる変化は組織の「有効性」に大きな影響を与え，内部構造の変化は組織の「効率」に大きな影響を与える。なお，一般システム理論では，有効性は，システムの実際のアウトプットがその目標としたアウトプットに一致する程度，効率は，インプットに対するアウトプットの比率とそれぞれ定義される。

　この W. ホファーらの主張は，伊丹敬之の[2]「戦略は企業や事業の将来あるべき姿と，そこに至るまでの変革のシナリオ」と通じるものがある（戦略は，第3章で述べたように研究者ごとに違った形で定義されている）。第3章では，「企業戦略や経営戦略は何を根拠に策定されるべきか」を述べたが，戦略策定の目的は W. ホファーらの言葉を用いれば，組織の有効性と効率を向上させることになる。ただし，本書では，企業の7つの満足獲得を究極の目的として「社会性」を向上させることを目指していることから，これを加えて企業の戦略的経営とは，

　「企業活動の『社会性』，『有効性』，『効率』を向上させるために『戦略』や『戦術』を適切に策定し，実践すること」

となる。

　なお，ここで「戦術」とは，戦略を具体的な実践に移すための策であり，この章では，単にその策をこうすれば良いなどと定性的な指針を示すにとどめることなく，ある活動をどの程度行えば，どのような性能や機能がどの程度向上し，これによってどの程度，経営の向上に寄与するかを定量的に評価していこ

うとするものである。

　ここで注意すべきことは，第3章で既に述べたように企業は「開いた系」であることである。そのような系では，因果関係は，これも第3章の3.3.4で述べた超越論的実在論により，原理的には事物の傾向としてしか捉えられない。ところが，人間の活動が企業の業績や経営にどのように寄与するのかは重要な因果関係の一つである。したがって，「活動」と「寄与」の関係の定量化が困難ということでは，経営を先に進められない。しかし，同じく，第3章の3.3.5で述べた「自然実験」を活用すれば，この問題は完璧とは言えないまでも実用的には解決できる。すなわち，同種の「活動」に対する「寄与」のこれまでのデータがあれば（たとえ非線形であっても，時間を短く取れば線形化できるので），両者の関係の定量化はある程度可能となるであろう。そこで，これを基にして経営目標を設定することになる。ただし，そのようなデータがない場合や，これまでにない新たな種類の「活動」を必要とする場合には，定量化が困難であることを認識しておく必要がある。このような場合には，「活動」の進行に伴う「寄与」を逐次追跡することによって，定量化を漸次進行させ得ると期待できる。計画において，高い「寄与」の目標を求めることが行われるが，このような場合には特に，「寄与」の数値を管理部門で単に計数するのではなく，期待する寄与が実現可能か，またはそれが無理なく実践されているかを常に見ていかなければならない。すなわち，「活動」を行う実践の場の観察が必須である。以下の記述は，これらのことを念頭においた定量化である。

5.1　重要評価指標 KMI，KPI，KAI の定義とそれらの関係

5.1.1　企業の戦略的経営を定量的に実践するための重要評価指標 KMI，KPI，KAI の定義

　① 　KMI 重要経営評価指標（Key Management Indicator）

　　　重要な経営評価指標の目標値または実現値であり，具体的には，売上高，労災の補償金額，損益分岐点，顧客満足度などで，金額，量，数，率，水準で表記される。

② KPI 重要業績評価指標（Key Performance Indicator）

　　重要な経営評価指標に寄与し得る業績評価指標の目標値または実現値で，KMI に対する中間指標であり，具体的には，開発コスト，設備総合効率，作業危険度などで，金額，量，数，率，水準で表記される。

③ KAI 重要活動評価指標（Key Activity Indicator）

　　重要な業績評価指標に寄与し得る活動の目標数または実行数で，具体的には改善件数・工数，MP（予防保全）情報活用数，危険個所対策数などで表記される。

　製造企業における評価指標は，経営部門と生産部門のものに分類され，それぞれの部門の中の種類と具体的な例を，次項に示す。

5.1.2　経営部門評価指標と生産部門評価指標の種類と具体例

複数の重要業績評価指標（KPI）の加減乗除効果で経営向上（KMI）に結び付ける関係

　　収益増大　　（KMI）＝新しい収益源による収益（KPI）

　　　　　　　　　　　　　＋既存顧客からの収益増大（KPI）

　　生産性向上（KMI）＝新製品当たりの開発コスト削減（KPI）

　　　　　　　　　　　　　＋製品当たりの直接・間接費の削減（KPI）＋製品当たりの金融・物的資産の削減（KPI）

　　損益分岐点（KMI）＝固定費低減（KPI）／（1－変動費低減（KPI）／売上高向上（KPI））など

5.1.3　KPI の KAI 関係

活動を原因として業績向上を結果とする因果関係

　　変動費低減（KPI）＝原材料の削減・再使用・修復・代替件数（KAI）など

5.1.1から5.1.3の分類にあたって，次の考え方を採用する。

⑴対外的な財務的収支を伴う評価指標を財務的 KMI とする。下の⑶で述べ

るように，生産部門の KPI と経営部門の KAI の組み合わせによって実現される。

　(2)　それだけでは対外的な財務的収支が伴わない評価指標は，対内指標 KPI として，財務的 KMI とはしない。

　(3)　例えば，コスト削減は生産部門で実現される財務的指標 KPI であるが，そのままでは対外的な財務的収支とならない。したがって，財務的 KMI としては評価しない。価格設定の見直しやマーケティングなど（経営部門の KAI）によって，はじめて収益（財務的 KMI）の増大が見込めるものだからである。このことを図5.1に示す（W. ホファー，D. シェンデル，1981年）[1]。

　図5.1の内容を説明する。ある製品のコストは生産量が増加すると，一般に指数関数的に減少する効果（経験曲線効果）がある。その製品の高い拡販を目

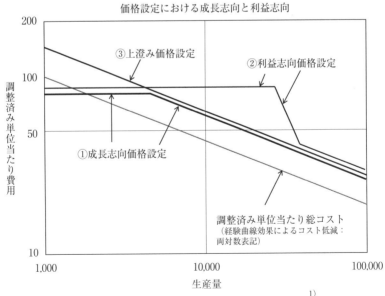

図5.1　経験曲線効果を考慮した３つの価格設定策[1]

指すか（成長志向），大きな利益の獲得を目指すか（利益志向）の違いによって，価格設定が異なり，累積利益が違ってくる。①成長志向は当初はコストより価格を低く抑え，後に利益を確保しながらコスト曲線に沿って価格を下げてゆく。②利益志向の場合には，生産量がかなり多くなるまで，コストを下げない。もう一つは，③当初から利益を確保しながら，経験曲線効果に沿って価格を低くする策である（上澄み価格設定）。

(4) KAIは個々の活動ではなく，次のようなものを組み合わせる。
　・学習・教育・訓練（LET: Learning・Education・Training）
　・分析・評価（Check）
　・改善・計画・行動（APDo: Act・Plan・Do）
　これを，LET–CAPDoとし，KAIとみなす（件数，工数はDoで評価）。このKAIは5つの経営資源のうち，資金を除く，人的，物的，情報，組織などの資源が関与する。

　（CAPDoは，よく使われているPDCAの順を変え，評価Cを先頭におき，使いやすくしたものである。これは，状況の評価Cなしに，いきなり計画Pするのは困難であり，また行動Doの後に再び評価Cするのは当然であるためである）。

　企業活動の中で，このKAIの重要性は強調しても過ぎることない。それは，KAIは当然，戦略に基づく戦術の実践のためのもの（原因）であり，またKMIやKPIは，評価はできるが，操作できない指標（結果）だからである（操作すれば粉飾となる）。特にLETは，定型的業務の遂行能力の向上を目指すだけではなく，先に述べた企業のコア・コンピタンスやケイパビリティを獲得するため，またイノベーションによる破壊的技術の開発のため，また，そのほか戦略策定のための基盤となり得るものだからである。

　KAIは，活動対象によっては件数，工数の多寡が重要になるが，その内容の質や水準が問われる場合が多くある。また，重要な戦略となるものについては採否そのものが問題となり，この場合は，件数でいえば，1または0という

ことになる。このように，KAI は企業活動の効率ばかりでなく有効性，社会性を決定づける。現場作業員から技術者，中間管理職，経営層までを対象として，職種，職能に応じて，KAI に関する階層別の LET プログラムを実施し，CAPDo と合わせて，質・量（件数，工数）とも高い活動につなげる必要がある。

5.1.4 企業活動における経営部門と生産部門の評価指標の特性

・経営部門の評価指標は対外性をもち，戦略にかかわり，活動の有効性に関係する。
・生産部門の評価指標は対内性をもち，戦術にかかわり，活動の効率性に関係する。

このように，評価指標を生産部門と経営部門に分けたのは，生産部門の成果を経営部門の活動と組み合わせて，戦略に沿って対外的に有効な成果が得られると考えられるからである（生産部門の活動で得た成果を経営部門の戦略によって企業外部からの果実として収穫する：図5.1の生産コスト（費用）の低減と経営部門の価格設定の関係もその一つ）。

KMI，KPI，KAI には因果関係がある（本章の冒頭で述べた意味での定量的な因果関係である）。

また，業務の遂行と成果を表す評価指標の間には先行性（業務をいかに遂行し得るかの能力指標）と遅効性（業務で得られた成果の指標）があることに留意する必要がある。KAI は業務の遂行能力の良否を示す先行性指標，例えば，設備保全では，TBM（時間基準保全），CBM（状態基準保全），CM（修正保全）などの実施数である。KPI は遂行した業務の成果を示す事後的指標，例えば設備故障件数などである。その遅効性の程度や現れ方は，業務と成果の組み合わせによって異なることに注意が必要である（評価をいつ行えばよいかという適時性に注意）。この先行性と遅効性は生産プロセスにおけるものを示したものであるが，ものづくり企業経営全体の観点から見た場合については，後に図5.8

で述べる。

KPI には，次に示すように示強性指標と示量性指標がある。例えば，生産プロセスにおいて，設備総合効率（OEE）は示強性指標，生産数は示量性指標である。KAI の業務遂行による成果の OEE（KPI）は KAI から見て遅行指標であるが，示強性指標であるので，この値が高い場合，業務の継続による生産数の向上が期待できる。この結果，生産数に関して先行指標の役割を果す。したがって，KAI による示強性 KPI の向上を目指すことが肝要となる。

表5.1は，生産部門の KPI-KAI マトリックスを示す。この表は一つの KPI に対するいくつかの KAI の寄与があり，それらの結果が総量となって現れることを示す。個々の KAI の KPI への寄与の程度は大，中，小の定性的評価として目安を立てる。このマトリックスは，一つの KPI に複数の KAI が加算的に寄与することを期待しているが，KAI 間の相乗効果も期待できる（相乗効果の方が大きいこともあり得る。表5.2参照）。

表5.2は，一つの KPI に 3 種の KAI が寄与するさいに加算効果のみならず，相乗効果，構造敏感性による効果（構造敏感効果）（3.3.8参照）が存在する場合を定量化して示したものである。このようにいくつかの KAI の組み合わせによって，はじめて大きな効果を生む，第 3 章で述べた，いわゆる構造敏感効果

表5.1　生産部門の KPI-KAI マトリックス

	KAI$_1$	KAI$_2$	KAI$_3$	KAI$_4$	KAI$_5$	KPI$_i$ (i=1〜4)
KPI$_1$	◎	○		●		総量$_1$
KPI$_2$		◎	○		●	総量$_2$
KPI$_3$	○		◎	○		総量$_3$
KPI$_4$		●		◎	●	総量$_4$
KAI$_j$ (j=1〜5)	件数 1 工数 1	件数 2 工数 2	件数 3 工数 3	件数 4 工数 4	件数 5 工数 5	

寄与の定性的評価　◎大，○中，●小

表5.2　KAIの加算，相乗，構造敏感効果

表5.2　KAIの加算，相乗，構造敏感効果

3種類のKAIの場合

	KAI$_1$ 件数・ 工数	KAI$_2$ 件数・ 工数	KAI$_3$ 件数・ 工数	KAI$_1$・KAI$_2$ 組合せ 件数・工数	KAI$_2$・KAI$_3$ 組合せ 件数・工数	KAI$_3$・KAI$_1$ 組合せ 件数・工数	KAI$_1$・KAI$_2$・ KPI$_3$組合せ 件数・工数	総合効果
KPI	a_1	a_2	a_3	β_{12}	β_{23}	β_{31}	γ_{123}	下記の 累計

加算効果　　　　$= \sum_{i=1\sim3} a_i(t) \cdot KAI_i$

相乗効果　　　　$= \sum_{\substack{i=1\sim3 \\ j=1\sim3 \\ i\neq j}} \beta_{ij}(t) \cdot |KAI_i と KAI_j の組み合わせ|$

構造敏感効果　　$= \gamma_{123}(t) \cdot |KAI_1, KAI_2, KAI_3 の組み合わせ|$

ただし，$\gamma_{123}(t) \gg a_i(t)$，$\beta_{ij}(t)$のとき構造敏感性があると判定

$a_i(t)$，$\beta(t)_{ij}$，$\gamma_{123}(t)$は単位活動件数，または単位活動組合せ件数・工数当たりの寄与係数で，効果の遅延性（後述）のために時間とともに変化する

　が期待されるようなKAIを見出すことが経営にとって重要となる。ただし，それぞれの寄与係数の定量化には，同種のKAIの数を増やすごとに変化するKPIを計測し，統計処理により逐次推定することが必要となる。

　KAIは，すべての評価指標に正の効果をもたらすばかりでなく，負の効果となることもある。表5.3は，その事例を示す。故障削減のためのKAIが故障予防費を増大させ，結果として保全費の増大につながりかねない。これを避けるためにはマトリックスで正負の効果を漏れなく表示しなければならない。

　表5.3のTBM（時間基準保全）から，CBM（状態基準保全），CM（修正保全）を経て，予備品管理までの業務のKAIは，故障予防費の増大を招くが，故障による機会損失費と故障修理費は削減できる（費用に関して相反する関係にある）。この場合のようにKPIに対する総合効果でKAIの組を考える。

　評価指標に相反効果（相反する効果）をもたらす業務についての戦略マトリッ

表5.3 相反効果をもたらす業務に対する戦略マトリックス（相反系マトリックス）

相反業務に対する戦略マトリックス（故障ゼロ化と故障予備費用最小化の場合）										
KAI / 相反指標KPI	BM	TBM	CBM	CM	教育訓練	日常管理	設備分析	履歴管理	予備品管理	合計
	件数	件数	件数	件数	件数	件数	件数	件数	件数	KAI件数
故障件数削減	—	○	○	○	○	○	○	○	○	削減件数
機会損失費削減	—	○	○	○	○	○	○	○	○	費用
故障修復費削減	—	○	○	○	○	○	○	○	○	費用
故障予防費投資	—	●	●	●	●	●	●	●	●	費用
KAIごとの保全費の削減効果	—	◉	◉	◉	◉	◉	◉	◉	◉	総合効果金額

○ KAIにより故障および費用の削減効果が期待できるもの
● KAIにより費用の投資が必要となるもの
◉ 故障予防費投資を上回る機会損失費・故障修復費削減による保全費削減効果に期待

クス（相反系マトリックス）には，このほか次のようなものがある。

(1) 不良ゼロ化と品質保全費用最小化に対する KPI–KAI マトリックス

(2) 短期的成長追求と長期的成果追求の KPI–KAI マトリックス

　財務的 KMI を得るために，生産部門の KPI，KAI と経営部門の KAI をいかに関係づけるかを図5.2に示す。生産部門の KAI は情報と生産の流れに沿って実施され，それぞれ下位の KPI から上位の KPI が得られる（業務の流れに沿って積み上げられる指標，図5.5参照）。この最上位の KPI に対して，経営部門の KAI を施し，財務的 KMI を得る（例えば，生産部門の KAI によって得た KPI に対して経営部門の KAI を施し財務的な KMI を得る。図5.3，図5.5参照）。計画は経営者から中間管理職，現場従業員へと伝えられ，実施はこの逆順となる。この図は生産部門の上位から見れば，論理ツリーとなり，ロス・ツリーやコスト・ツリーの作成に使うことができる。

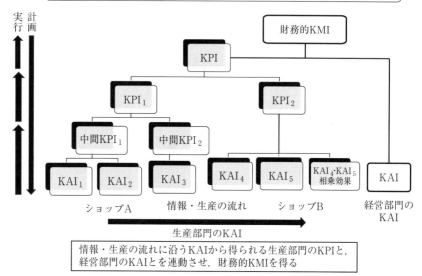

図5.2　財務的KMIを得るための生産部門のKPI・KAIと経営部門のKAI（筆者作成）

5.2　生産部門における KPI と KAI

　生産部門の代表的な KPI を生産・品質・コスト・納期・安全・志気・環境（P・Q・C・D・S・M・E：英語表記の頭文字）に分類し，これらを実現するための KAI の要素の例を学習・教育・訓練（LET），分析・評価 C，改善・計画・行動（APDo）に分類したのが表5.4である。

　マトリックスを作成するには，KPI ごとに複数の LET-CAPDo を割り当てる。

　表5.4の各要素のうち，重要なものや外国語による略号の簡単な説明を示す。

付加価値生産性：

　　付加価値＝（売上高＋製品在庫）－（外部購入費＋減価償却費）

　　付加価値生産性＝付加価値／労働者数または付加価値／（労働者数・労働時間）

設備総合効率（OEE）：設備稼働率×性能稼働率×良品率

表5.4　生産部門における KPI と KAI の例

TPM における生産部門 KPI と KAI の例					
生産部門 KPI		生産部門 KAI（LET-CAPDo）			
	示量性指標 （金額，量，数）	示強性指標 （率，水準）	学習・教育・訓練 （LET：教科数）	分析・評価 （C：件数）	改善・計画・行動 （APDo：件数・工数）
P	故障件数 チョコ停数 新製品の投入数	付加価値生産性 設備総合効率 新製品比率	自然実験 固有技術 TPM 全般 各柱の活動	各種 Pareto 分析 作業・動作分析 Gantt Chart 分析 ロス・コスト分析	・CLIT, チョコ停改善 ・段取り改善, SMED ・ECRS-AA ・自主保全ステップ展開
Q	顧客クレーム数	工程内・外流出 不良率	設備機能・動作 設備構造・部品 各種分析法 Single &Double	なぜなぜ分析 FMEA PM 分析 加工点解析	・5 S 改善，目で見る管理 ・計画保全ステップ 展開
C	製造原価 ロス・コスト額	従業員の生産性 業務効率	Group 学習 HACCP ICT CAD-CAE Aspen Plus	故障解析 FTA QA マトリックス 4 M 分析 QFD	・故障ゼロ7ステップ展開 ・品質保全7ステップ展開 ・品質保全8の字展開
D	原料・仕掛品・ 製品 在庫日数 平均リードタイム	納期遵守率 在庫回転率 欠品率	プロセス監視・ 制御システム （SCADA） 分散制御 システム（DCS）	スキル評価 WBS LCC 分析 BOM P&ID	・CE, PERT フロントローディング開発 ・開発ステップ管理 ・MP 設計7ステップ展開
S	休業・不休業災害 件数	作業環境の質	Triz など	など	・事務自主保全 ・事務効率化ステップ展開
M	技能資格取得者数 専門団体への 参加数	従業員の作業水準 常習欠勤率			・操業情報管理 （PIMS） ・安全7ステップ展開
E	産業廃棄物量 CO_2排出量	エネルギー使用 原単位 CO_2排出量原単位			・原材料の削減・再 使用・再利用・修 復・代替件数 など

従業員の生産性：製造業務についての付加価値生産性

固有技術：個々の対象を生産するのに欠かせない技術

Single & Double Group 学習：グループ学習のことで，シングルループ学習
　　は既存の枠組みを脱して行動を修正していく学習，ダブルループ学習は，
　　その上に，既存の枠組みを疑い，変更または棄却して新しい枠組みを創造
　　する学習

HACCP（Hazard Analysis and Critical Control Point）：食品を製造する際に工程上の危害を起こす要因（Hazard）を分析し（Analyze），それを最も効率よく管理できる部分（CCP：必須管理点）を連続的に管理して安全を確保する管理手法

ICT（Information Communication Technology）：情報・通信技術

3D-CAD（3-Dimensional Computer-Aided Design or Drawing）：3次元計算機支援設計または製図）

3D-CAE（3-Dimensional Computer-Aided Engineering）：3次元計算機支援エンジニヤリング

Aspen Plus：Aspen Technology 社製の化学業界のプロセス・シミュレーション・ソフトウェア

SCADA（Supervisory Control And Data Acquisition）：大きな施設やインフラを構成する装置・設備から得られる情報を，ネットワークを通して1カ所に集めて監視し，必要に応じて制御するシステム

DCS（Distributed Control System）：分散制御システムの略称で，システムを構成する各機器に制御装置を設けるシステム。それぞれの制御装置はネットワークで接続され，お互いに通信を行って監視。

Pareto（パレート）分析：対象（品質不良や事故原因などの類別）の値が降順に図示された棒グラフとその累積構成比を表す折れ線グラフを組み合わせた複合グラフによる分析。

Gantt Chart（ガントチャート）：縦軸に所要の業務を，横軸にそれぞれの業務の開始・終了日時を示し，全業務のスケジュール全体を直感的に把握できるようにしたグラフ。業務の日程管理に使う。

FMEA（Failure Mode and Effects Analysis，故障モード影響解析）：製品や製品完成までの製造過程で生じ得るリスクを設計の段階で予測し，リスクを取り除く方法。工程や品質 FMEA がある。

PM 分析：慢性不良や慢性故障のような慢性化した不具合現象を原理・原則に従って物理的に解析し，不具合現象のメカニズムを明らかにし，理屈で

それらに影響すると考えられる要因を設備の構造上，人，材料及び方法の面からすべてリストアップするための考え方。PM分析のPMには，PはPhenomena（現象），Physical（物理的）という2つの意味があり，MにはMechanism（メカニズム），Machine（設備），Man（人），Material（材料），Method（方法）の意味がある。

加工点解析：重要な品質課題を解決するための究極は，加工点にいかなる措置を集約するかであり，そこに至るまでの工程の現場管理，設備管理，加工条件管理等を通じた統合的な品質管理のあり方から解析する。

FTA（Fault Tree Analysis，故障の木）：特定の望ましくない事象に対し，システムの機能喪失，性能低下，安全性または他の重要な運用上の特性劣化などを樹木状に表す。様々な不具合の発生確率を把握し，その要因を洗い出すことで，未然に不都合発生の抑止に役立てる。

QA（Quality Assurance，品質保証）マトリックス：いろいろな表現方法があるが，最も基本的なものを紹介する。縦軸に品質保証項目または不具合項目，横軸に工程の手順を記載する。縦軸（列）と横軸（行）の交点に付した印によって，各工程の品質保証または，未保証がわかる。

4M分析：製品の生産にかかわる課題や問題をMan（人），Machine（機械），Material（材料），Method（方法）の4つから分析し，それらの解決を図る。

QFD（Quality Function Deployment，品質機能展開）：顧客ニーズを起点に，製品開発に関わる様々な情報や業務がどのように連携するかをマトリックス図を使って見える化し，一気通貫に管理する製品開発手法。

WBS(Work Breakdown Structure，作業分解図)：プロジェクト全体を，抜け・漏れなく細かい作業まで分割した構成図のこと。大きな単位から小さな単位へ段階的に分割し，階層構造で表される。日程管理はガントチャートを利用する。

LCC（Life-Cycle Cost，生涯費用）分析：製品の費用を調達，製造，使用，廃棄の段階を合わせて分析。費用対効果を推し量るための重要な基礎となる。

初期製造費であるイニシャルコストとエネルギー費，保全費，修理費など
のランニングコストによって構成されるものの割合を考慮する。

BOM（Bill Of Materials, 部品表）：製品の製造に必要な部品や材料の一覧表。
部品の階層構造を視覚的に示し，かつ製品の見積りから設計，調達，製造，
そしてメンテナンスまでの工程を示す。製造業において非常に重要な役割
を果たす。

P&ID（Piping & Instrument Flow Diagram, 配管・計装図）：化学プラントな
どで使用する設備，機械，計器，バルブなどと，それらを結合する配管を
専用記号によって示す。これによってプラントのプロセスが可視化される。

CLIT：（Cleaning, Lubrication, Inspection, Tightening, 清掃，給油，点検，増締
め）

SMED（Single Minute Exchange of Die, シングル段取り）：プレス機械に設置
された金型の交換時間を改善によって時間短縮し，10分未満で金型交換を
完了することを指す。これが一般化され，ジグ交換等の段取りの時間短縮
にも適用される。

ECRS-AA（Eliminate, Combine, Rearrange, Simplify-Alternate, Add：消去，結
合，並び替え，簡単化─取り換え，追加）：既存の要素・構成・構造に対す
る改善手法。

5S（清掃・整理・整頓・清潔・躾のローマ字表記の5つのS）改善：業務を5S
によって改善する。

CE（Concurrent Engineering, ）：開発過程において，いろいろな開発段階を
同時並行的に行う開発手法。開発期間が短縮され，各部門間の意思疎通が
容易になるなどの利点がある。

PERT（Program Evaluation and Review Technique, プログラム評価およびレ
ビュー技術）：プロジェクトの工程管理を定量的，科学的に行う手法の一
つで，各工程の依存関係を図示して所要期間を見積もったり，重要な工程
を見極めたりする手法。

MP設計（Maintenance Prevention Design, 保全予防設計）：故障や運転ミスの

ない，劣化防止のしやすい機械設備の設計の考え方から始まり，単に故障や不良に限定せず，生産システム効率化を阻害するあらゆるロスを未然防止する，製品設計や設備・工程設計を意味するようになっている。

生産部門における予防哲学として故障，不良，災害の未然防止や全社キャッシュ・フローの阻害要因の予防を掲げている。上記の PQCDSME はこれを前提に設定されるものである。このため，実際の活動においては，KPI–KAI マトリックスとして次のものを用意する。

(1) 事業場全体のマトリックス

(2) 部署ごとに分解したマトリックス

(3) TPM（全社的生産活動管理）の8種類の活動の柱ごとに分解したマトリックス

(4) 活動の進展に合わせた上記3種類のマトリックス

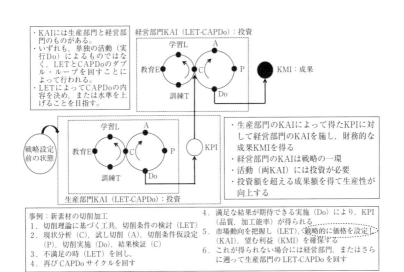

図5.3　KAI，KPI，KMI を経た生産性向上

図5.3は，生産部門のKAIによって得たKPIに，経営部門のKAIを施し，財務指標KMIの向上を得るプロセスの例を示す。

5.3 財務的KMIを実現するために生産部門のKAI，KPI，経営部門のKAIを利用する流れ

企業の経営部門の財務的KMI，生産部門のKPI，経営部門のKAIの代表的な例を表5.4に示す。

図5.4は，代表的な財務的KMIを得るための生産部門KAIから，その部門KPIを得て，これに経営部門KAIを施す過程の例をマトリックス表示したものである。生産部門KPIとしては，経営部門KAIによって財務的KMIに直接つながる上位のもののみを記入している。

経営過程の中でのマトリックス構造とM. ポーターの価値連鎖を対抗させると図5.5のようになる。

表5.4　財務的KMIへの生産部門KPIと経営部門KAIの寄与

財務的KMIへの生産部門KPIと経営部門KAIの寄与						
財務的KMI		生産部門KPI		経営部門KAI（LET-CAPDo）		
示量性の量	示強性の量	示量性の量	示強性の量	学習・教育・訓練（LET：教科数）	分析・評価（C：件数）	改善・計画・行動（APDo：件数）
売上高 利益	投資利益率（ROI）	生産数量	付加価値生産性 OEE	戦略策定の論理的思考 PEST 競争戦略 非競争戦略 製品アーキテクチャー イノベーション誘導 新結合，偶然利用 ICT	SWOT, VRIO PPM 経験曲線効果 バリュー・チェーン R&D-ポートフォリオ	資源選択投入 価格設定 マーケティング SCM 分業形態選択 情報ハブ R&D投資 Triz イノベーション 誘導組織編制
新製品の 売上高 新製品の 利益	新製品の 投資利益率（ROI）	新製品の 生産数量	新製品比率			

新製品の利益増	新製品の売上高増	既存品の利益増	既存品の売上高増		生産数量増	製造原価削減	品質不良率削減	顧客クレーム削減	新製品の投入数増
●	●		●	SCM・マーケティング	●		●	●	●
●	●			非競争戦略・VRIO・Triz・R&D投資					●
		●	●	競争戦略・PPM・資源選択投入	●		●	●	
●		●	●	競争戦略・経験曲線効果・価格設定	●	●			●
				経営部門 KAI / 財務的 KMI / 生産部門 KPI / 生産部門 KAI					
				固有技術・ロスコスト分析・ECRS-AA	●	●			
				設備構造・故障解析・TBM・CBM・CM	●	●			
				設備機能・作業/動作分析・自主保全	●		●	●	
				製品機能・PM分析・品質保全	●		●		
				Triz・3D-CAD・CAE・LCC分析・CE					●
				ICT・巻紙分析・PISM・事務効率化	●	●		●	

図5.4　競争戦略を基盤とする KMI・KPI・KAI

5.4　ものづくり企業の戦略的経営の経営計画の流れと KMI・KPI による定量的評価

　表5.6はものづくり企業の戦略的経営を実践するに際してまず，企業理念の明示が必要であり，企業がどの事業をどの程度まで展開するかというビジョンを示し，そのための経営計画の流れに従い，各流れにおける実施項目，そのための経営の構成要素およびその細目と，実施項目の代表的な KMI および KPI を示したものである。この表は，R. キャプラン，D. ノートンの「戦略マップ」[4] における財務・顧客・内部プロセス・学習と成長の４つの視点を取り込んで，より戦略的，体系的に編成している（KMI，KPI，企業理念を付与）。なお，こ

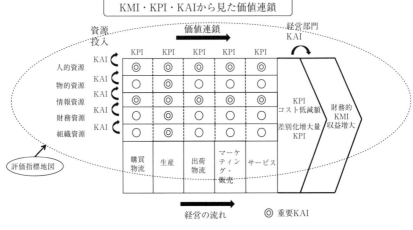

（出所）M. ポーター[3]を基に作成

図5.5　ビジネス・システムにおける価値連鎖[3]

こで示した代表的な KPI は，生産部門のみならず，次項5.5に示す経営にかかわるすべての部門のものを取り上げている。

　この表の第5項のビジネス・システムの構築・管理の中の生産管理は，「戦略マップ」[4]には含まれていないが，特に重要な項目なので挿入している。ここで CPPS は，図5.6[5]に示されるもので，IoT 時代の生産システムとして特に注目されているものである。なお，図5.6の原本は，主として加工組み立て産業向けのものであったのを，装置産業へも適用できるように若干要素を付け加えている。

　この CPPS や IoT は，第1次から第3次にかけての IT 革命時代で創られたものである。第1次 IT 革命時代に先立つアナログ時代では，口頭・紙媒体に

表5.6 ものづくり企業の戦略的経営

経営計画の流れ	経営の構成要素	経営の構成要素の細目	代表的KMI	代表的KPI
1 財務目的・目標の設定	生産性、収益	原価構造、資産、機能性、収益概念、顧客価値	収益、生産性	株主資本、売上高利益率
2 顧客ニーズの把握	ハイエンド、ローエンド、こだわり、地域・文化適合性	価格、品質、機能性、入手可能性、品揃え、サービス、パートナーシップ、ブランド	収益、新規顧客数	新規・維持顧客数、高収益期待顧客・総顧客
3 企業戦略の策定	競争（レッド・オーシャン）、非競争（ブルー・オーシャン）、協調、ゲーム理論	E-PEST、SWOT、M.ポーターの5つの力、価値連鎖、低コスト・差別化・ニッチ、コア・コンピタンス、ナッシュ均衡、VRIO	戦略商品収益・総収益	差別化製品数・シェア、非競争製品数・シェア、協調製品数・シェア
4 市場・製品計画の策定	市場・製品ポートフォリオ	事業・製品ポートフォリオ・マトリックス	現金の流れ、集中リスク	差別化製品数・シェア
5 ビジネス・システムの構築・管理	分業管理	垂直分業、水平（協調）分業、傾斜分業	垂直分業体制に対する分業体制の収益面の優位性	製品アーキテクチャーの型と知財開放・秘密・標準の組み合わせによる分業体制選択
	製品アーキテクチャ管理	擦り合わせ型部品によるモジュール型部品との統合製品の市場支配		
	知財管理	知財構築・開放・秘密・流出防止、国際標準化	知財構築収支	
	業務管理	調達・物流システム、改善活動、JIT、商習慣、マーケティング、原価・価格管理	改善の効果・投資額	調達・物流コスト、OEE、品質コスト、物流コスト
	顧客管理	顧客の選別・獲得・維持・クレーム対応	収益、顧客数	良品率、納期遵守率
	イノベーションプロセス・開発管理	イノベーション、機会の識別、研究・開発ポートフォリオ、設計・開発、市場投入	収益、イノベーション数	イノベーション・新製品・新プロセス開発数
	生産管理	IoT時代の生産管理のための新技術：CPPS	生産性（収益・生産時間）	CPPS要素の採択・連携数
	規制と社会コプロセス管理	雇用、安全衛生、環境、地域社会、法規	企業の社会的責任水準	ゼロ災害・環境無事故
6 経営資源の管理	人的資本 学習と成長	意欲、技能、技術、知識、論理性、分析力、構成力、創造性、各階層・人事考課	技能・技術・知識水準向上	技能水準、中核技術水準、経営後継者育成水準
	情報資本	固有技術、システム技術、ICT、IoT	ICT・IoT生産性	ICT・IoT活用頻度
	組織資本	組織文化、チームワーク、リーダーシップ、戦略志向性、未動性、外部監査	組織結託イベント参加率、内部昇格幹部数	階層別人材育成協定数、戦略連動組織改革回数
	物的資本	素材・部品、設備・装置、立地・建物・施設	新設備・装置生産性	設備・装置水準、調達先数
	財務資本	自己資本、調達資本	資金調達リスク	自己資本・投資額
7 リスク管理	リスクの保有、削減、移転、排除	戦略・金融・ハザード・業務・社会的リスク	リスクの保有額・総財務資本	リスク評価対象数

＊ゲームの理論による

IoT時代*の新生産マネジメントのためのシステム化技術CPPS（Cyber Physical Production System）

Supply Chain　　　　　　　　　　　　Engineering Chain

Costing　加筆⇨　SCADA
MRP　　OR　　Quality　　CAD　　CAE
Logistics　AI　　Reference Model　　IE　　BOM
Big-data Analysis　　Simulation　　Network　Cloud
Scheduling　　　　　　　　Energy　　加筆
MES　　CPPS　　Robotics　　P&ID
Control/PLC　Sensing　Machining　Cell Production　加筆　U/I
Shop Floor Management　5 S　　TPM　　TQM　　TPS　加筆

CPPS:Cyber Physical Production System（ソフトウェア上の仮想空間と現実の物理空間を連携させた生産システム）：CPSの生産システム版
MRP：Material RequirementsPlanning（資材所要量計画）
CAD：Computer Aided Design（コンピューター支援設計）
CAE：Computer Aided Engineering（コンピューター支援エンジニャリング）
OR ：Operational Research（様々な計画に対して，数学的・統計的モデル，アルゴリズムなどの利用によって，最も効率的になるよう決定する科学的技法：*ここでは生産計画）
AI ：Artificial Intelligence（人工知能）
IE ：Industrial Engineering（生産工学）
BOM：Bill of Materials（部品表）
MES：Manufacturing ExecutionSystem（製造実行システム）
PLC ：Programmable Logic Controller（プログラム可能論理制御器）
M2M：Machine to Machine（機器間通信）
TPM：Total Production Management（全社的生産管理）
TQM：Total QualityManagement（全社的品質管理）
5 S ：清掃，整理，整頓，清潔，躾（ローマ字表記の頭文字）
U/I ：User Interface（機械・コンピューターと人間との間のインターフェース）
Reference Model：ソフトウェアやハードウェアを実装して製品化するために，開発者に提供される実装モデル

加筆
TPS ：Toyota Production System（トヨタ生産方式）
P&ID：Pipingand Instrumentation Diagram（配管計装図）
SCADA：Supervisory Control And Data Acquisition（コンピューターによるシステム監視とプロセス制御システム）
Cloud: Cloud Computing（ネット経由によるコンピューター・サービス）
*2018年にはAI/IoT時代に入る

図5.6　IoT 時代の新生産マネジメントのためのシステム化技術[5)]

よる情報伝達が行われていたが，第1次IT革命時代にはコンピューターを使った業務・データ処理の自動化が行われ（図1.2のディジタルものづくりはその例で，パッケージソフトウェア，業務用ソリューションソフトウェア，組込みソフトウェアなどが用いられ），第2次IT革命時代には，インターネットを使った企業内部や外部企業・顧客との情報連携が行われ，第3次IT革命時代に入ると，スマート製品のインターネット，クラウド接続による新しい価値創造が行われるようになった。

用語説明：クラウド（Cloud）接続
　　ソフトウェアやデータおよびそれらを提供するための機器や回線など，まとまった計算資源を持つ組織（企業）から，ネットワークを介して遠隔利

表5.7 第3次IT革命時代の設備保全

表5.7 第3次IT革命時代の設備保全

> 1. KPIに対して上位水準のKAIと下位水準のKAIの寄与には、次の3通りのものがある
>   A. 上位のKAIの成果が下位のKAIの成果を内包する
>   B. 上位と下位が互いに補完する
>   C. 下位が上位を阻害する
> 2. 第3次IT革命時代の設備保全は、Bの関係、すなわちアナログ技術、IT技術、インターネット、スマート＆クラウド接続の補完による

設備保全関連技術 (KAI) ＼	IT技術教育・訓練	設備構造作動原理教育	予備品調達・管理	設備部品表	設備劣化要因分析	クラウド利用設備更新	スマート設備・ICタグ付製品の無線接続＊＊	仮想空間上の設備動作	設備構造・機能・操作	設備保全のSECI＊	無線データ収集・集計	紙データ収集・集計	巡回点検・自主保全	一般技術水準 (KPI) →	稼働率	故障件数	故障時間	総保全費	平均復旧時間	平均故障間隔	保全員比率
スマート＆クラウド接続 ←第3次IT革命	○					◎	○														
インターネット ←第2次IT革命	○		○	◎			◎														
IT技術 ←第1次IT革命	○	◎	○		◎					○											
アナログ技術		○							○	◎			○								
時間基準予防保全件数					○				○				○		○	○	○	○	○	○	○
状態基準予知保全件数	○					◎					◎		○		◎	◎	○	○	○	◎	○
計画事故保全件数			○	○																	
緊急事故保全件数																					
設備製品連携機能付加数	○				○																
設備保全機能付加数	○																				
保全予防情報取得数						○	○														
保全予防基本仕様付加数			○					○													
保全予防設計件数				○																	

＊ 暗黙知と形式知の螺旋状向上における共同化（Socialization）・表出化（Externalization）・連結化（Combination）・内面化（Internalization）プロセス
＊＊スマート設備：センサー，データ蓄積器，マイクロプロセッサ，ソフトウェア，無線接続要素を内蔵

用する方式

　例えば，設備保全を第3次IT革命時代までの技術を用いるとすれば表5.7（筆者作成）のものが考えられる。アナログ技術も記しているが，これらのうち必須のものを見極め残し，他のものはIT化を進め，生産性を向上させなければならない。設備保全に限らず，種々の業務に関しても同様に第3次IT革命を含めた技術の活用を図る必要がある。

5.5　ビジョン・戦略を実現するための財務的KMI，経営部門KAI，生産部門KPI，KAIの流れ

　図5.7はビジョン，戦略を実現するための流れを示す。流れの中に監視体制を設け，目標通りに進展しているかを把握し，進展していない場合にはフィー

ドバックを施す。この流れの作成や監視，実施は経営者から現場従業員まで役割を分担して当たる。

　なお，KPI-KAI 相関図は，両者の時間的変化を個別に評価し，同一時刻における両者をグラフ上の点として表し，これを連ねることによって得る。得られる図から KAI の KPI への寄与（係数）が動態的に評価される。

　ここで，KPI や KMI の評価の際，それらの遅効性を考慮しなければならない[4]。これは，図5.8に示すように，企業努力（KAI）の成果が短期に現れるものもあるが，長い時間をかけて始めて顕在化するものもある。図にあるように，業務改善の効率は比較的早く成果が現れるが，その成果の大きさには限界がある。次の顧客管理とは，潜在顧客をも含めた消費動向の把握，顧客との関係強

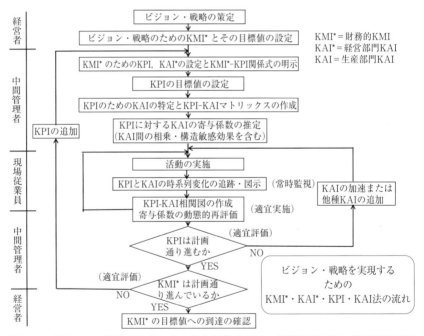

図5.7　ビジョン・戦略を実現するための財務的 KMI，経営部門 KAI，生産部門 KPI
　　　　と KAI（筆者作成）

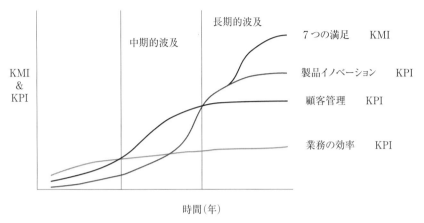

図5.8　ものづくり企業における KMI と KPI の遅効性

化，新規顧客の開拓などである。業務改善の効率の場合に比べて，成果が現れるまでに時間がかかるが，その効果は格段に大きくなる可能性がある。製品イノベーションは，既に第4章の要件6で述べたように，様々なタイプのものがあるが，いずれもその開発の成果があがるまでに時間がやはり必要である。しかし，その効果の可能性は，一般に顧客管理に比べて大きい。7つの満足は，これも第2章で既に述べたように，業務改善，顧客管理，製品開発に伴う財務的な成果に止まらず，社会的，人文的なものも含めた企業が目指す総合的な成果であり，得られるものが大きいが，その考え方の定着と実践の成果が現れるには時間はかかる。

　イノベーションを生み出す研究開発効率について述べておかねばならない。これを国際比較した推移を図5.9に示す。[6] 1990年以降20年間にわたって，日本を除く主要国の研究開発効率（研究開発費支出に対する生産付加価値の比）は変動があるものの，水準としては概ね一定であるが，日本は一貫して低下傾向にあり，2014年には最低水準に陥っている。日本企業は，1981年以降の統計によれば，研究開発費が年々漸増し，他国に比べ一貫して大きいにもかかわらず（文

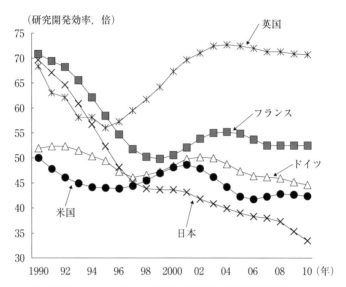

（研究開発効率，倍）

※OECDより作成，各国の企業部門の生産付加価値と研究開発費支出
（PPPドルベース）を使用
※研究開発効率は，付加価値と研究開発費について後方5か年移動平
均を取り，5年差の比を求めることで算出。
例：2010年の値は，（2006～2010の5年間の付加価値の平均）÷
（2001～2005の5年間の研究開発費の平均）

図5.9　研究開発効率の国際比較（付加価値ベース）[6]

部科学省「科学技術指標2016」によれば，研究開発費はGDP比で1981年2.4％から2014年には，4％弱となっており，この2014年に米国，ドイツは3％弱，フランス，英国は2％強），研究開発効率はこのように漸減している。[6] 研究開発効率が低い原因として種々考えられるが，第1章で述べたように，オープンイノベーションを始めとした知財戦略の欠如または不適切さによるものが大きいと考えられる。それに加えて，付加価値を高め得る製品（第1章1.2⑤のソフトウェア・リッチ製品など）や業種への投資が少ないこともある。

　企業経営に直接寄与するさらに重要な指標である営業利益ベースの研究開発効率（ROI）は，図5.10のようになっている。[6] 日本企業は欧米企業に対して付

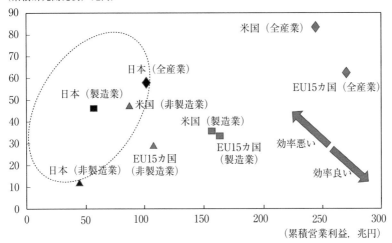

（累積研究開発費，兆円）

※研究開発費は2004～08年の累積，営業利益は2009年～13年の累積
※EU15カ国：オーストリア，ベルギー，ドイツ，デンマーク，スペイン，フィンランド
　フランス，英国，ギリシャ，アイルランド，イタリア，ルクセンブルク，オランダ，ポルトガル，
　スウェーデンの合計
※対象企業は研究開発費及び営業利益について，2000～13年の値を取得可能な各国の上場企業

図5.10　研究開発効率の国際比較（営業利益ベース[6]）

加価値ベースの場合に比べ，さらに低い水準となっている。営業利益は付加価値から必要経費を差し引いたものであるから，必要経費が日本企業は相対的に大きいことを意味する。この必要経費の削減には，図1.2，図5.6や表5.7にあるように第3次IT革命時代の成果を積極的に取り入れることが必要である。日本企業は，必要経費削減に寄与する従来技術の改善には欧米企業に決して遅れをとっていないことは，日本発祥であり，日本で普及も進んでいるTPMの導入を図る企業が欧米には，なおかつ多いことから判断できる。従って，3.3.12で示した必要経費削減を図るもう一つの策であるIT革命の成果の取り込みの遅れのように思われる。その成果を取り込む意識が必要なことは言うまでもないが，それを実践するための技術を習得する学習・教育・訓練が必要である。

このように，IT革命に限らず，技術のパラダイムシフトは近年短期間に出現するようになっており，企業がこれを先取りすることはもちろん，少なくとも取り入れに遅れないようにしなければならない。経営者を始め，企業あげて従業員の意識がこのことに向けて一層高揚することが必要である。

企業活動を評価指標から把握する意義には次のようなものがある。
　(1)　経営者から現場従業員までの業務・活動の評価指標が共有でき，経営者・中間管理職・現場従業員間のコミュニケーション・ツールとなる。
　(2)　経営全体が様々な図的表現で俯瞰できる（論理ツリー，マトリックスなど）。
　(3)　従業員すべてが自らの業務・活動の意義が認識できる。
　(4)　業務改革・改善の要点が把握しやすくなる。
　(5)　業務・活動の進展の動態把握が容易になる。
　(6)　以上の結果，経営活動が加速する。

新しい標語「哲学・文理両科学・技術・技能立国」と，「7つの満足の獲得」を説明し，この標語と7つの満足の主旨を経営に生かす方法を述べた。
ここで，留意しなければならないのは，「標語」と「満足」にある基本的な考え方と具体的な方法を関連・連携させて取り組む必要があることである。
この連携を戦略と考えるとA. D.チャンドラー Jr. (2004) が言うように，企業組織がそれに従っているかを見直す必要が出てくることも念頭に置かなければならない。
このようにして得られた連携（リンケージ）[7] が企業の成果を決めると同時に，企業として品格ある個性を生むと期待できるであろう。

参考文献
1 ）W. ホファー，D. シェンデル著，奥村昭博・榊原清則・野中郁次郎共訳（1981）『戦

　略策定：その理論と手法』千倉書房，p. 7

2 ）伊丹敬之（2003）『経営戦略の論理　第 3 版』日本経済新聞社，p. 11

3 ）M. ポーター著，土岐坤・中辻萬治・小野寺武夫訳（1982）『競争の戦略』ダイヤモンド社，p. 49

4 ）R. キャプラン，D. ノートン著，櫻井通晴・伊藤和憲・長谷川惠一監訳（2005）『戦略マップ』ランダムハウス講談社，p. 35

5 ）日比野浩典・中村昌弘・則武茂年（2017）「IoT 時代の新生産マネジメントのためのシステム化技術」『日本機械学会誌』Vol. 120，No. 1181，pp. 28-31

6 ）平成28年度産業技術調査事業　研究開発投資効率の指標の在り方に関する調査（フェーズⅡ）（2017）最終報告書「日本企業のこれからの持続的価値創造に向けた研究開発投資に求められる投資家との対話・情報提供の在り方」デロイトトーマツ，1 月，p. 5

7 ）野村重信（2020）『リンゲージ・マネージメント』学文社，p. 15

第6章　日本のものづくりシステム

6.1　TPM（Total Productive Maintenance）

6.1.1　TPM 導入の背景[1)2)]

　戦後初期の日本市場は，質より量に重きを置いた大量生産のものづくり時代を迎えていた。豊かな生活を目指し，国民が懸命に働き，生活に密着した便利な製品を次々と購入した。ものづくり企業は，安定した品質で，低コストの同一商品を大量につくり顧客に供給した。つくれば売れる時代であった。やがて欲しい製品が顧客に行きわたり，生活に余裕ができると顧客の嗜好が変わり，買いたいものしか買わない時代になってきた。個人の嗜好が重要視され，ものづくりも多品種少量生産方式へと移行していったのである。安定した大量生産から不安定な多品種の製品を作らねばならない時代に入り，設備故障や不良の問題が顕在化してきた。設備が故障してから修理する事後保全，多品種のものづくりに起因する不良，未習熟な作業等いくつかの問題を抱えながら，多くの在庫を持ち，納期に間に合わせる方法がとられていた。

　このころ，設備が故障する前に整備するという予防保全（PM）の考え方がアメリカから入ってきた。この考え方は新鮮であった。1961年に日本能率協会でPM研究会がスタートし，生産ラインにおいて不良ゼロや故障ゼロを目標にする考えが生まれ，成果をあげた。さらに，PM に全員参加の重複小集団活動を結びつけて大きな効果をあげる企業が現れ，TPM が誕生した。売り上げが右肩上がりで生産量が大きく増えていく時代に入り，TPM 賞の受賞企業が急激に増えていった。生産性が倍増するだけでなく，災害ゼロ・不良ゼロ・故障ゼロなどの効果が得られ，企業の業績が向上し，TPM はあらゆる業種に受け入れられるようになった。海外でも TPM の効果に注目し，1991年に海外の企業が TPM 賞を受賞した。受賞企業数は2000年に入っても増え続け，それ以後もグローバルな環境で安定した受賞数を維持し続けている。

しかしながら，これからの企業はTPMに何を求めて，TPMはその求めに応じて対応していくことができるであろうか。製造業では激しいグローバル競争を勝ち抜くため，IoTやAIといった革新的技術を導入していくことが求められている。企業が保有する固有の技術や技能も伝承していかなければならない。このとき，最も求められるのが人材である。ステップ展開により，オペレーターに高度な教育を施してエキスパートを育て上げるTPMの教育訓練が強力な武器になる。また，環境に配慮した持続可能な産業活動によって環境負荷を極力下げなければ企業として生き残れない。TPMは災害ゼロ，環境汚染ゼロ，消費エネルギー削減を目指している。

最近，スマートファクトリーやさらに上位のダークファクトリーを目標にしてTPM活動をするワールドクラス賞級の企業が現れてきた。工場内のすべての生産装置や計測機器をIoTでつなぎ，収集したビッグデータをAIで処理することで，必要なときに，必要な製品を，必要な量だけ最適条件で生産できるスマート工場を目指している。さらに進めて，真っ暗な無人工場で24時間生産できるダークファクトリーを実現したいと考えている。加えて，エンドtoエンド（E2E）のデジタル化により，サプライチェーンの中で発注から受注，配送，受け取りまで人手を介さずに行うことを目指している。これらの企業は，TPM活動を目標達成のために不可欠な基礎的活動であると捉えている。

6.1.2 TPMの歩み[3)4)]

「設備が故障する前に整備する」という，いわゆる設備保全の考え方の始まりはアメリカである。この流れを受けて，1961年に日本能率協会でPM研究会が発足し，設備の予防保全が研究されはじめた。そのような折，1964年に日本プラントメンテナンス協会がPM優秀賞を設立し，その後押しをした。初期のPM賞は生産部門の保全が主体であったが，次第にPM活動が全社的に拡大していき，1971年に全社的PM活動を意味するTPMが誕生した。そしてその年，自動車部品の総合メーカー日本電装が日本で最初にTPM賞を受賞した。保全部門を中心としたこれまでの活動から，運転部門のオペレーターも参

画した全員参加型の生産保全活動を展開することですばらしい成果をあげ，TPM のモデル企業となった。このことが TPM の拡大を後押しすることとなった。TPM は自動車産業など加工組み立て産業に広がり，また，生産システム効率化の極限追求を目指す生産部門だけでなく，開発・営業・管理などへと対象の場を広げていった。1980年代になると化学など装置産業にも導入されるようになり，1990年にはあらゆる業種に広がっていった。

　また，TPM は海外の企業にも受け入れられ，1991年には 2 つの海外企業がTPM 賞を受賞した。日本だけでなく，世界の企業で展開して成果をあげることができる普遍的な総合設備管理方式であることの証となった。

　このような背景を持つ TPM であるが，その根底にある考え方は人が主役であるということである。「設備が変わり，人が変わり，組織が変わる」といわれ，生産設備だけでなく，企業そのものの体質改善を目的としており，TPM が世界のあらゆる業種で受け入れられた大きな要因の一つであった。TPM 活動は生産部門を中心とした 5 本柱から，1989年には 8 本柱として管理・間接部門を含めた全社を対象とする TPM 活動に拡大した。[5] 1990年代は国内におけるTPM の全盛時代であり，TPM 受賞企業数も増えていった。しかし，バブル崩壊と共に，右肩上がりであった TPM の需要は勢いを失い，1998年のピークを境に減少に転じることになる。一方，海外は1990年代に入ると受賞企業が増え始め，2000年に入っても順調に増え続け，2003年には国内を逆転し，その後差は開き続けている。

　2010年代後半に入ると産業構造の変化に対応するため，TPM に TPS を融合させ従来の TPM にリードタイムの極限追求を導入した「アドバンスド—TPM」が TPM 協会より提案された。[6] この TPM の一つのツールを説明すると生産ラインの PFD（Process Flow Diagram）を作成すれば，原料投入から製品ができるまでの生産活動の中でおこるあらゆる問題を見える化することが可能になり，企業が取り組むべき課題は何か，どのように改善すればよいのかの答えを見つけ出すことができる。PFD は DMS（Direct Manufacturing System）と PMS（Perfect Manufacturing System）の 2 つの手法のリンケージで構成さ

れている。DMS はリードタイムの短縮，PMS は設備故障ゼロ，品質不良ゼロ
を目的としており，PFD により，システマティックに活動目標を見出すこと
ができ，一部の企業現場で使われて成果をあげ始めている。流れの改善を指向
しているツールである。

6.1.3　TPM の考え方[7]

　TPM は日本が生み出した日本独特の全社的設備管理活動である。アメリカ
から学んだ予防保全（PM）がベースになっているが，両者の大きな違いは人
づくりにある。アメリカでは「あなた守る人，私使う人」の考え方が強く，設
備保全は専門の保全マンの仕事であり，オペレーターはその設備を使って生産
を支援する決められた作業を行うことに限定されている。分業がキッチリとな
されており，オペレーターが設備の修理を行うことはなかった。日本ではオペ
レーター一人ひとりが「自分の設備は自分で守る」というボトムアップ式自主
保全活動を推進し，オペレーター自ら設備の改善提案者となり，生産設備の改
善に大きな役割を果たしてきた。自らの提案が成果に結びつくことにより，オ
ペレーターのモチベーションは大きく向上し，さらなる改善を生み出す好循環
を生み出したのである。また，保全マンに対しては，自働化の進展による労働
の質的変化に対応すべくスキルアップが行われた。TPM の最終的なねらいの
一つは，人の能力を最高に発揮し，それを維持することである。
　TPM はロスをゼロにして生産システムの効率の極限を追求することを目標
にしている[1),2)]。設備効率を阻害している 7 つのロス，設備操業度を阻害する 1 つ
のロス，人の効率を阻害している 5 つのロス，原単位の効率を阻害する 3 つの
ロス，全部で16大ロスを提案し，効率化を阻害するこれらの要因について改善
する活動を展開している。最小のインプットで最大のアウトプットを得るよう
に「生産システム」を構築してゆくのである。この活動には，ロスの排除だけ
でなく，あらゆるロスを未然に防止する仕組みを整えることが含まれる。TPM
の最終的なねらいのもう一つは，設備の固有能力を十分に発揮しそれを維持す
ることである。人が変わり，設備が変わり，それによって企業全体の体質を改

善することができる。

6.1.4　TPMの特徴
（1）需要と供給
　TPMは需要が供給を大きく上回る環境にあり，売り上げが増加している企業において効果が大きい。ロスを定義することにより表面化していないロスを探し出し，全社的な改善活動を行い，利益に結びつけている。売り上げが伸びない状況では，新製品の開発などものづくり戦略が重要となってくる。
（2）あるべきものづくりの姿
　全社的活動として，設備に中心を置いて設備総合効率の極大化を目指しているが，その根底に流れているものは主役が人であり，生産効率を上げるために人を犠牲にすることは許されない。あるべきものづくりの姿は企業ごとに構築され，生産設備において故障ゼロ，不良ゼロ，災害ゼロといったわかりやすい極限状態を目標としており，売り上げが伸びているときにその強みを発揮する。
（3）トップの意思
　トップに導入の意思があれば，改善を阻害する条件がないため導入可能である。ただし，事務局を作り，教育された管理者を置く必要があり，導入のための費用が発生する。トップによき理解者がおり，適切な管理者がいれば，ある程度の規模を持った企業では大きな成果につながる。
（4）組織[8]
　TPMは自主保全活動により全員参加の活動ができるように作られており，5Sといった比較的取り組みやすい活動を最初に行う。工場長レベル，部・課長レベル，係長レベル，サークルレベルなど階層的に重複した小集団を作って情報の共有化を図り，全員参加の仕組みを作る。強いリーダーシップの下で階層別に目標を設定し，絶えず改善内容をチェックしながら目標を達成する活動を行う。教育訓練による技術レベル向上に合わせて参加できる仕組みがあり，人材育成につながっている。

（5）システムの本質

　生産設備の極限追求を通じて高能率な現場を作り上げる工場中心の考え方である。災害ゼロ，不良ゼロ，故障ゼロなどのあらゆるロスをゼロにすることを目指している。トップから第一線のオペレーターまで全員参加のボトムアップ型活動を推奨している。成長している企業については評価尺度に対して大きな成果が期待できるが，低成長の企業についてはシステムがうまく機能するかどうか，その時の対応によって差が出てくると考えられる。

（6）手法の開発[9]

　TPMには問題解決のいろいろな道具が準備されている。例えば，設備の慢性化した不具合現象のメカニズムを明らかにするPM分析，故障・チョコ停・不良などの原因を追求するなぜなぜ分析，品質保全のための8の字展開，事務間接部門の体質改善に使われる巻紙分析など多数あり，的確に使いこなすことが求められる。

（7）ステップ展開

　改善活動を行うための8本柱において，ステップが明確に示されており，そのステップに基づいて計画的に活動することができる。特に，自主保全では明確に7ステップの内容が示されており，ステップに従って実施すれば効果は出るが，期待する成果が出てその状態が根付くまでには時間をかけて繰り返す必要がある。継続するための仕組みが必要となる。

（8）導入条件

　売り上げが伸びているが，設備故障が多く，品質に問題があり，管理がうまくいっていない企業で導入すると効果が大きい。導入準備をしっかり行っておくことが成功のためには重要である。TPM導入の意味，TPMの構造について理解しておくことが求められる。導入準備に当てる期間は半年ほど必要である。平均的に，3〜4年後に生産性1.5倍，故障10分の1，設備稼働率1.5倍，不良率10分の1，納入先クレーム4分の1，休業災害ゼロ，公害ゼロのような成果が期待できる。全社的活動を展開するとなお効果的である。

（9）顧客とのつながり

　TPMは，ロス削減による原価低減を目指しており，顧客に適切な価格で製品を提供している。また，評価尺度D（納期）100%遵守，顧客クレームゼロにより信頼を得るように努めている。最近，事務管理にAIを導入することにより，受注から配送業務までを完全自動化して顧客の便宜を図る企業が出始めている。

6.1.5　TPMの有用性

（1）評価尺度

　TPMではP（生産性），Q（品質），C（コスト），D（納期），S（安全），M（モラール），E（環境）という7つの尺度を有効に使って改善活動を行い，工場の体質強化を図る活動を行っている。特に，生産性については，設備総合効率を重視し，設備の有効利用極大化を図っている。利益との関係では，ロスを減らすことによって原価を低減する方法をとっているが，ロスコストマトリックスが企業の利益とどのように結びついているのかを把握するのは難しい。

（2）TPMのロスについて

　生産の効率化を阻害する16大ロスを定義し，個別改善活動でロスの削減を目指す。改善によってロスが削減されると，ロスを再定義してロスを発掘する活動を行う。ロスの定義にしたがってロスコストを整理し，削減目標を決めて活動する。16大ロスには設備効率を阻害する7大ロス，設備操業度を阻害するシャットダウンロス，人の効率化を阻害する5大ロス，原単位の効率化を阻害する3大ロスがある。

（3）リードタイムの短縮[10]

　TPMを進化させたアドバンスド—TPMではリードタイムの短縮に積極的に取り組む手段を提供している。6.1.2で述べたようにPFDはDMSとPMSの2つの要素で構成されている。DMSを用いて，阻害要因を取り除いてものの流れを整流化することにより，システマティックにリードタイムの短縮を行うことができる。

（4）頑強性

　目標値を定期的に見直しながら改善成果を評価し，進めている。日常の管理では，現場トップ・管理者の指導のもとで行えば成果が出る。頑強性を保つためには，トップの一貫した考え方が大切である。

（5）成果[11)]

　これまで TPM 活動が評価されてきたのは，“儲ける企業づくり”をはじめとする種々の具体的な成果をあげてきたことによるものである。各階層別に目標を設定し，それを達成するためにそれぞれの階層ごとに具体的な活動を行い，全員が一丸となって目標を達成した結果である。TPM 賞受賞により優れた体質の企業であると社会に認知され，それがまた改善の原動力になる。さらに，上位 TPM 賞への挑戦によって，継続的に成果をあげることができる。

6.1.6　TPM の効果

（1）コスト[12)]

　16大ロスのロスコストマトリックスによって改善を進めていくため，ロスコストは計画通りに減少していく。ロスをコストで評価するためコストに対する意識は高まるが，ロス減少が直接利益に結び付くかどうかの判断はむずかしい。アドバンスド—TPM では，例えばロスコストマトリックスにおいて，工程別ロスを工場原価で割った値 Q_1，および工程別ロスを工程別コストで割った値 Q_2 を使った効率的な改善方法を提案している。売り上げが伸びている成長期間では Q_1 を，売り上げの伸びが困難な期間では Q_2 を優先して改善することが業績への貢献度が高くなるとしている。

（2）納期

　顧客の方針によって決まるため，生産設備の効率が尺度となる可能性が高い。このため，在庫は生産量調整のため必要な尺度となるが，できるだけ削減すべきであり，企業のものづくりコンセプトによって決められる。在庫のため，品質不良，故障不良の発見が遅れ，対策が後手に回る危険がある。現場力について，故障や不良対策の仕組みを作ったとしても，保有している在庫が緩衝材と

なって問題の表面化が遅れることになり，現場の緊張感は高まらず仕組みがうまく機能しない。

（3）品質[13]

　企業にとって，工程内不良は最も注意すべきことである。TPM では，品質保全には“8の字展開”が用意されており，品質の改善及び改善した品質の維持がステップ展開方式で行われている。特定の不良モードを対象とした取り組みではなく，製品に発生する可能性のあるすべての不良現象を完全にゼロにすることを目標としている。品質保全の展開は，まず製品全体に出ている不良を減らすこと，個別の不良現象ごとに不良をゼロにすること，不良の出ない３Ｍ条件を決定すること，その後，この３Ｍ条件を適切に管理して不良ゼロを継続していくことになる。

（4）TPM の継続性

　主に設備に係るロスを定義して見つけ出し，ロスコストを見積もって個別改善活動で問題の解決を図る方法をとっている。問題の種類では，ロスの定義によって隠れている問題を見える問題に形式知化して，ロスコストマトリックスに整理し，問題の内容とコストとの関係で役割分担を決め活動する。また，8本柱ごとに責任者を置き，改善テーマを決めて実行する方法をとることによって，TPM 活動を全社的な活動としている。改善ステップがマニュアル化されており，指定されたステップに基づいて活動することができるため，活動の失敗を防ぐことができる。

6.1.7　TPM の今後の方向

　これまでの TPM は，企業内での生産システムの効率化を目指してきており，企業中心の原価低減活動を中心としてきた。また，設備保全の方向から予防哲学の思想を持ち，故障ゼロ，不良ゼロ，災害ゼロのゼロ志向を目指してきた。最近，TPM と TPS を融合させた新しい概念を作り，具体化したアドバンスド―TPM が提唱されている。PFD を使うことにより，リードタイムの短縮と設備故障ゼロ，品質不良ゼロをシステマティックに進めていくことができる。

また，近い将来，IoT や AI といった革新的新技術が TPM に入り込んでくると考えられる。工場内ではすべての機器がインターネットで結ばれ，機械学習した人工知能が膨大な量の情報（ビッグデータ）を巧みに処理して生産現場を最適状態にコントロールする工場が出現する。TPM 活動はデジタル環境に対応すべく故障ゼロ，不良ゼロ，災害ゼロを実現する設備の極限追求を目指した活動を展開することになろう。そこでは自主保全体制，計画保全体制での仕事の役割が従来と大きく異なることになり，TPM 活動も変化していくと考えられる。環境変化に対応する TPM 活動を追求していくことが求められよう。TPM の生みの親，育ての親である中嶋清一と鈴木徳太郎が唱えた「進化と深化」である。

6.2 TPS（Toyota Production System）

6.2.1 TPS の背景

　TPS は，戦後長い年月をかけてものづくりの中でつくり上げられた独特な考え方を持ったシステムである。このシステムの源流は，豊田自動織機を設立した豊田佐吉に遡る。一つの源流を辿ってみると，自動織機に不良を作らせない仕組みを考え付いたことに行きつく。この仕組みは1896年に豊田佐吉が発明した横切れ自動装置のことであり，糸が切れたらすぐにラインが止まる構造になっている。これが「自働化」の原型となった。佐吉は機械に人間の知恵をつけること，真に人間のための機械になることを常に考えていた。もう一つの源流は，佐吉の長男である豊田喜一郎が実践していた「部分品が移動し，循環してゆくに就て『待たせたり』しないこと。『ジャスト・イン・タイム』に各部分が整えられることが大切だと思います」という主張である。これが「ジャスト・イン・タイム」（JIT と呼ぶ）の原型となった。喜一郎の考えを良い流れをつくる立場で考えてみると，ものの流れの効率化とはすべての部品がよどみなくスムースに流れるつながりのことである。工程間のつなぎ，部品供給間のつなぎを含めたトータルとしてのつながり，を考えたものづくりを目指していたわけである。しかも必要なものだけをつなげ，余分なものはムダであるという

考え方をとっている。このように，TPSはものづくりの中で，必然的に生まれる背景を有しており，ここにTPSの2本柱の思想が，自動車のものづくりに情熱を捧げる大野耐一に受け継がれた。大野は，「必要な部品が，必要な時に，必要な量だけ，ラインサイドにぴたりと到着する理想のシステム」という仕組みを実践し，絶えず改善をし続ける継続的改善によって定着させていったのである。JIT生産実現のために，困難な課題に対して挑戦し，試行錯誤を繰り返しながら課題を解決するための手法を開発し，前進し続けていたと考えることができる。

　TPSが脚光を浴び出してきたのは，1973年のオイルショックからである。オイルショック以降，トヨタが一人勝ちし，他社との格差が次第に開いていった。景気が後退し低成長時代を迎え，いかに安くタイムリーにつくるかにものづくりがシフトしてきた結果，TPSはその変化に対応できるシステムとして有効に機能したといえよう。オイルショックで景気が後退しなければ，TPSはこれほどまでに脚光を浴びていなかったであろう。TPSはスムースなものの流れを実現するために設備，人，レイアウト等，流れを阻害する要因を取り除くと同時に，現場で発生するムダを改善する活動である。阻害要因を取り除くためにいくつかのツールを生み出し，現場で実践し，試行錯誤を繰り返しながら実現していったと考えることができる。実践の過程において，1個流しを実現するために改善をし続けるダイナミックな現場を生み，各職場，職場間，工場間の連携，つまりリンケージ活動による改善力を形成していった。

6.2.2　TPSの歩み

　TPSは，どのような歩みをたどってきたのであろうか，活動初期から現在までの流れを追ってみることにする。導入初期からどのような活動プロセスを経てTPS活動が行われてきたのか，明らかにしたい。また時系列的に諸活動を関連づけることにより，今まで見えにくかった諸活動の関連性も見える化できるようになる。活動の流れを時系列で追ってみよう。

　トヨタ自動車の創始者豊田喜一郎は，ものづくりに対して「自動車の組み立

て作業にとって，各部品がジャスト・イン・タイムにラインの側に集まるのがいちばんよい」とトヨタマンに啓示を与えた。そしてその考えを実践したのが大野耐一であった。「私はと言えば必要な部品が，必要な時に，必要な量だけ，生産ラインのすべての工程の脇に同時に到着する光景は，想像するだけでも楽しいし，刺激的であった」と大野は述べている[17]。この理想的なものづくりシステムの実現に向かって，自分の権限の及ぶ範囲内で一歩一歩進めていったのである。トヨタ生産方式の基本思想を支える2本の柱は，自働化とジャスト・イン・タイムである[18]。自働化は既に豊田自動織機で導入していたため，車の生産ラインに比較的容易に適用できた。一方ジャスト・イン・タイムという考え方はどこにも例がないため，困難を極めた課題であった。トヨタ生産方式はフォード生産方式の流れ生産システムを基盤としている。部品を同期化するために，フォードは倉庫を持って対応していたが，トヨタは倉庫を持たずに同期化することを考えていた。つまり在庫を持たずに同期化するためにはどのような条件が揃えば実践できるのか，常にあるべき姿であるジャスト・イン・タイムと自問自答しながら，試行錯誤を繰り返して行われた。「ロットはできるだけ小さく，プレスの型の段取り替えを速やかに」というのが，生産現場の合言葉としてより良い方法を模索してきた[19]。

　ジャスト・イン・タイムに対応するため，組付け部品をすべてラインサイドに集め，なおかつ在庫ゼロという条件の組立ラインを作りだすのは現実離れをしており，従来の生産システムからすれば考えられないことである。実現するにはサプライヤーを含めた現在のものづくりを根底から見直す必要が出てくる。ものづくりの基本条件として，4Mつまり，設備（Machine），人（Man），もの（Material），方法（Method）があるが，その4Mを根底から考え直さなければならないということである。しかしその困難なものづくりに1945年から挑戦しつづけて見事実現した。ものづくりの4Mをベースとした導入から実現までのTPSの歩みを追ってみると図6.1のようになる[20]。

　この図は流れ，段取り，生産，設備，進捗，品質の6つの主要な活動の歩みを時間軸上で表している。平準化生産をベースに，1個流し生産システムを実

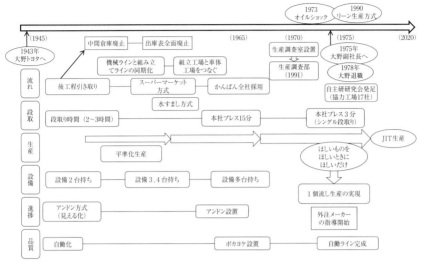

図6.1　TPS の歩み

(出所) 大野耐一『トヨタ生産方式』　ダイヤモンド社，pp. 228-229，筆者一部加筆

現するまでの35年間に渡る活動の流れである。ジャスト・イン・タイム生産を実現するために，顧客の情報をいかに生産現場にタイムリーに伝達するのか，その情報に基づいてどのようにムダなくつくるのか，多くの難題が待ち構えていた。スーパーマーケット方式の採用による後工程引き取り方式（かんばん方式），平準化生産を妨げる段取りの短縮（シングル段取り），多工程持ちの実現（多能工化），進捗状況の見える化（アンドン方式），加工工程の不良を取り除く仕掛け（ポカヨケの設置）等多くの新しいツールを創らねばならなかった。このシステムを実現するにあたり特筆すべきことは，目標を達成するために障害となる制約条件を解消するツール（道具）を次々と創り，実践したことである。プレスの段取り作業を例にとると，2～3時間要した段取り作業がシングル段取りという考え方によって，段取り時間が僅か3分でできるようになったことである。大野を中心としたチームが，豊田喜一郎の夢を実現するために，生産現場で起こる様々な障害を次々と突破し，創業者の強いものづくりの理念に支

えられて30年以上の期間を要して完成したシステムである。果たして30年という長きにわたって，一つのチームが多くの既得権派を押さえながら理想システムを追い続けることができるのであろうか。ここに，一人の人間を中心として革新的システム達成のための組織を作り，ジャスト・イン・タイム（以下JITと記述する）を実現したトヨタのものづくりのこだわりがある。集団で問題を解決する組織力が長い年月を経て組織能力として醸成され，構築されてきたのである。この活動のこだわりは，JITというものづくりを実現するために止揚することによって対立しながら，新しいものを生み出し実現していったと捉えることができる。まさにものづくりの中の矛盾を抱えながら新しいものづくりシステムを創り出す活動が，ものづくりの理念，強い指導者，強力な組織力を背景にドラスティックに行われていたと考えることができる。

6.2.3　TPSの考え方

　TPSの根底に流れているものは，ムダの徹底的排除の思想に基づいて，つくり方の効率性を追求し，生産全体をその思想で貫いてシステム化したものである。終戦後，日本の生産性はアメリカの8分の1であることを知らされ，「"同じ人間でありながら，体力的に8倍の力を発揮しているわけではないだろう。日本人は何かムダなことをやっているに違いない。そのムダをなくすだけで，生産性が10倍になるはずだ"と考えたのがTPSの出発点であった」と大野は言っている。この根底にあるものは，人間である以上，懸命に努力すれば先進国と競争できるという確固たる信念であり，長い間にわたって試行錯誤を繰り返した末に到達したのである。ムダはある場合は在庫であり，ある場合は作業そのものであり，ある場合は不良であるが，それぞれのムダが複雑に絡み合い，ムダがムダを生み，やがては企業経営そのものを圧迫する。ものづくりは日進月歩であり，日常の生産も常に変化している。変化している環境の中で，稼ぎのもとはつくり方の中にあり，いかに安いコストで，製品として高い付加価値を付けるかということである。働きとは「付加価値を高める作業」であり，ムダとは「原価のみを高める作業」である。生産の場でムダを省くということは

生産に関連した余分にかかる費用を無くすことである。そうすれば必然的に原価が安くなる。TPS はすべての現場のムダを省き，生産性を上げることを目的としている。TPS はあるべきものづくりの姿を追求するシステムであり，その時代に応じたシステムの改善をし続ける機能を持っていると考えることができる。

　TPS を継続的なものづくりの観点より考えると，ものづくりコンセプトとして JIT があり，JIT 実現のためには決められた通りのものづくり活動の中で，各自が与えられた仕事と，予期しない問題を解決する個人，組織の力によってPDCA を回し，日常管理している。現場の中では常に達成するための心構えができ，それが習慣化している。ものづくりのコンセプトは JIT であり，組織集団の中に JIT の遺伝子が組み込まれている。実現できない場合は個人，組織の責任にしないで JIT 実現のために何をすべきかという目的指向の仕組みが出来上がっており，集団と個人がつながり合っていると考えることができる。そのために 7 つのムダを常に意識して改善活動が行われている。つながり合うかんばんシステムを全社的に採用しており，材料が切れたり，不良が発生したり，設備が故障すると全ラインが止まってしまうため現場管理者，監督者は毎日忙しい。JIT を実現するために日常の問題点を解決しながら，オペレータの教育をし，日々の目標を達成する仕事に携わっている。

6.2.4　TPS の特徴
　TPS は JIT 生産を実現するために作業者一人ひとり，ライン一本一本の能率向上とともに，工場全体あるいは外注メーカーまで含めたトータルでの能率向上を重視し，具体的かつ有用な手法を開発している。TPS のいくつかの特徴を整理してみる。
（1）需要と供給
　TPS は欲しいものを欲しいときに欲しいだけという JIT の考え方で，需要側である顧客情報に基づいて，供給側である生産者と直接つながるものづくりを指向している。生産者はムダを排除したものづくりをいかに作り上げるか，

という難題に挑戦する。

（2）あるべきものづくりの姿

　JIT によってあるべきものづくりの姿が明らかにされており，企業はそれに向かった活動をする。JIT によって方向が決められており，いかに理想に近づけるかが課題となる。需要変動に対応できるものづくりを目指しているため，売り上げの増減には直接影響されないが，実現するには困難な障壁が待ち構えている。

（3）トップの意思

　TPS は，全社的なシステムとして導入しないと効果が限定的となるため，トップの理解が前提となる。また，トップの意思と JIT のものづくりに情熱を燃やす執行重役，改善マンがいるかが重要となる。

（4）改善組織

　TPS では組織の中で役割分担が明確になっており，問題が発生するとその場で対処する体制がとられている。在庫ゼロを目指した緊張感のある現場を継続することを前提にしているため，絶えず考え，改善する環境をつくっている。目的を遂行する専門的なスタッフの主導の下で，改善スタッフ，現場管理者，第一線現場担当者のリンケージによって改善が行われる。

（5）基準時間の設定

　TPS では基準のない改善はないとしてまず基準をつくり，ムダかムダでないかを判断する。そして7つのムダを定義して問題を見える化して課題を見つけ出す。ムダの中で特につくりすぎのムダをなくす方法を見つけ出す改善をすることが要求される。TPS はその日つくる数を時間に表したタクト・タイムを基準として，標準作業組み合わせ票に基づいて，実際につくれる時間を測定して実施する。タクト・タイムとサイクル・タイムが等しくなるように作業改善をする。守られない場合には，改善をし，再び標準作業組み合わせ票を作り定着する方法を取る。

（6）手法の開発

　JIT 生産を実現するための道具としてシングル段取り，かんばん，アンドン，ポカヨケ，1 個流し方式，U 字型レイアウト，みずすまし方式等が開発されている。これらの道具は主に止揚することによって開発された。

（7）ステップ展開

　改善活動のステップが決められており，問題解決の方法は明確になっている。今まで蓄えた知識，方法に従って工場環境の変化に対応した改善活動をしている。TPS では，自主保全のステップを活用して自主保全と補完しながら JIT 生産の価値を高める活動を行っている。

（8）導入の条件

　TPS を導入するにはいくつかの前提条件があり，その条件をクリアしなければ困難となる。5S が進みある程度のものの流れがあり，段取り時間が極端に長くなく，トップが管理活動に興味を持っている工場に導入すると比較的上手くいく。TPS は制約条件の障壁が高く，導入するのに時間と労力が必要となる。障壁を低くする積極的な改善活動が要求される。ただしシングル段取り，多能工化，ポカヨケ等一部のツールは業種を問わず容易に導入することができる。標準化がある程度できており，平準化生産体制ができるかどうかがポイントとなる。

（9）顧客とのつながり

　TPS は原価低減主義を取り，顧客に適切な価格で提供するという，顧客と直接つながる仕組みを目指している。顧客とつながるジャスト・イン・タイム生産を現場に実現するシステムであり，受注した車が，今どこでつくられているのか見える化している。

6.2.5　TPS の有用性

（1）評価尺度

　評価尺度について主に P（生産性），Q（品質），C（コスト），D（納期），S（安全），M（モラール），E（環境）という 7 つの尺度を有効に使って改善し，工場

の体質強化を図る活動をしている。生産性について特に D の納期にこだわり，生産高の向上，省人化の改善活動をしながら，在庫を削減して生産期間の短縮を図る活動をしている。TPS は商品別原価管理が行われており，現場ではムダを取る原価低減活動を継続的改善活動として習慣化している。²⁴⁾

（2）TPS のムダについて

　ムダとは役に立たないこと，益のないこととして定義されているが，生産工場を見渡せば，このムダがいたるところに発生してきている。ムダを取ることによって大きな利益を得ることができると TPS では考えている。ムダを徹底的に排除することによって，作業能率を大幅に向上させることが可能となるわけである。TPS では，⑴つくりすぎのムダ，⑵手待ちのムダ，⑶運搬のムダ，⑷加工そのもののムダ，⑸在庫のムダ，⑹動作のムダ，⑺不良をつくるムダ，の7つのムダを明らかにし，それらのムダを徹底的に改善する活動を展開している。²⁵⁾生産現場はダイナミックに活動しており，人，もの，設備が管理者の考え方に基づいて運用されている。管理者が基本的なコンセプトもないままに，各自異なった方向で行っていては現場が混乱する。全員が同じコンセプトで管理・運用できるように，7つのムダの考え方を全員で共有でき，実施できる環境を整えている。7つのムダは JIT 思想をベースにムダが見える環境をつくっているといえよう。改善哲学では，あるべき姿に向かって改善は無限であるという立場を取っている。

（3）リードタイムの短縮

　スムースな流れをつくるために，かんばんを採用し，後工程引き取り方式により，流れの清流化を図っている。かんばんの枚数により在庫水準を決め，安定した生産方法を実現している。かんばんの枚数を減らし，1個流し生産システムを実現するためのリードタイム短縮活動を継続的に行っている。

（4）頑強性

　目標値の設定では，TPS は一日の計画数を平準化生産で決め，TT（タクト・タイム）に従って生産し，TT＝CT（サイクル・タイム）とした基準を守っている。在庫ゼロを目指しているため，TT と CT はつながった時が良いとされて

いる。日常の管理では，TPS では毎日生産する数が決まっているため，遅れたり早くなったりしても問題が見える化されており，改善の必要性が出てくる。したがって個々人の役割が明確になり，ものづくりの自律的なシステムとして自動的に働くため，回復機能が早く現場管理の効率化が進む。

（5）成果

　TPS は顧客と現場とのつながりを重視し，短いリードタイムによって顧客情報のフィードバック機能がより速く働く。在庫ゼロを目指すことによって，隠れている問題を見える問題に変え，すぐに対応できるシステムをつくっている。また，改善専門の自主研究会をつくり，改善は無限であるという哲学に従い原価低減活動を現在に至るまで続けている。改善教育によって現場とつながり合っている自主研究会は，TPS を継続するために必要不可欠である。

6.2.6　TPS の効果

（1）コスト

　7つのムダの削減を主に改善対象として原価低減活動を行っている。コストの意識では TPS では商品別原価低減活動を行っているため，儲けるための現場の原価意識が高まる。ムダを排除して流れを良くし，リードタイムを短縮することにより，コスト低減を図る活動をしている。改善の積み重ねによって利益に貢献する活動をしている。

（2）納期

　生産期間短縮を重要な尺度としているため，人，もの，設備，方法（4M）の使い方が重要となる。原価に影響する在庫削減が重要な尺度となり，かんばん方式を導入して後工程引き取り方式を行っている。不良や故障が起こると在庫がないためライン全体が止まってしまう。したがって，現場では常に緊張感が漂う。その結果，現場が強くなり，ラインの組織能力も高まっていく。このような活動によって安定したものづくりを維持し，納期遅れを出さない活動につなげている。

（3）品質

不良の低減について，自働化をベースに不良の出ない工程を目指しており，在庫ゼロとの関係で不良がゼロベースで低下していく。後工程不良について，1個流しを基本としているため，在庫がなく不良が出るとその場で解決する方法を取っている。したがって対応が早くなる。工程の流れをスムースにするために品質を後工程に流さない考え方のもと，ポカヨケを作って対応している。品質問題解決にあたる対応時間について，問題発生から対策までラインとスタッフの補完リンケージが機能し，問題を解決するための効率的な時間管理がなされている。

（4）TPS の継続性

目標を達成するために，日常のものづくりの数を時間で換算した TT（タクト・タイム）を決め，実際の作業時間 CT（サイクル・タイム）との差異によって改善の必要性を管理している。また達成目標を決め，生産管理板で見える化して情報の共有を図っている。現場を定期的に巡回し，毎年大会を開催して活動の継続性を図っている企業が多い。活性化について，改善提案件数を数値化し，賞金や賞を与えてモラールの向上を狙っている。また関連会社と自主研究会をつくり，改善合宿を定期的に行い，レベルアップを図っている。

6.2.7　TPS の今後の方向

二本の柱である自働化，JIT はものづくりの基本であり，これからもこの柱は機能していくと考えられる。特に JIT はムダを排除する根本的な考え方であり，一企業体の中で考える場合は有効である。一企業体とステークホルダーとの関係を考える場合は，利害関係が発生する可能性があり，お互いの考え方を尊重した方策をとることになる。環境の変化が速くなってきており，顧客主体になってきている現在，少しでも早く顧客に届ける状況が生じた場合は，JIT の考え方を緩くして，中間で在庫を持って対応する政策をとる可能性がある。流れをつくるために徹底してムダを取るものづくりの考え方は今のところ一番優れており，JIT システムは競争がある限り有効に機能すると考えられる。TPS

は顧客と企業が直接結びついたシステムであるが，企業の利益を中心とした考え方である。顧客主体と考えた場合，顧客の欲しいものを満足させ，いかに安く作るかが要求されるであろう。そのために，顧客を取り込んだ仕組みをどのように作るのかが必要となる。

6.3 TQM（Total Quality Management）

6.3.1 TQM の背景

　製品の品質は使う側の顧客と直接つながり合う。顧客が望む品質をどのように実現し提供するのか，企業の真価が問われる。いつの時代でもその時代に応じた品質を提供できれば，企業としての価値は認められる。顧客に信頼される企業はその時代の背景に適応した企業である。戦後の復興期，日本製品に対して「安かろう悪かろう」という言葉がしばしば使われた。日本国内で作る新しい製品に対して，終戦後の混乱期で技術力がなく，外国製品をまねてつくる活動が中心であった。当時は外国製品に追い付くことが精いっぱいであり，製品の質の向上までは手が回らなかったのである。顧客は良いものを安く買いたいという希望を持っているが，多くの人は経済上の事情もあり，優れた機能を持つ良い製品を手に入れることはできなかった。良くない製品とわかっているが，安いから仕方がないという認識で使用していた。顧客に認められる製品を提供するために品質をいかに上げるのかが，企業が目指した共通の課題であった。

　そのような時代背景の中で，アメリカから統計的品質管理の考え方が入ってきた。多くの企業は品質の向上を目指して品質管理の考え方を学び，生産工程に導入した。品質管理研究者，企業の実務家，協会（日本規格協会，日本科学技術連盟）が連携して品質の向上に努めた。特に協会，研究者が中心となって，教育，研修を通じて品質管理の普及に努めた。さらに普及を促進するためにデミング賞を創設し，品質活動に顕著な成果をあげた企業に対して表彰した。デミング賞は品質に関するステータスシンボルとしての役割を担ったのである。日本の品質に関する活動は全社を巻き込んだ活動として定着していった。組織的な活動として成果を上げたのは，現場の小集団としての機能を持つ QC サー

クル活動であった。QCサークルの活発な改善活動により，日本の製品は「安かろう悪かろう」を脱却して顧客に徐々に認められるようになった。日本製の良さが認められ，海外の輸出も飛躍的に伸びた。そして海外に目を向け，海外生産を展開し，メイド・イン・ジャパンの製品が世界に輸出されていった。品質向上に大きな成果を上げたQCサークルは，IT化，生産の多様化・複雑化，従業員の非正規化等，企業環境が劇的に変化した結果，以前に比べて効果を発揮できなくなってきた。特に1990年のバブル崩壊後，グローバル化，情報化に突入し，現場を中心とした全社的品質管理活動（TQC）に陰りがでてきた。協会は時代に適合した全社的品質管理活動として1996年に「TQM宣言」を行った。現在の環境に対応した新しい総合的品質管理を誕生させたわけである。2年後の1998年には『TQM21世紀の総合「質」経営』としてTQM委員会が新たな概念の構築を提案した啓蒙書を発行した。[26]

6.3.2　TQMの歩み

　企業が品質を意識し始めてからどのような過程を経て現在の顧客主体の品質に至ったのであろうか，企業が指向している品質とその時代の経営環境から品質が辿ってきた道を見てみることにする。

　品質管理を最初に提唱したのはアメリカの統計学者W・A・シューハートである。彼はベル研究所で管理図を考案し，1931年に「製品品質の経済的品質管理」を発表した。製品品質の変動に目を付け，品質を安定させるための経済的基準を与えた「シューハート管理図」である。[27]この管理図は日本企業の品質の基盤を作った。1950年にE・W・デミング博士が来日し，統計的品質管理の指導を行った。誕生期にあった日本の品質管理にとってデミング博士の指導はその時代にマッチした考え方であったため，多くの企業が関心を寄せた。1951年，日本科学技術連盟によって「デミング賞」が創設された。企業向けのデミング賞実施賞は全社的活動によって顕著な成果をあげた企業に授与される年度ごとの賞であり，品質管理の発展に大きく寄与した。[28]日本の品質が高く評価されるきっかけを作ったということができる。1950年は朝鮮戦争が始まった時期

であり，1953年に休戦するまでの3年間，日本企業に特需をもたらした。特需による発注製品に対して，アメリカは厳しい品質基準を企業に要求した。日本企業は品質基準を満たすべく，統計的な品質管理を導入し，工場を巻き込んで要求された製品を納入するため全社一丸となった活動が始まったわけである。

　このように特需という特別な環境が生まれたことによって現場を巻き込んだ活動に発展したと思われる。1954年にはJ・M・ジュラン博士が来日し，管理者，経営者に各種統計手法を紹介し，品質管理の実践的な使い方を指導した。やがて全社を巻き込み，小集団を構成する日本特有のQCサークル活動が生まれた。そうやって始まったQCサークル活動を通じて現場でも容易に理解できるQC7つ道具がつくられた。科学技術連盟，学者，コンサルタント，実務家が連携して推進した結果，多くの企業で全社的活動に発展していった。1950年代の後半から1960年代にかけて品質管理に関する活動内容が整理され，QCサークル活動が組織化されていった。[29] 1960年代後半になると品質対象として現場のQCサークル活動のみならず，「新QC7つ道具」，「品質機能展開」，「デザイン・レビュー」など顧客の情報把握から設計管理の過程，工程系列までの上流から現場まで，全プロセスを巻き込んだ活動に拡大した。工場から企業の全体を含んだ全社的品質管理（Total Quality Control）に発展していったのである。

　1980年代になると日本で発展してきた全社的品質管理（TQC）はアメリカではマルコムボルドリッジ（MB）国家品質賞，欧州ではヨーロッパ品質賞（EQ賞）が作られ，全世界に広まっていった。またヨーロッパの主導でISO9000シリーズが広がった。1996年日本科学技術連盟はTQCをTQMに変更し，翌年「TQM宣言」という小冊子にまとめた。製品の質のみならず業務プロセスの質，経営システムの質の向上を狙った総合的品質管理（TQM）を指向した活動に方向を定めた。[30]

　これまで説明してきた内容を時系列で整理してみると図6.2のようになった。[31] この図は1940年代から2000年代までの経営環境の主な流れと品質管理の主な活動について整理している。経営環境では1940年代の幼年期から成長期を経て安定期そしてグローバル環境の流れになっており，経営戦略も生産効率の追求か

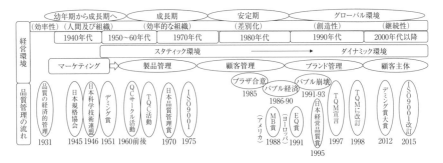

図6.2　経営環境と品質管理の流れ

ら，効率的な組織，差別化，創造性というその時点でのキーワードが存在する。品質管理の流れを見ると1940年代の幼年期から1970年代の成長期にかけてダイナミックな活動をしてきている。1985年のプラザ合意を分岐点としてバブル崩壊に見舞われ，TQC活動が停滞したと考えられる。そして「TQM宣言」によって新しい活動としてのTQM活動，総合「質」経営を宣言するに至っている。経営環境の変化に対応すべくものの品質からものを主体としたステークホルダーを含めた経営の品質に舵を切ったと考えられる。総合「質」経営の中でTQMの理念として「企業・組織の経営の『質』の向上に貢献する経営科学・管理技術である」と，謳われている。[32]経営の「質」という問題は企業活動を行う上での根本であり，TQMという活動を表に出さなくてもどの企業の中にも深く浸透していると考えられる。

6.3.3　TQMの考え方

　品質を考えるときに，作り手と買い手の関係がある。作り手と買い手の関係は需要と供給の関係で捉えることができる。作り手は供給側であり，買い手は需要側である。需要が供給よりも強い場合は供給側優先となり，高い価格で良いものでなくても売れる。供給が需要よりも強い場合は価格を抑え，良い品質でないとものは売れない。競争が激しくなると顧客を強く意識して顧客主体のものを提供することになる。1980年代まで売れに売れた製品は供給よりも需要

の方が強かった製品であると考えられる。しかも日本製品は品質が安定しており，企業ブランドと共に内外を問わず信頼されてきていた。そこに安くて安定した製品が海外で作られ，白物家電を中心として大量に作られた外国製品が市場を席巻していった。現在ではパソコン，携帯等の情報機器が大量に作られ，使用されている。

　1991年に始まったバブル崩壊後，1997年に「TQM 宣言」をした。環境の変化に対応すべく新しい考え方を導入したのである。デミング賞委員会でのTQM の定義は「顧客の満足する品質を備えた品物やサービスを適時に適切な価格で提供できるように，全組織を効果的・効率的に運営し，組織目的の達成に貢献する体系的活動。(2009年10月改訂) 2014年現在」としている。ここでの定義から１つ目は最終的な目的として組織（企業）目的の達成への貢献，２つ目は顧客の満足する品質を適切なコストで提供する，それを実現するために３つ目としてすべての組織を効果的・効率的に運営するとしている。つまり顧客を重視して，企業の組織を効果的に運用し，体系的に組織目標を達成するとしている。ドラッカーはマネジメントとは「組織に成果を出させる道具，機能，機関」と定義しているが，TQM はその中で特に品質を重視したマネジメントであると捉えることができる。

6.3.4　TQM の特徴

　ここで QC サークル，TQC 活動を含めて TQM の特徴をいくつかあげてみることにする。[32)33)34)]

（１）顧客指向

　クレームは発生させてはならない問題である。企業内での不良とは質が違う問題である。顧客目線で品質問題を考え，顧客が満足する製品をいかに提供するかが問われる。使用段階での品質問題に対してデータを収集し，より良い製品にする仕組みをつくることが要求される。

（２）継続的改善活動

　不良ゼロが目標であるが，日々様々な問題が発生する。発生する問題に対処

し，より良い製品を顧客に届けるためには，日々の変化に対して不良が出ない安定した管理をしなければならない。そのためには改善活動を継続することが大切である。日常業務の中に改善活動を含めた業務体系を作る必要がある。

（3）QC ツールを持っている

　品質不良は様々な原因によって発生する。起きてしまった問題であり，必ず原因がある。原因を取り除くことによって元の状態に戻り，継続することができる。原因を追究する道具として定量的な道具として QC 7 つ道具，定性的な道具として新 QC 7 つ道具がある。また開発，設計部門の上流工程で使われている商品企画 7 つ道具を使い，現場では不良を作らない工程を設計する考え方にシフトしてきている。品質を良くする既存の手法をも有効に適用し，現場での品質不良をゼロにする活動が行われている。現場での問題は人に関わるヒューマンエラー問題にシフトしてきていると考えられる。

（4）全員参加の小集団活動

　組織が大きくなればなるほど，経営計画に基づいて人の管理をすることは難しくなる。企業活動をより良い方向に持っていくにはどのような活動をすれば良いだろうか。一つの答えは小集団グループを作り，全員参加で現場を支えることである。現場の中で小集団を組織し，全員参加で同じ方向にベクトルを合わせ，組織力を向上することである。QC 活動のテーマは現場に密着しており，現場で解決できる格好のテーマであり，解決することによって職場のモラール向上にもつながる。

（5）源流管理

　現場で不具合が出るということはその前の工程の問題になる。問題の真因を源流にさかのぼって見つけ出すということである。生産準備前の段階の開発，設計さらに企画段階にまでさかのぼって現場での不具合を無くす考え方である。

（6）QC ストーリーがある

　テーマの選定，課題と目標の設定，方策の立案，最適案の選定，最適案の実施，効果の確認，標準化と定着，反省と今後の対応の手順が標準化されている。手順を標準化した結果，問題に対する改善のスピードが速くなり，多くの問題

に挑戦することができる。QCストーリーが普及し，誰でも改善ができる環境になり，生きがいを見出し，モラールの向上につながっている。

（7）問題解決の方法

　TQMは開発から販売に至るまでを対象として各部門でのツールを使い問題解決の支援をしている。各部門での問題の解析はまずその部門の情報の収集から始まり，実際のデータを抽出し，分析し，結論を導き出すという帰納的方法を取っている。データの解析はアップデートしながら適用している。TQCでは帰納的方法，TQMでは演繹的方法としている。[35] TQMは現場では帰納的方法を用いて問題解決をし，方針管理としてトップダウンで行うときは演繹的方法を使って行っている。与えられた課題によって使い分けている。

（8）環境の変化に対応

　1950年にE・W・デミング博士が来日し，統計的品質管理の指導を行ってから現在に至るまで3つの段階で変化してきた。QCの時代，TQCの時代，TQMの時代である。現在は情報化，グローバル化による設備のAI化に進んでいる。新しいTQMの考え方が出てくるかもしれない。このように環境の変化に対応することが品質に関する対応である。

6.3.5　TQMの有用性

（1）総合「質」経営

　TQMは「尊敬される存在がすべてのステークホルダーとの感動共有型関係の確立によって達成される。」とし，この良好な関係を保障するものは組織能力であり，TQMの直接的な目的であり，そのための基盤技術と方法論を充実するとしている。そしてTQMを中核として組織改善・改革の様々な方法論と融合・統合するとしている。[36] このことからTQMはTPM，TPS等，様々なシステムと有機的に結び合い，より高い質を上げるための経営管理技術を目指しているといえる。つまり時代に応じた戦略的TQMを提案している。

（2）小集団活動・QCサークル

　グループを作って活動することは人と人のつながりを大切にすることであり，

組織力を向上するためにも必要不可欠である。特に組織が大きくなるとトップの方針が行き渡らず，現場の管理が混乱する恐れがある。小集団活動によって意思疎通を行い，仕事のやり方，品質のつくり込み，作業標準の遵守等日常の作業を通じて積極的に参加する個人の体質改善が期待できる。従業員のやりがいからも小集団活動は有用である。

（3）顧客品質の追求

　品質を意識することによって，それぞれの仕事の中で，顧客を意識しながら品質をつくり込むという意識が芽生える。より良い品質をつくり込むことによって不良が減り，付加価値の高いものが生まれていく。そこで働く人のモラールが高まり，より良いものを作ろうとする意識が強くなる。

（4）ヒューマンエラー

　ものをつくる現場から，ものを生み出す上流の工程で品質不良を出さない設計にシフトしてきており，現場での品質不良が減ってきている傾向にある。今はヒューマンエラー問題が顕在化してきているが，品質不良との関連で発生する問題に対して対策が打てる状態になってきている。職場環境にも関連しており，好ましい改善により職場が安定する。

（5）デミング賞

　長く継続している活動にデミング賞がある。デミング賞は多くの人に認知されており，賞の取得を目指すことによって企業の品質が向上する。顧客，従業員にもアピールでき企業の価値も上がる。

（6）企業の目指す方向性

　どのような活動をしてどのような方向を目指すのか，方針管理が明らかになり，目標が明確になる。環境の変化をキャッチしてどのような品質を目指していくのかを明らかにすることができ，全従業員と情報を共有することができる。全従業員のモラールが向上する。

6.3.6　TQM の効果

　TQM は顧客に満足される品質を作りこむためには全社的な活動が必要であ

るとの考え方から企業に導入されており，品質をベースとした組織的活動であり，体質改善に効果があると考えられる。特に品質を意識することにより，より良い品質を目指すという考え方がそこで働く人に伝わり，モラールが向上するといえる。TQM は全社的活動として日常の中で行われれば，効果が出てくるが，一部の部署のみで行っているとすれば，それほど効果は期待できないのではないか。管理の評価指標つまり KPI は一般的に P（生産性），Q（品質），C（コスト），D（納期），S（安全），M（モラール），E（環境）で評価されるが，TQM はその中の Q，品質を主体とした活動である。現在では経営の総合「質」をうたっているが，品質をベースとした経営システムの質と解釈できる。品質問題はクレームやリコールとして負の問題になり，経営指標の成果として表面化しにくい側面を持つ。従って TQM 活動のみを行っても労多くして功少なしとなる場合があり他の改善活動，例えば TPM，TPS，6σ，アメーバ経営とリンケージして活動を推進している企業が多いと考えられる。

　管理指標に効果を出すためには原価低減活動が必要であり，TPM のロスコスト改善活動，TPS の7つのムダ削減活動の考え方を取り入れた TQM 活動を推進すると，管理指標に効果が出る活動になっていくと考えられる。

6.4　アメーバ経営

6.4.1　アメーバ経営の背景と歩み

　アメーバ経営は，京セラ創業者の稲盛和夫が考案した経営の考え方である。アメーバ経営の手法は，小さな町工場だった京セラの事業を飛躍させる原動力となり，京セラはグローバル企業へと成長した。この成功により，アメーバ経営の手法は1990年代以降に脚光を浴び，多くの企業に導入されていった。

　1959年に創業した当時の京セラは，資本金300万円，従業員28人の小さなベンチャー企業であった。当時の稲盛は経営者というよりもむしろ技術者であり，経営の知識や経験がなかったといわれている。そのため，経営の問題に直面すると，たびたび頭を悩ませたという[37]。創業したばかりの京セラで，かつて経験したことのない経営の舵取りに対峙する中で，経営者としての正しい意思決定

は何かという「問い」が生まれたのではないだろうか。稲盛は，このような「問い」に対して，「人間としての正しさ」に基づいた普遍的な倫理観を物事の判断基準とした「全従業員の物心両面の幸福を追求すると当時に，人類，社会の進歩発展に貢献すること」という経営理念を定めた[38]。この経営理念は，経営者と従業員の心を結びつけ，仲間意識を醸成したとされている。

　創業時の混乱の後，京セラはファインセラミックの分野において，新規性の高い製品を次々と開発し，事業を拡大していった。28人でスタートした従業員数は瞬く間に数百人規模まで増加していった。一方，好調な製品開発とは相反して，組織のマネジメントが不完全になっていったという[39]。拡大する売上高や，増加する従業員数に対して経営の仕組みづくりが追い付かず，管理ができない状態になった。これは，一人の経営者が管理できる従業員の数は限られており，組織の拡大に合わせてマネジメントの方法を進化させなければならないことを示している。

　事業の拡大に伴う新たな課題に直面した稲盛は解決策を模索し，従業員を小さなグループに分け，それぞれのグループの管理を信頼できるリーダーに任せる方法を考案した。さらに，それぞれの小集団を独立採算とし，自らが京セラ創業時の小さな町工場の経営者だった頃のように，リーダーに小集団の経営を任せるという画期的なアイデアを考案した[40]。以上が，アメーバ経営が生まれた背景である。

　その後は冒頭で述べたように，アメーバ経営の手法は京セラをグローバル企業に飛躍させ，1990年代以降に多くの注目を集めるようになった。さらに，2010年に経営破綻した日本航空の再建にもアメーバ経営が利用され，過去に例を見ないスピードで再生を果たしている[41]。また，近年では，サービス業を中心とした様々な企業への導入が進められている[42]。

6.4.2　アメーバ経営の活用
（1）アメーバ経営のコンセプト，考え方
　アメーバ経営は，企業の経営哲学という根本から作り出された経営手法であ

り，表面的な手法を理解するだけで企業に適用できるものではないといわれている。本項では，アメーバ経営の本質に近づくため，京セラの経営哲学から生まれたコンセプトの整理を試みる。

① 「心と心の絆を強固に結びつける」

　まず第1のコンセプトとして，「心と心の絆を強固に結びつける」という考え方があげられる。アメーバ経営は，経営者と従業員の対立を解消し，小集団グループに属する一人ひとりの参画意識を醸成し，全員参加のモチベーションを引き出すとされている。アメーバ経営では，経営状態を評価した数値情報がアメーバに所属する全員に公開されるという。数値情報は，目標値と現状値を対比させ，そこから導き出される課題を全員の共通認識とするために利用される。また，取り組みの結果によって得られた数値の成果は，やりがいにつながる達成感を共有するために利用される。このような「心と心の絆を強固に結びつける」というコンセプトは，従業員の参画意識を高め，やる気を引き出すことができると考えられる。

② 「経営者マインドを持った人材を育成する」

　次に第2のコンセプトとして，「経営者マインドを持った人材を育成する」という考え方があげられる。アメーバ経営では，特徴的な独立採算の仕組みによって小集団のグループ単位で経営状態を評価することができる。それぞれのグループには，経営者としての権限と責任を任されたリーダーが割り当てられており，自ずと経営者としての意識を持つようになる。このようなマネジメントは，それぞれのリーダーに対して明確な責任を示し，その責任を果たすためのアクションを経営者の視点から執行することを促すものである。アメーバ経営では，このような方法をとることによって，経営者マインドを持った数多くのリーダーを養成し続けているのである。

③ 「合理的かつ素早い対応を目指す」

　最後に，第3のコンセプトとして，「合理的かつ素早い対応を目指す」という考え方があげられる。アメーバ経営では，損益の指標に基づいた合理的な意思決定をスピーディーに実行することを重視している。稲盛の考える合理的な

判断とは,「売上を最大に,経費を最小にする」ことを原則とした極めてシンプルでわかりやすいものであり,誰もが良否を正確に判断することができる。[49] また,アメーバ経営の特徴である独立採算を行うため,「時間当り採算表」と呼ばれる独自の管理帳票が運用されている。この採算表は,経営状態をスピーディーに評価することができるように考えられており,売上高や経費の計画値と実績値を即座に評価することができるという。[50] 月次単位,決算単位の集計を待たずして素早く評価し,「売上を最大に,経費を最小にする」というシンプルな原則に基づいた経営を行うというコンセプトは,アメーバ経営の特徴といえる。

（2）アメーバ経営の制度の導入

　アメーバ経営は,経営の哲学を端的に示すコンセプトと,その哲学を実現するために設計された制度の両面を調和させることが重要である。本項では,稲盛が設計したアメーバ経営を構成する制度について整理する。

① 「小集団のグループを編成する」

　アメーバ経営は,小集団のグループごとに独立採算の制度を適用する点に特徴がある。小集団を細分化する方法については,稲盛によって次の3つの条件が示されている。[51] 1つ目の条件は,「明確な収入が存在し,かつ,その収入を得るために要した費用を算出できること」である。2つ目の条件は,「最小単位の組織であるアメーバが,ビジネスとして完結する単位となること」である。そして3つ目の条件は,「会社全体の目的,方針を遂行できるように分割すること」である。この3つの条件に示されるように,小集団はただ闇雲に分割すれば良いというものではない。小集団に細分化する際は,組織全体を俯瞰し,企業内のサプライチェーンがどのようなつながりを持っているのかを正しく理解した上で,最も効率的に機能するように分割することが重要である。

　また,アメーバ経営では,リーダーの育成も重要な要素の一つである。一般的な組織で配置される管理・監督者の人数に対して,アメーバ経営ではより多くのリーダーが必要となる。組織を細分化して小集団をつくった場合,多くの企業では,リーダーの人材が不足するケースが多いのではないだろうか。稲盛

は，若手をリーダーに抜擢し，育成しながらアメーバの運営をするような方法を提示しているが[52]，運営が軌道に乗るまでにはある程度の時間を要することを想定しておくことが必要である。

② 「時間当り採算表を導入する」

アメーバ経営では，「売上を最大に，経費を最小にする」というコンセプトを実現するため，「時間当り採算表」という特徴的なツールが開発されている。この採算表は，売上高に相当する項目と必要経費をあげ，その差を集計することで採算が一目でわかるツールである。経営数字をリアルタイムに指し示すことができるため，目標を達成するためのインジケーターであり，飛行機のコックピットに並ぶメーターのような役割を果たすとされている[53]。この採算表は小集団ごとに運用され，採算を改善するためのPDCAサイクルを回す原動力となる。

③ 「アメーバ間の評価単価を決める」

アメーバ間でもものやサービスを売買するためには，売価を設定する必要がある。一般的な企業では，このような小集団間の売価を設定する必要性がないため，これもアメーバ経営を構成する特徴的な取り組みの一つである。売価の設定値が適切でなければ，特定の小集団にとって有利な条件，または，不利な条件となってしまい，アメーバ間の健全な競争に支障をきたす恐れがあるため注意が必要である。売価を公平に設定するための明確な計算式が存在せず，また，市場の競争によって価格が決定するプロセスも適用されないため，経営のトップによる公正な決定が求められるという[54]。そのため，売価は一度決めたら確定するのではなく，ある程度の期間を過ぎたら見直すなどの運用ルールを前提とするのが良いと思われる。このような問題について稲盛も「アメーバ経営では自分の組織を守るという思いが人一倍強くなるために，部門間の争いが激しくなり，会社全体の調和が乱れやすいのである」と指摘している[55]。そのため，アメーバ経営では，倫理観を大切にした経営の哲学を土台とすることの重要性が強く指摘されている。

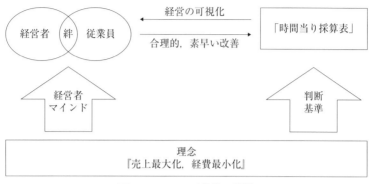

図6.3　アメーバ経営の特徴

（3）手法の特徴

　以上をまとめると，アメーバ経営とは，確固たる理念を土台とし，細分化した小集団ごとに採算性を評価し，合理的な経営判断をスピーディーに行いながら全員参加の経営を目指す，独創的な経営手法であるといえる。この考え方を図6.3に示す。

6.4.3　アメーバ経営の有効性

（1）京セラにおける有効性の検討

　アメーバ経営の有効性を確認するため，京セラの歴史からその効果を確認する。創業当時の京セラは小さなベンチャー企業であった。好調な新製品の開発を背景に事業を拡大していくが，経営者と従業員との間に生まれた意識のギャップや，従業員数の急激な増加によって生じた問題が次々に顕在化するようになった。このような課題に対応する経営手法として生み出されたのがアメーバ経営であることは前述した通りである。そして，アメーバ経営が京セラを急成長させるための原動力となり，今日では日本を代表するグローバル企業となっている。

　このような実績から，アメーバ経営は，京セラの創業当時からグローバル企業となった今日に至るまで一貫して有効に機能していることが確認できる。こ

の結果は，アメーバ経営が企業規模の大小を問わず，小さな町工場からグローバル展開する大企業にまで，広く適用可能な経営手法であることを示唆している。

（2）日本航空における有効性の検討

　日本航空は，バブル崩壊後の経済不況によって業績が低迷し，リーマンショック後の2010年1月に2兆円を超える負債を抱えて倒産した。その後，2010年2月に稲盛が会長に就任し，アメーバ経営による経営の再建が開始された。

　当時の世論は日本航空の再建に懐疑的な見方が多数を占めていたが，結果的には稲盛の再建策が功を奏し，再建が開始された初年度には営業利益を獲得することができている。[56]

　ところで，日本航空は航空運輸業に属する企業であり，アメーバ経営を生み出した製造業の京セラとは環境が大きく異なる。このような異業種の企業においてアメーバ経営が経営再建に貢献したことは，この手法が他業種への横展開が可能であることを示している。また近年では，医療，ホテル，学校などのサービス系の業種でもアメーバ経営が注目されており，横展開が進められている。[57]

　なお，アメーバ経営と同様に他業種への展開が積極的に行われている事例の一つとして，トヨタ生産方式があげられる。トヨタ生産方式は製造業で生まれたが，現在では運輸業，サービス業などの広い産業領域に活用の場が拡大している。アメーバ経営は，トヨタ生産方式のような他業種への横展開の可能性を持ち，様々な企業の環境や風土に合わせて導入することができる可能性を秘めている。このような特性が存在する理由は，原理原則に則った理念が土台としてあり，表面的な手法に終始しないという特徴を反映したものであると考えることができる。原理原則に則った理念が存在する点は，アメーバ経営とトヨタ生産方式に共通する。

（3）アメーバ経営が有効と考えられる領域

　ここまでに述べた京セラと日本航空の事例に基づいて，アメーバ経営が有効に機能する業種について図6.4のような整理を試みる。図6.4は，横軸に企業の規模，縦軸に業種を表している。

図6.4　アメーバ経営の適用可能範囲

まず，アメーバ経営が有効に機能する企業の規模について検討する。アメーバ経営は，京セラが小さな町工場だった創業当時から，グローバルな大企業となった現在に至るまで，継続的に京セラの成長を支えてきた実績がある。また，日本航空のような大企業だけでなく，現在では多様なサービス業種への横展開が積極的に進められている。以上の実績から，アメーバ経営が有効に機能する企業の規模は，小規模から大規模までの広い領域であると考えることができる。

次に，アメーバ経営が有効に機能する企業の業種について検討する。アメーバ経営は，製造業でスタートし，航空運輸業，サービス業に横展開がなされてきた実績がある。前述した通り，アメーバ経営の核は原理原則に則った理念であり，表面的な手法ではない。そのような特性を考慮すると，アメーバ経営は幅広い業種に適用可能であることが考えられる。

6.4.4　アメーバ経営の特徴

（1）日本的経営の特徴

年功序列，終身雇用といった雇用制度は，戦後の日本企業で多く用いられた特徴的な人事評価制度である。この人事制度は，1960年代の高度成長と適合し，その後も長年にわたって広く採用されている。[58)] バブル崩壊後の近年では，成果

や能力に比例した報酬を従業員に配分する方式にシフトする傾向が高まっているが，一方では非正規労働者の増加や所得格差の増大を背景に，年功序列や終身雇用の有効性が見直される動きもある。このように，現在の企業においても日本では年功序列や終身雇用が経営に定着しているといえる。

日本的な人事評価制度に対して，アメーバ経営は経営の数字を詳細かつ鮮明に可視化し，従業員が経営に対して貢献した成果を公にするものである。これは，日本型の対をなす欧米型の成果主義に近いもののように思われる。

しかし，アメーバ経営は短期的な成果だけで人事評価をするのではなく，理念を理解して中長期的に事業の成長にチャレンジできる人材を評価するといわれている。稲盛は，チャレンジして失敗した社員の方が，チャレンジせずに成功した社員よりも評価が高いという評価基準を示している[59]。また，アメーバ経営では，短期の成果で個人の報酬に極端な差をつけることはなく，一生懸命に長期にわたって実績をあげた人に対して，昇給，賞与，昇格などの処遇に反映させているという[60]。

このような人事評価制度は，年功序列や終身雇用の良さを取り入れたものであり，従業員の働きやすさに直結しているものと思われる。

（2）問題点

アメーバ経営を成功させるには，理念の共通的な理解，経営者と従業員の絆，ツールの適切な運用といったすべてを満たすことが求められる。経営者と従業員がアメーバ経営の本質を深く理解し，共感できなければ成功はない。そのため，アメーバ経営の表面的な部分だけを切り取って企業運営に適用することや，経営の原理原則に反した理念によって組織をまとめようとしても，狙った効果を発揮しないばかりか，業績を悪化させてしまうような事態になりかねない。

また，アメーバ経営を企業が導入する場合は，企業理念，組織，会計，業務の流れ，人事評価制度など，企業全体の重要なシステムを大幅に変更することになる。万が一，導入に失敗するようなことがあれば，元に戻すことは容易ではないであろう。そのため，周到な準備のもとで必ず成功させるという覚悟が求められるのではないだろうか。

6.4.5　アメーバ経営の継続性と今後の方向

（1）どのように企業に浸透していくのか

　稲盛が日本航空の再建で実行した改革は，新たな理念の確立と従業員のマインドの転換，そして，採算表による収益の可視化と合理的かつ素早い業務改善であるといわれている。[61]　アメーバ経営は，表面的な手法によって構成されるのではなく，従業員のマインドを変革するところに本質がある。一般的に，人の考え方を変えることは難しく，長い時間を要すると思われがちであるが，日本航空ではそれを含めて極短期間で改革を実現できた。従業員の共感なくして，マインドが変革されることはない。稲盛は，経営幹部を集めて1か月間にわたるリーダー教育を行い，新しい理念の浸透を図ったとされている。[62]　人は，変革を好む者ばかりでなく，安定を好む場合が多い。アメーバ経営が求めるマインドの転換は，このような状況を打開するだけの熱意を持った，トップの姿勢が求められるのではないだろうか。

　今日の日本では，慢性的な人材不足，熟練者の高齢化，そして世界的なパンデミックの影響による売上高の減少など，緊急な改善を要する課題が多い。もしこのような状態を早急に改善することができなければ，企業の多くは収益の減少，事業の縮小，廃業などの危機を迎えることが間近に迫ってきている。このような課題が現実となれば，日本企業が持つ技術力や地域に根差した産業が失われ，経済全体が萎縮していくであろう。

　このような危機的な状況は，変革を後押しする。各企業がかつての日本航空のような危機に陥った時，アメーバ経営のような経営手法が再び注目され，導入が加速されるのではないだろうか。

　以上日本のものづくりシステムを説明した。11章で4つのものづくりシステムについて比較し，継続するための3つの原則を導き出す。

注
1）野村重信（2020）『リンケージ・マネジメント』学文社，p. 111
2）日本プラントメンテナンス協会（2018）『TPM 入門』日刊工業新聞社，p. 8

3）中嶋清一（1992）『生産革新のための新 TPM 入門』日本プラントメンテナンス協会，p. 2

4）中嶋清一・白勢国夫監修，日本プラントメンテナンス協会編（1992）『生産革新のための新 TPM 展開プログラム』JIPM ソリューション，p. 1

5）日本プラントメンテナンス協会編（2002）『21世紀 FirstAge の TPM 潮流』日本プラントメンテナンス協会，p. 10

6）村瀬由凧（2018）『アドバンスド―TPM の考え方・進め方―』三恵社，p. 24

7）前掲 1），p. 121

8）前掲 4），p. 426

9）前掲 2），p. 8

10）前掲 6），p. 24

11）前掲 4），p. 426

12）前掲 6），p. 17

13）前掲 2），p. 144

14）大野耐一（1978）『トヨタ生産方式―脱規模の経営をめざして―』ダイヤモンド社，pp. 14-18

15）野地秩嘉（2018）『トヨタ物語』日経 BP，p. 61

16）前掲14），p. 60

17）前掲14），p. 138

18）前掲14），p. 9

19）前掲14），p. 175

20）図6.1TPS の歩みを作成するにあたり，多くの文献等を参考にした。次の文献である。大野耐一（1978）『トヨタ生産方式』ダイヤモンド社；日本能率協会編（1978）『トヨタの現場管理』日本能率協会；門田安弘（1987）『ジャスト・イン・タイム』日本生産性本部；佐武弘章（1998）『トヨタ生産方式の生成・発展・変容』東洋経済新報社；野地秩嘉（2018）『トヨタ物語』日経 BP，大野のトヨタ生産方式をベースとして，他の文献を参考にした。TPS を推進している生産調査室のメンバーからも情報収集した。

21）前掲14），p. 8

22）トヨタ自動車工業（1973）『トヨタ生産システム―トヨタ方式―』トヨタ自動車工業，pp. 48-49

23）日本能率協会編（1978）『トヨタの現場管理―かんばん方式の正しい進め方―』日本能率協会，pp. 23-27

24）堀切俊雄（2016）『トヨタの原価』かんき出版，pp. 3-7，122-139

25）前掲22），pp. 92-97

26）TQM を新しく提案した著書である。TQM 委員会編著（1998）『TQM21世紀の総合「質」経営』日科技連，pp. 13-28

27）統計学を応用した最初の品質管理に関する本である。シューハート著，白崎文雄訳（1952）『工業製品の経済的品質管理』日本規格協会，pp. 144-158

28）TQM を俯瞰して解説している著書である。中條武志・山田秀編著（2006）『TQM の基本』日科技連，pp. 4 - 5

29）QC サークルは石川薫が命名し，その後，一般に普及していった。石川薫（1962）『現場と QC』創刊号，日本科学技術連盟

30）前掲28），pp. 4 - 6

31）TQM の歩みを作成するにあたり多くの文献を参考にした。野村重信（2020）『リンケージ・マネジメント』学文社；三谷宏治（2012）『経営戦略全史』ディスカバー・トゥエンティワン；江頭亮（2016）『経営戦略論』産業能率大学出版部；フィリップ・コトラーほか著，藤井清美訳（2017）『コトラーのマーケティング4. 0—スマートフォン時代の究極法則—』朝日新聞出版；日科技連問題解決研究部会編（2008）『TQM における問題解決法』日科技連；TQM 委員会編著（1998）『TQM21世紀の総合「質」経営』日科技連；日本品質管理学会標準委員会編（2006）『TQM の基本』日科技連等

32）前掲26），p. 33，pp. 48-52

33）前掲28），pp. 13-38

34）日科技連問題解決研究部会編(2008)『TQM における問題解決法』日科技連，pp. 7 -11

35）前掲26），p. 91

36）前掲26），p. 328，354

37）稲盛和夫（2006）『アメーバ経営—ひとりひとりの社員が主役—』日本経済新聞出版社，pp. 27-28

38）前掲37），p. 26

39）前掲37），p. 28

40）前掲37），p. 29

41）アメーバ経営学術研究会編著（2017）『アメーバ経営の進化—理論と実践—』中央経済社，pp. 1 -40

42）前掲41），pp. 41-60，61-100，101-120，153-184

43）稲盛和夫（2017）『稲盛和夫の実践アメーバ経営—全社員が自ら採算をつくる—』日本経済新聞出版社，pp. 17-24

44）前掲37），pp. 49-53

45）前掲37），p. 57

46）アメーバ経営学術研究会編著（2010）『アメーバ経営—理論と実証—』丸善，pp. 8 -11，15-17

47）前掲37），pp. 54-56

48）前掲43），p. 93

49）前掲43），pp. 94-95

50）前掲43），pp. 150-154

51）前掲43），pp. 70-76

52）前掲43），pp. 201-206

53) 前掲43), p. 32
54) 前掲43), pp. 126-127
55) 前掲37), pp. 71-78
56) 前掲41), pp. 1-4
57) 前掲41), pp. 41-60, 61-100, 101-120, 153-184
58) 鈴木滋（2002）『エッセンス人事労務管理』税務経理協会, p. 127
59) 前掲37), pp. 247-254
60) 前掲37), p. 91
61) 前掲46), pp. 1-18
62) 前掲46), p. 6

参考文献

藤本隆宏（2004）『日本のもの造り哲学』日本経済新聞出版社
坂本清（2017）『熟練・分業と生産システムの進化』文眞堂
OJT ソリューションズ（2013）『トヨタの育て方』KADOKAWA
OJT ソリューションズ（2017）『トヨタの現場力』KADOKAWA
佐々木眞一（2015）『トヨタの自工程完結』ダイヤモンド社
OJT ソリューションズ（2017）『トヨタの習慣』KADOKAWA
佐武弘章（1998）『トヨタ生産方式の生成・発展・変容』東洋経済新報社
小川英次編（1994）『トヨタ生産方式の研究』日本経済新聞社
門田安弘（1991）『新トヨタシステム』講談社
TQM 委員会編著（1998）『TQM21世紀の総合「質」経営』日科技連
山田雄愛・岡本眞一・綾野克俊（2002）『文科系のための品質管理』日科技連
日科技連問題解決研究部会編（2008）『TQM における問題解決法』日科技連
日本品質管理学会標準委員会編（2006）『TQM の基本』日科技連
米岡俊郎・中村聡（2020）『TQM 推進によるビジョン経営の実践』日科技連
味方守信（1997）『日本経営品質賞 評価基準』日刊工業新聞社
野村重信・福田康明・仁科健『近代品質管理』コロナ社
猪原正守（2009）『新 QC 7つ道具』日科技連
青木保彦・三田昌弘・安藤紫（1998）『シックスシグマ』ダイヤモンド社
石原勝吉（1986）『TQC 活動入門』日科技連
朝香鐵一・石川馨・山口襄監修（1988）『新版品質管理便覧 第2版』日本規格協会
佐々木脩（1992）『実践品質管理』日刊工業新聞社
古谷浩（2007）「品質管理概念の経営学的考察とトータル・クオリティ・マネジメントの構想化」『信州短期大学紀要』第19巻, pp. 8-19
日本科学技術連盟「TQM・品質管理 TQM とは」
　www.juse.or.jp/tgm/about/03.html（2021. 2. 4）
稲盛和夫（2014）『京セラフィロソフィ』サンマーク出版

第7章　ものづくり経営とSDGs

7.1　認知度向上したSDGsと経営の実践課題

　企業広告や電車の車内広告にSDGsという言葉とカラフルなロゴマークを見るようになって久しい。株式会社電通が実施した第5回SDGsに関する生活者調査[1]（2022年4月27日発表）によると，SDGsに関する認知度は86.0%（「SDGsに関して内容まで含めて知っている」34.2%，「内容はわからないが名前は聞いたことがある」51.8%）との結果が出た。前年同時期54.2%と比べると大幅な増加で，一般生活者の認知度は高まった。それでは企業経営者ではどうか。日本能率協会（JMA）が2020年に法人会員ならびに評議員所属会社，およびサンプル抽出した全国主要企業の経営者(計5,000社)を対象に行った調査によると，SDGsに関し，既に約9割の企業経営者が「知っている」と答え，6割超の企業が取り組みを実施していると答えている。回答した8割超の企業がSDGs推進における課題として，「自社の取り組みに対する社員の認知度の向上」「具体的な目標の設定」をあげるなど，現場の取組みにはまだ課題が多い状況であった。[2]

　SDGsへの企業の取組みは強制ではないが，日本企業も意識的に対応しないと市場で取り残される可能性がある。特にサプライチェーンに組み込まれているものづくり企業にとっては大小規模を問わず，今後はますます市場の要望として持続可能なものづくりが求められる。経営者に求められることは，見せかけの取組みではなく，SDGsが示唆する本質を「問い」としてとらえ，企業理念を再確認または再定義し，自社の存在意義を明確にすること，そして自社の「あるべき姿」を従業員と共に描き，その姿を目指した変革を実践することである。本章ではSDGsの本質や成立の背景に触れながら，SDGsの視点から今後のものづくり経営の課題を考える。

7.2　SDGs とは

　SDGs とは Sustainable Development Goals（持続可能な開発目標）の略称で，2015年9月に国連の持続可能な開発サミットで加盟国193カ国の総意として採択された国際的な行動目標である。国内外で拡大する貧困と格差，「地球の限界」がもたらした気候変動や生物多様性の喪失など，今後人類に深刻な状況をもたらすであろう慢性的な危機に対して，2030年という年限を切り，17のゴールと169のターゲット，232の指標を示して「持続可能な経済・社会・環境」に移行することにより，これを克服することを目的としている[3]。図7.1は国連が定めた SDGs の17のゴール（目標）を示すアイコンである（各アイコンが示すゴール内容は注に示した外務省ホームページ等を参照されたい[4]）。

　SDGs の1から17の目標は一見，独立した別々の課題のように見えるが実際はすべてつながっている。この「つながりに気づくこと」が SDGs を理解する本質の一つでもある。SDGs の目標のつながりを想起させる概念図はいろいろあるが，スウェーデンのストックホルム・レジリエンス・センターのヨハン・ロックストローム博士が考案した図7.2「SDGs ウエディングケーキモデル[5]」

図7.1　SDGs の17の目標アイコン

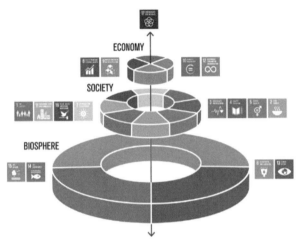

図7.2　SDGs ウエディングケーキモデル

を引用し，つながりの説明をしてみよう。これは，SDGs の目標17をケーキの頂点として，その下の3つの階層「生物圏」「社会圏」「経済圏」で構成される3次元モデルである。この3つの階層の並び方はそれぞれ意味があり，「経済活動」は，持続可能な生活や教育などの社会条件が整うことによって成り立ち，経済活動を含む「社会活動」は，最下層の「生物圏」によって支えられていることを概念的に表している。経済活動も社会活動も，人類を含めた生物の土台である環境（自然の営み）無くしては成り立たない。この概念図では人類の経済と社会は生物圏の埋め込み部分であることも意味しており，すべての課題はつながっていることを視覚的により鮮明に理解できる。

　まず「生物圏」は，私たちが地球上で暮らす上で必要不可欠な要素を意味し，すべての生物の営みを支える土台としてウエディングケーキの一番下に位置づけられ，"環境問題" や，"気候変動" を含む4つの課題目標（6，13，14，15）が表されている。2030年までに大胆な対策を打たないと手遅れになるといわれ，課題への対応が急務となっている領域である。この土台の一つ上に位置する「社会圏」には，人類が不自由なく生活し，働けるような世界を作り上げるための

目標（6を除く1～7と11，16）が含まれている。「経済圏」では，社会で働く人々の“働きやすさ”や，人や国に対する不平等をなくし，地球にやさしいものづくりや新技術など，国や世界の経済発展につながる目標（8～10と12）が課題として掲げられている。

　この，「経済圏」「社会圏」「生物圏」の3層から構成されるSDGsウエディングケーキ，その頂点には目標17「パートナーシップで目標を達成しよう」が設定されている。この目標17では，国や企業をはじめとした全世界の人々がパートナーシップを組むことで，持続可能な社会を作り上げることを課題にしている。「経済圏」「社会圏」「生物圏」それぞれの層においての自分の役割を世界中の国や人々が理解し，パートナーシップを組んで全課題に取り組まなければケーキは崩れてしまう。この概念図を現状の世界の状況で見つめ直した時，ウエディングケーキはかなりほころびがあり土台が崩れている姿であると容易に想像できる。各々の圏域は不可分であり，それぞれにあるすべての課題，起きている事象はつながっている。その複雑に絡まったつながりの因果関係を明らかにし，抱える課題を具体的に解決し，経済圏，社会圏，生物圏からなる美しいウエディングケーキに修復することが人類に託されている。

7.3　SDGs の「つながり」とものづくりの「リンケージ」

　ものづくり企業に直結するSDGsの課題に関して考えてみよう。先にあげたSDGsのアイコン12「つくる責任つかう責任」は，持続可能な生産消費形態を確保するという目標である。またSDGsの本質の一つは，すべての問題はつながり，そのつながりに気づくことであると先に述べた。ここではものづくりとSDGsの「つながり」を「リンケージ」の観点から考える。リンケージとは「要素がつながり互いにかかわりあっていること」と定義され，①つなぐという止揚リンケージ，②つなげるという補完リンケージ，③つながるという包摂リンケージの3つの意味を持っている。SDGsが対象とする各要素のつながりは，リンケージの考え方で整理でき，ものづくり経営に新たな視点を与えることができるのではないか。つながりを考えるにあたってはパーム油を原材料とする

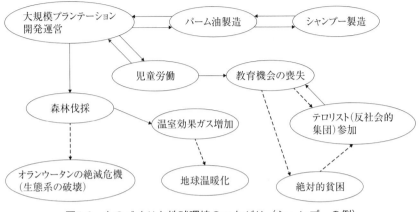

図7.3　ものづくりと地球環境のつながり（シャンプーの例）

シャンプーを取り上げる。その生産と地球環境とのつながりを簡単に表したものが図7.3である。[8]

　シャンプーを製造するために原材料であるパーム油を調達する。調達には利益を確保するために原材料コストをできるだけ抑えて調達したいというインセンティブが働く。それに対しパーム油製造会社は，製造原価を下げ受注量を増やす工夫をする。その解決策の一つが大量生産による原価低減のための大規模農園開発である。用地確保に熱帯雨林の森林が伐採され，森林がアブラヤシの大規模プランテーションに変わる。それによりパーム油は大量生産され，原価低減となり受注量を増やしシャンプーの生産も続いていく。一方，森林伐採はオランウータンに象徴される生態系を破壊し，かつ森の二酸化炭素吸収力を奪うので温室効果ガスの増加につながり，地球温暖化へとつながる。それだけではなく森林伐採や農園の運営で，児童労働が利用されたり，あるいは無許可の森林伐採や伐採の許可を取るために汚職や不公正な手続きが発生したり，熱帯雨林の先住民にとっては生活を奪われることにつながる可能性もある。仮に児童労働があった場合，それは教育の機会を奪うことにつながり，将来的には絶対的貧困を生み，その先反社会的な活動につながる可能性があるなど，地球環

境や社会生活に悪影響を与えるまたはその可能性があることがわかる。

このつながりをもう少しリンケージの視点から見直してみる。あらためて図7.3のつながりを見る。リンケージの基本要件は，①2つ以上の対象が存在する，②少なくとも一方向につながりがある，③1つ以上の双方向につながりがある，④ある目的をもってつながっている（但し，自然，社会現象を除く），⑤つながりには強弱が存在する，⑥対象によってつながりの意味合いが異なるの6つである。これらの要件の内，必須要件である①を満たし②から⑥までの内一つ以上満たしていればリンケージが成立しているとされる。本件のつながりは基本要件①を満たし②③⑤⑥も満たしている（④は一部のつながりは満たしている）のでリンケージは成立し，複合的リンケージ状態であるといえる。一方，④の要件だけで関係を見直した場合，いくつかの関係は人が目的（責任）を持ってつなげたものではない関係でありそこは要件を満たさない。要件を満たさない矢印を破線にしている。破線がつなぐ先は，生態系の破壊，地球温暖化，絶対的貧困の増加，テロリスト参加であり，無責任な行為が招く深刻な問題が浮かびあがる。つまり，この図は，最後まで目的（責任）をもってつながっていない状態で行うものづくりが，自然や他の生物そして遠い国の社会を大きく毀損しつづけており，SDGsの目標1.「貧困をなくそう」，2.「飢餓をゼロに」，4.「質の高い教育をみんなに」，13.「気候変動に具体的な対策を」，15「森の豊かさを守ろう」の課題を生みだす原因となっていくことを表している。この事例でSDGsが示唆していることは，ものづくりにおいては原材料の調達から生産後の消費，廃棄に至るまで，人が目的（責任）を持ったリンケージでつなぐこと，それはすなわち，「社会圏と生物圏へ負の影響を出さないものづくり」を意味し，それこそが目標12.「つくる責任，つかう責任」であるということである。実現するのは技術的にもビジネス的にも自社だけではどうにもならないいろいろな困難を伴う。地球環境にやさしいものを作ることはものづくりの各要素の利害がぶつかることが多く，それを超えたつながりを構築する（これは止揚リンケージとなる）ことが必要で，それは関係者間で「共通価値の創造」つまりリンケージ・バリューを生み出す大きなチャレンジとなる。「安くてよ

いものづくり」から，「地球に貢献するものづくり」という「ものづくりの変革」とともに「消費者の意識変革」も伴う。幸い近年のSDGsの認知の広がりで，消費者の意識は急速に変わりつつあり，購買理由に地球環境や社会にやさしいかどうかを判断基準にする消費者も増えてきている[12]。ものをつくる原料調達から廃棄，あるいは再生するグローバル規模での循環型のものづくり生産システムの構築が急がれる。

7.4 SDGs誕生の歴史的な背景とMDGs

SDGs誕生の歴史的な背景と関連する動きについて述べる。

SDGs誕生の背景には「環境」と「開発」の2つの流れがある[13]。「環境」の流れは1987年の「環境と開発に関する世界委員会」が提出した報告書「我々の共通の未来」から始まる。この中で「持続可能な開発 Sustainable Development」の概念が提示されたことが1992年のブラジルのリオ・デ・ジャネイロでの世界初の地球環境問題に関する国際会議「地球サミット（環境と開発に関する国連会議）」開催につながった。そしてその会議にて水，土地利用，気候，大気，海洋など環境問題の解決に向けた議論がなされ，20年後の2012年に再度リオ・デ・ジャネイロにおいて，リオ＋20サミットが開催されることが決められたことで，一連の地球環境問題解決のための流れが形成された[14]。一方，「開発」の流れは，従来からの途上国に対する貧困撲滅や公衆衛生の向上などを含む開発協力の流れであり，「ミレニアム開発目標（MDGs：Millennium Development Goals）」，が直近となる。MDGsは2000年の国連ミレニアム・サミットでの宣言を基にして2001年に同年から2015年までの間に達成する目標として策定され，8つのゴール，21のターゲット，60の指標の3層構造であった[14]。SDGsはこれら2つ（「環境」と「開発」）の流れを統合し，さらにその対象を開発途上国，先進国を含むあらゆるステークホルダーに広げているところが従来の取り組みとの大きな違いである。そして事前に関係者間の議論に3年の歳月をかけ[15]，2015年9月25日に国連の持続可能な開発サミットにて193カ国全会一致で採択された。採択されたアジェンダにはSDGsの本質ともいえる大きなキーワードであ

る「我々の世界を変革する」そして「誰一人取り残されない」が書かれてある。そしてさらに重要なことが2つある。一つ目は開発も環境も，今や途上国だけでなく，先進国の直接的問題でもあることを全世界が共有したこと。2つ目はその地球的な課題解決を企業に「奉仕」ではなく，「営利活動」としてコミットすることを期待したことである。

　企業が営利活動として参加することで必要な資金をみずから調達し，課題解決に挑み，その果実を得るという国際協力分野への本格的な市場原理が導入された。つまりSDGsは全世界の全セクターが共通の理想を掲げ，従来の価値観を変えることで各々の立場で持続可能な形で国際協力にコミットする。そして官民連携でのアプローチよりもっと踏み込んだ民間主導によって課題解決を図ろうとした。これは従来の国際協力の延長であったMDGsから大きく変わった国際協力のパラダイムシフトであると言える。

7.5　PRI（責任投資原則）からESGへ

　国連がSDGsに企業活動をコミットさせることに成功した背景には，国連（国連環境計画／UNEP）が2004年ごろから金融業界に働き掛け，金融，投資の観点から地球環境が企業価値（株価）を下げる危険性について世界中の金融機関の研究に基づいた実証的なレポートを出し[16]，金融（投資）と地球環境問題とを結びつけたことがその先駆けとされる。これはその後，2006年の当時の国連のコフィ・アナン事務総長のPRI（責任投資原則：Principles for Responsible Investment）の発表につながり，ESG（環境・社会・企業統治）投資の世界的な起点となった。PRIとは名前の通り投資家が投資するその意思決定プロセスに環境，社会，企業統治の観点を入れた6つの原則[17]にコミットした上で投資するということである。投資先が環境に配慮しない短期利益追求の企業である場合は，投資の中止や減額を実施する。環境に配慮した企業活動を行っている場合は，そこを評価し投資を増額して企業価値を高めるという原則に署名するというものであった。その後本格的にESGが動き出したのは2015年12月12日パリで開催した第21回国連気候変動枠組み条約締結国会議（COP21）で新たな地球温暖化

対策の仕組みであるパリ協定合意後からである。

　この協定によって一気に環境問題と金融が結びつき，ESG 投資が伸びることとなった。[18)] SDGs と ESG の関係は SDGs が目標であるのに対して ESG は目標達成の手段であるといわれている。[19)] パリ協定締結をきっかけに ESG の仕組みが市場の同意を得たことは，国連が地球的な課題を解決するための必要な資金と技術力を企業活動に求め，それが受け入れられたことを意味している。今や，企業の SDGs への積極的な参加が望まれている。

7.6　資本主義の再構築と新たな市場としての SDGs

　投資家が ESG の考え方を支持し，ESG がここまで発展してきた背景には資本主義の在り方を見直そうとする世界的な流れも影響していると思われる。アメリカの経営者団体であるビジネス・ラウンドテーブルは2019年 8 月19日に "Statement on the Purpose of a Corporation" という声明を発表し，企業は株主の利益を最大限にすることを目的とするという従来の株主資本主義の考え方を改め，従業員や取引先，顧客など広くステークホルダーの利益を重視するステークホルダー資本主義の考え方に転換する宣言をした。この考え方は日本人にとっては日本の伝統的経営観と親和性があり，違和感がないものであるが，アメリカ人にとっては大きなパラダイムシフトとなったのではないか。アメリカはまさに資本主義の再構築[20)]という価値観の変化の中で SDGs とともに新たなビジネスにスピード感を持って取り組んでいる。米アップル社が2020年 7 月に発表した「カーボンニュートラル宣言」はその象徴の一つである。同社は自社のエネルギーをすべて再生エネルギーで賄ったうえで，取引先にも同様の対応を求めている。その要望を受け入れた取引先は2021年 3 月末には110社を超えた。[21)] 競争の市場は皮肉にも従来は収益が出づらい公的部門の領域，いわば人類共通の普遍的な倫理観や道徳的価値などが関係する「社会善」[22)]の領域が多い。

　従来，企業はこの領域では CSR（企業の社会的責任）の観点から寄付や無償奉仕でかかわってきた。しかし今やこの領域は様々な技術的イノベーションと関係者の「思考」と「嗜好」の変革により条件が変われば，新たな市場価値が

生み出される可能性のある「新しい市場」となった。2006年に発表されたポーターのCSV（共有価値の創造）[23]の考え方は「社会課題の解決という新たな市場」形成に大きな影響を与えている。このCSVに理論的根拠も得て，この「社会善」の領域が企業にも「新たな価値」創造の市場として開放され，今後激しい競争が繰り広げられる可能性がある。「社会善」の領域を営利活動の対象としてとらえ直す価値観には賛否両論あるだろう。地球を修復するという本来のあるべき目的を見失い，活動の持続可能性を担保する手段としての利益獲得が目的化し，さらにSDGsの達成が結果として得られない場合，人類にとっては取り返しのつかない結果を招く。目的を見失わず実績をあげるためには，大義を掲げ，善意の企業活動を巻き込み，人類総動員で課題解決の実績を積み上げていくことが重要である。従って日本企業もこの機会を，プラス思考でとらえ直し，「我々の世界を変革する」と同時に，「誰一人取り残されない」というSDGsのキーワードを実現する「善い経営」の実践に多くの企業経営者が「志」を持って果敢に挑戦し，持続可能な経営を実践することが期待されている。

7.7　基本理念としてのSDGsとものづくり経営への導入

国連は民間企業をSDGs達成の重要なパートナーと位置づけ，「SDG Compass—SDGsの企業行動指針—」[24]という手引きを公開している。そこにはSDGsが各企業の事業にもたらす影響が解説され，持続可能性を企業戦略の中心に据えるための方法と知識が提供され，企業がSDGsに最大限貢献できるように5つのステップ（①SDGsを理解する，②優先課題を決定する，③目標を設定する，④経営へ統合する，⑤報告とコミュニケーションを行う）を提示し，それに沿って導入することを推奨している。これは大手多国籍企業を念頭に作成されているが中小企業，そのほかの組織も新たな発想の基礎として必要に応じて変更してこの指針を使用することが期待されている。日本では，経団連が2017年に，Society 5.0の実現を通じたSDGsの達成を柱として企業行動憲章を改定し，加盟している大手企業各社はSDGsに取り組んでいる。[25]

中小企業に関しては，独立行政法人中小企業基盤整備機構近畿本部が2021年

3月に「中小企業のためのSDGs活用ガイドブック」を出し，中小企業経営者に具体的な取り組み方，進め方のイメージを持ってもらうよう実践的な方法や取り組み事例の紹介をおこなっている。SDGs は，企業活動の基本理念に影響するので，その導入は経営判断事項である。大企業であれ中小企業であれ，導入にあたっては経営者自らが SDGs を知ることから始め，経営理念に始まり，従来の取組みとの間で整合性をとる必要がある。基本理念に関しては，筆者の田中芳雄が2012年に「企業の基本理念（人間尊重，社会協調，環境保全）と7つの満足」とする基本理念のフレームワークを示し，本書第2章と『リンケージ・マネジメント』にまとめられている。

このフレームワークは企業が SDGs 導入の際も利用できると考え，新たに考慮すべき点を「SDGs を考慮した7つの満足内容例」として第2章の表2.1に付加したのが表7.1である。企業は SDGs の目標1〜17を自社7つのステークホルダーの満足の観点から見つめ直し，この部分の例を具体的に増やし，経営理念との整合性を取ることで従業員レベルにも自社の「あるべき姿」がより明確となり，今後の課題もはっきりするものと考える。

7.8 SDGs 時代のものづくり経営

経営学は「よいことを上手に成し遂げる方法を探求する学問である。この中で現代の経営学は「よいこと」よりも「上手に」という側面に焦点を絞ることによって進歩してきた」。これは企業経営の実務においても同じことで「よいこと」よりも「上手に」の分野を突き詰めてきたように思う。ものづくり経営については，「生産管理」や「品質管理」の分野でその考え方や手法をいわゆるトップのリーダーシップの下，「現場」が徹底的に「上手に」の分野を突き詰め「ムダ」を排除し，「品質」を高め，ものづくり経営を発展させてきたのが，TPS，TPM，TQM などの日本型ものづくりシステムである。一方，「善いこと」にかかわる経営いわゆる「規範的経営」については，経営者のリーダーシップ論や個人の経営観として扱われることが中心で，定義を含め体系化した理論構築まであまり発展していない。しかしその状況下の中でも日本において

表7.1　SDGs を考慮した企業の基本理念と 7 つの満足

基本理念	No.	利害関係者	7つのリンクの内容	SDGs を考慮した 7つの満足内容例
人間尊重	1	顧客	要請にこたえる機能品質・価格の製品・サービスのタイムリーな提供	ブランドの選択による SDGs への参画要望の実現 顧客の SDGs 達成要請に応える
	2	サプライヤー	適正価格・安定購入・共同開発	サプライチェーン全体で環境・社会に責任を持った原材料・商品の調達供給
社会協調	3	従業員	適正給与 公正処遇 職場環境 教育	ディーセントワーク他，関係目標課題を業務で解決する職場の提供 SDGs native 世代がリードする社内改革とインセンティブの付与
	4	株主	利益計上・投資環境情報公開	ESG による長期・安定的な利益の提供
	5	地域社会	雇用提供 地域交流 共栄	本業での雇用提供 地域の概念を広げ，グローバル社会とのリンケージバリューの創造
環境保全	6	地球環境	資源循環・省エネルギー CO_2削減	循環型ものづくりの追求 自社の KPI（数値目標）の確実実施と地球還元
	7	政府	適正納税 法令遵守	ガバナンスとしての SDGs 利用 企業活動と公的分野のリンケージバリューの創造

（出所）2 章，表2.1の 7 つの満足に筆者加筆

「規範的経営」を体現する第一人者として取り上げられるのが，京セラ会長の稲盛和夫である。その経営手法の一つは「アメーバ経営」として結実し，本書でも 6 章 4 で取り上げた。これは稲盛の経営哲学から生まれた経営管理手法であり，全員経営を実践するための人的モチベーション向上や人材育成の側面も持つユニークな管理手法である。従業員一人ひとりが経営者マインドを持ち全員参加で経営するという考え方は一般的には，「善い経営」の一つの考え方であり，優れた実践理論といえよう。「善いこと」とは何かを探求すると，利害関係者の価値観や正義感にまでさかのぼった議論が求められる[29]といわれるように，ここでいう「善い経営」とは幅広く，且つ何を持ってよいと定義するかは難しい。とはいえ，人類普遍の価値観や正義感などは一般的に「善いこと」の範疇に入ると考える。その意味では SDGs はいわばガバナンス的な意味も持ち，関係者の価値観や正義感とも関係する人類の普遍的な価値観を伴うレベルのものであるので，企業経営の「基本理念」に関係する。また，経営の中に SDGs が組み込まれた場合，それは「善いこと」にあたる経営の実践事例として今後経営学の対象となり，善い経営と善くない経営の実践事例が積み上がっていくものと思われる。「善いこと」に関しては先に述べた通り，定義や判断がまだ十分確立されていないこれからの分野である。おそらく SDGs が対象とする公共的課題分野におけるビジネスのあり方に関しては，今後いろいろな視点で議論が起こるであろう。三方よし（売り手よし，買い手よし，世間よし）に始まる「公」の精神を重視した日本の伝統的な経営観をグローバルな SDGs の時代にふさわしい経営観に進化させ，より「善い経営」の下で一歩一歩スピード感を持って課題を解決し，その成果を日本から世界に発信することが国際社会での存在価値を高めるためにも重要である。

7.9　SDGs 時代のものづくり経営とリンケージ

　SDGs を経営に取り入れ実践する場合は，経営者個人の哲学や信念もさることながら，従業員，さらにはサプライヤーを含めた外部関係者と連携して「善いこと」に徹底的に取り組む組織間でのチームワークが実現できるかどうかも

重要である。SDGsでは原材料の入手の相手先のサステナビリティまでさかのぼって確認し，環境保全に責任を持つことが必要になる。外部での製造や原材料の調達も含めた製造過程におけるチームワークは，本書のテーマであるリンケージの各要素の「つながり」と親和性がある。つながりを高めていくプロセスとしてリンケージを位置づけ，価値観を共有させることでリンケージ・バリューを高めていくことが重要である。

　従来の日本型ものづくりシステムの強みは，人を中心としてきたことである。この点は今後も変わらないし，変えてはいけない。人材育成を現場で行いながら常に技術力の向上を目指し，その過程で様々な技術をすり合わせることで効率と精度を高めながら付加価値を高め，ときにはイノベーションも起こして進化してきた。そして何よりも従業員が熱意と愚直さを持って自律的に改善に励み，さらにチームの一員として行動できる能力（現場力）は世界に類を見ない日本の大きな強みである。現場の愚直なSDGsに対する取り組みを従業員の活性化につなげ，経営者が他社に開かれた取り組みを行うことでリンケージ・バリューを高め，それが新たなイノベーションにつながる。SDGsと人の関係で注意すべきは，次世代の人材と現在の人材との認識のギャップである。2020年以降，教育指導要領にSDGsが入ったことで，SDGsを学校教育で学んできた世代（SDGsネイティブ）がこれからどんどん社会に出てくる。一般的にSDGsネイティブは環境意識が高く，社会に貢献したい意識も強い。SDGsネイティブが社会に出た後のものづくりは，SDGsネイティブの価値観を大切にし，製品そのものを作る技術や品質が生み出す付加価値だけでなく社会課題解決に参加しているという付加価値も一緒に作りこんでいく必要がある。そして，この付加価値を「社会課題解決へのストーリー」として言葉にして目に見えるようにすることが重要である。ものをつくる各々の工程や販売の工程，あるいは日々の経営に社会課題解決に向けた各社のストーリーが織り込まれていくことが次世代のものづくりのあるべき姿であり，「善い経営」の一つのスタイルではないか。従業員は仕事の各工程で，そして顧客はその製品を購入することで課題解決に貢献するという参加意識を持つことができる。顧客と生産者が一体と

なった「課題達成ものづくりリンケージ戦略」がSDGs環境下のものづくりの方向ではないだろうか。

注

1）電通第5回「SDGsに関する生活者調査」ニュースリリース　2022.4.27
　　https：//www.dentsu.co.jp/news/release/2022/0427-010518.html（2022.6.4)
2）「2020年度（第41回）当面する企業経営課題に関する調査」概要
　　（一社）日本能率協会プレスリリース　2020.10.1
　　https：//www.atpress.ne.jp/news/company/1803（2021.6.20)
3）南博・稲場雅紀（2020）『SDGs―危機の時代の羅針盤―』岩波新書, p. ii
4）外務省ホームページ　JAPAN SDGs Action Platform　持続可能な開発目標（SDGs）
　　の概要から筆者作成。各アイコンの詳細も参照されたい。
　　https：//www.mofa.go.jp/mofaj/gaiko/oda/sdgs/pdf/000270935.pdf（2021.6.20)
5）2016年6月14日に『EAT Food Forum』で，ストックホルムレジリエンスリサーチ
　　研究所所長の環境学者ヨハン・ロックストロームと環境経済学者パヴァン・スクデフに
　　より発表された。リサーチニュース　2016.6.14
　　https：//www.stockholmresilience.org./research/researchnews/2016-06-14-how-food-co
　　nnects-all-the-sdgs.html（2021.6.20)
6）ウエディングケーキモデルの解釈は,ストックホルムレジリエンスリサーチ研究所HP
　　とSDGs Media　2020年3月27日記事を参考にした。
7）野村重信（2020）『リンケージ・マネジメント』学文社, pp. 37-38
8）（一社）イマココラボ2030SDGsファシリテーター養成講座（2020.10.23）で取り上
　　げた「スナック菓子が地球温暖化」の例を基に筆者作成。
9）前掲7), pp. 27-28
10）前掲7), pp. 30-31
11）前掲7), pp. 49-51
12）株式会社FUMIKODAが実施した「エシカルファッションとSDGsに関する意識調
　　査」https：//prtimes.jp/main/html/rd/p/000000044.000022408.html（2021.6.20)
　　この調査（2019.10.24-11.8　対象20歳以上の男女全国956人）で，68.5％が多少高くて
　　も環境に配慮した商品であれば購入すると答えている。
13）前掲3), pp. 33-35
14）同上
15）前掲3), p. 2
16）小平龍四郎（2021）『ESGはやわかり』日本経済新聞出版, p. 26
17）PRI Blue print　https：//www.unpri.org/download?ac=14736（2021.6.20)
　　PRIの6つの原則：①投資分析と意思決定のプロセスにESG課題を組み込む。②活動

的な所有者となり，所有方針と所有慣行に ESG 課題を組み入れる。③投資対象の主体に対して ESG 課題について適切な開示を求める。④資産運用業界において本原則が受け入れられ，実行に移されるように働きかけを行う。⑤本原則を実行する際の効果を高めるために協働する。⑥本原則の実行に関する活動状況や進捗状況に関して報告する。

18) 前掲17), p. 30
19) 前掲17), p. 20
20) レベッカ・ヘンダーソン著，高遠裕子訳（2020）『資本主義の再構築』日本経済新聞出版，p. 18
21) 読売新聞オンライン，2021年3月31日
22) 藤井聡（2008）「社会善の増進を意図したモビリティに関わる諸行政の条件に関する考察」『土木計画学研究』Vol. 25, No. 2　社会善は経済学で言うところの「社会的厚生」という概念。
23) モニターデロイト（2018）『SDGs が問いかける経営の未来』日本経済新聞出版社，p. 27
24) CRI/UN Global Compact/wbcsd, SDGs Compass　www.sdgcompass.com（2021. 6. 20）
25) 経団連ホームページ　企業行動憲章
26) 中小企業基盤整備機構ホームページ
27) 前掲7), p. 93
28) 加護野忠男（2014）「企業統治と規範的経営学」『日本情報経営学会誌』Vol. 34, No. 2
29) 吉村典久編著（2021）『ドイツ企業の統治と経営』中央経済社，p. 5

第2部　活用編

第8章　ものづくり経営とリンケージ戦略

8.1　リンケージとは

「要素がつながり互いにかかわり合っていること」をリンケージという[1]。リンケージはものづくり経営の効率性，有用性，社会性をつなぐ。

地球が誕生し，植物が誕生した太古からリンケージは存在している。生物，動物，人類はいろいろなものと関わり合いを持ちながら，それぞれの世界で共生相手を見つけて共に過ごす。そして次の世代につなげる役割を担って一生を終える。人類は古代から組織リンケージをつくり，生き抜くための策略をめぐらして生存してきた。その時代環境に適合したリンケージ対象を見つけ，お互いに良い関係をつくりながら持続する社会を築いてきた。

産業社会に目を向けると，戦後自由な競争環境の下で，産業の発展を国がサポートしながら，戦略的に組織間，企業間のリンケージが活発に行われるようになった。グローバル環境と同時にICT時代を迎え，地球規模で情報が双方向に瞬時に行き交う競争環境に変化してきた。リンケージは従来の枠組みのリンケージ戦略から，グローバル環境に見合った新しい枠組みのリンケージ戦略にシフトしてきている。このような状況にあって，望ましい経営をするにはどのようなリンケージ戦略を構築していけばよいのか，が問われる時代になってきている。筆者はリンケージに関して調べているうちに，経営にかかわるリンケージに興味を覚え調査したが，リンケージを体系的にまとめた文献・著書を見出せ得なかった。リンケージに対する興味が尽きないこともあり，リンケージ概念をつくることにした。

8.2　リンケージを知るには

最初に行ったことは，リンケージとは何か，リンケージはどのような構造を持っているかである。ものづくり経営リンケージ戦略として有効に活用するた

めには，経営とリンケージを結ぶシステム構造を明らかにする必要がある²⁾。

まず，(1)リンケージとは何か，ものづくり経営に関するどのような構成要素から成り立っているのか。次に(2)リンケージはどのようなプロセスを経て経営に優位な環境をつくることができるのか。リンケージが持つ構造とプロセスを明らかにすることにより，ものづくり経営とリンケージの関係が見えてくる。次に実際に行う上において，(3)リンケージを作動するにはどのようにすればよいのか，動機付けの要因である。何らかのリターンを期待するための方策を考える必要がある。そして，経営にとって最優先事項の(4)リンケージを行うことによってどのような期待できる成果が得られるのか，である。成果が期待できないような経営ツールは誰も実行しないであろう。最後に実行した結果，(5)経営を取り巻く環境の変化にどのように対応していくのかである。次に示す5つのテーマである。

(1)　リンケージはどのような構造を持っているのか

(2)　リンケージはどのようなプロセスで成り立っているのか

(3)　リンケージを作動させるにはどうすればよいのか

(4)　リンケージによってどのような期待できる成果が得られるのか

(5)　リンケージは環境の変化にどのように適応しているのか

これらのテーマに答えて初めて，ものづくり経営リンケージ戦略として活用できるマネジメントになる。

基本編で述べたものづくり経営の諸課題を，リンケージという概念でどのようにつなぎ，リンケージ戦略に生かすかが，活用編の役割である。第2部の流れを説明する。10章，11章，12章で，リンケージについて(1)から(5)までのテーマについて述べる。そして，13章では10章から12章で整理したリンケージ戦略を適用し，ものづくり経営に生かす実践的活動について述べる。

最初に述べることは，(1)リンケージはどのような構造を持っているのか，リンケージの基本構造についてである。もう一つは，経営にとって最優先事項の，(4)リンケージによってどのような成果が得られるのかである。リンケージ戦略としてビジネス上の成果は何か，ものづくり経営の立場より明らかにする。リ

ンケージ全体をすばやく理解できるように，つながるストーリーとして「(1)→
(4)→(2)→(3)→(5)」の順に説明する。

8.3　リンケージの構造

8.3.1　リンケージ構造

　まず，(1)リンケージはどのような構造を持っているのか，について説明する。
リンケージとは「要素がつながり互いにかかわり合っていること」である。こ
の内容からするとその対象は，自然，社会，経済，経営，生活等，我々が生活
するあらゆる分野となるが，ここで取り扱う対象は経営，特にものづくり経営
である。リンケージを成り立たせている要因をいくつかの製造，産業，社会の
リンケージ事例から調べてみると，相互依存，連携，つながり，意識的につな
げる，つながっていくなどが見出された[3]。特に意識的につなげる事例が多かっ
た。

　これらの事例を整理してみると，意識的な行為，無意識的な行動に分けられ
た。リンケージの意味から見てみると①つなぐこと，②つなげること，③つな
がること，の３つに整理することができる。①のつなぐことは，つなぎとめて
離れないようにする意識的な行為である。②のつなげることは，離れているも
のを近づき合わせる行為であり，③のつながることは，何かに関連してつながっ
ていく行動である。この中でつなぐこと，つなげることは，人や集団の意識的
行為によって行われることに対して，つながることは無意識的につながってい
く行動である[4]。

8.3.2　ものづくり経営のリンケージ構造

　ものづくり経営の立場からリンケージ構造を眺めてみよう。

　まず，①のつなぐことは結び留めて離れないようにすることである。あるも
のづくりのあるべき姿の目標を設定したとする。現在のものづくりと目標の差，
つまりその間のギャップを認識する。そして目標を達成するための方向づけと
組織計画を立てる。次に実行計画を立て，ギャップを埋めるための方法を見つ

け出して，実行する。この活動は目標を達成するために積極的な活動が促進され，創造的な活動となる。このつなぐ活動は目標を達成するための高いハードルがあるかもしれない。その場合は新しい価値を創造するという，弁証法の止揚の考え方を適用する。何とかして頑張って目標を達成しようという，挑戦的な攻める活動である。

　②のつなげることは，意識的に離れているものを近づき合わせることである。ある新しいものをつくり出したいという目標をつくったとする。②のつなげるはある要素とある要素をつなげ，お互いに不足しているものを補完して，新しいものをつくり出す。つまり要素と要素の機能を組み合わせることによって新しい価値を創造することができる。この考え方は，多くの企業間，組織間で行われており，連携によって足りない部分を補完し合い，新しいものがつくり出されている。特に企業間で激しい競争をしている分野での製品開発で行われる。

　③のつながることは，意識的であっても，無意識的であっても２つの要素のどちらか一方に引きつけられていき，引きつけられた要素の機能は包含されてしまう。つまり包摂されるわけである。多くの新製品は，旧製品の機能を包摂し，新しい機能を付加して市場に登場する。技術進歩が激しい分野では，新旧の入れ替えが激しく，絶えず包摂現象が起こっている。情報機器分野，医療分野，輸送機器分野，IT分野，AI分野で激しい開発競争が行われている。今まで説明してきた内容について，３つのリンケージを図8.1にまとめた。

　３つのリンケージを，止揚リンケージ，補完リンケージ，包摂リンケージと呼ぶことにする。止揚リンケージは離れている２つ以上のものを何かでつなぎとめて離れないようにすること，補完リンケージは離れている２つ以上のものを何かでつないで近づけ合わせること，包摂リンケージは離れている２つ以上のものが何かに関連してつながっていくこととする。この３つのリンケージはものづくり経営を行う上での戦略的活動として管理面，経営面で活発に行われている。グローバル化，情報化環境を迎えた現在，効果的に活用すると企業の発展に大きく貢献する。

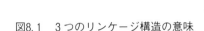

図8.1　3つのリンケージ構造の意味

8.4　戦略としてのリンケージ

8.4.1　リンケージが活発化した背景

　リンケージの考え方が活発になってきた背景として，経済のグローバル化，技術革新の活発化，情報技術の発展，そして環境に対する価値観の変容など，企業を取り巻く環境が大きく変化してきていることがあげられる。次々と開発される新製品によって既存製品の無効化現象（消失）が起こっている。情報技術を例にとると，固定電話から始まって，携帯電話そしてスマートフォンに変化してきたポケットサイズの通信機器がある。固定電話や携帯電話はスマートフォンに包摂されて，機器自体の機能を失ってしまった。便利さを求めて今までの生活スタイルから，新しい生活スタイルに変わった代表的な商品といえる。

　環境について述べると，ESG（環境，社会，統治）の考え方が出てきて，トータルとした企業自体の価値を顧客や投資家が評価する時代に入ってきている。リンケージ戦略から見ると，ESGとしての環境，社会，統治と企業リンケージの関わり合い方である。顧客に喜ばれる商品を販売して利益を上げる時代ではなく，環境に対してどのように積極的に取り組んでいるのか，社会に対してどのように積極的に関わり合いを持って企業活動をしているのか等，顧客の意識が商品のみならず，企業活動全体を評価する意識に変わってきている。たと

え気に入った商品であっても，環境に悪影響を与えている企業であれば，その商品が常に世間の目にさらされ，使いづらい状況をつくる。例えば環境の面より毛皮商品，CO_2を多く排出する車は減少してきている。

8.4.2　ものづくりのリンケージ戦略

このような社会環境の中で，たとえ巨大企業であっても新しい商品を自社だけで開発することは難しくなってきた。新商品を実現するためのイノベーションが，従来にも増して重要な企業戦略となってきているのである。イノベーションを創り出す基はアイデアである。アイデアとは，ヤングによれば，「既存の要素の新しい組み合わせ[7]」と定義されており，異なった部門・企業の既存の要素による組み合わせに対して，包摂リンケージ，補完リンケージ，止揚リンケージをすることによって新しい発想が生まれる。画期的な商品は，他業種とのリンケージによって斬新な商品を生み出す。このような状況にあって，企業は，自社の蓄積した技術と他社の技術をリンケージし，戦略的なものづくり経営に生かす活動を，積極的に行ってきている。どのような企業とリンケージすれば斬新な商品を生み出すことができるのか，が企業が生き残るための戦略的ものづくり経営の重要な課題となってきたのである。

企業にとって必要な技術であれば，M&A（企業買収）で戦略的包摂リンケージとして取り込み，お互いの技術を補完して新商品を開発する。さらに高いレベルの商品に挑戦する場合は，買収した後，企業内組織として融合し，達成目標を明確にして止揚リンケージ活動を行う。そして，画期的商品を開発するというものづくり戦略のストーリーが描ける。リンケージを機能させる方法を明確にすれば，リンケージはビジネス上の利益を得るために，極めて有効に活用できると考えられる。リンケージを有効に機能させるためには，どのような方策をつくり出す必要があるだろうか，次節で検討してみることにする。まず，リンケージを活用する上において，知っておきたいリンケージの基本構造について説明する。

8.5 リンケージを構成している要素

リンケージを成立させ，促進させるにはどのような仕組みが必要なのであろうか。この問題を検討するために，リンケージとして成り立つ要件を整理することにする。

8.5.1 リンケージが成り立つ要件

一次要件として，

(1) 2つ以上の要素が存在する。

(2) ある目的を持って存在している。

二次要件として，

(3) 一方向につながりがある。

(4) 一つ以上の双方向につながりがある。

(5) つながりには強弱が存在する。

一次要件はリンケージとして必要不可欠な要件である。二次要件は種々の状況によって異なり，ある一つの例を示している。またリンケージの基本構造として，双方向，連鎖，ネットワークがある。[8)] 双方向は要素間がつながり合っている関係であり，連鎖は3つ以上の要素が一連で深くつながっている関係である。ネットワークは3つ以上の要素が一方向，双方向につながっている状況であり，双方向の発展形である。

8.5.2 リンケージの基本構成要因

まず，リンケージの基本構成要因について説明する。基本構成要因として，(ア)要素，(イ)目的，(ウ)つながり，(エ)環境の4つをあげることができる。有効に機能させるには，どのようにリンケージの構成要因を働かせれば良いのだろうか，ものづくり経営の立場で検討してみよう。(ア)から(エ)までの構成要因の構造を図8.2のように示す。

ある環境の中に要素Ａと要素Ｂが独立して存在しているとする。Ｃの破線

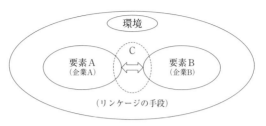

図8.2　リンケージの構成要素

の領域はある目的・目標を持って要素 A と要素 B のつながりを構成している。C の破線領域のつながりは，止揚リンケージ，補完リンケージ，包摂リンケージのいずれかを表す。具体的に説明するために要素 A を企業 A とする。要素 B を企業 A にリンクする企業 B とする。C はある目的・目標を達成させるリンケージ手段（止揚，補完，包摂）である。そして周りには企業 A と企業 B を取り巻く環境がある。

このようなリンケージの 4 つの構成要因の中で，企業 A がビジネス上の成果（利益を含む）を上げるためにはどのような活動をすれば良いのであろうか。リンケージの構成要因から 4 つに分けて考えることにする。まず(イ)企業 A 自体に焦点を当てる場合，次に(ロ)企業 A と企業 B の破線 C のリンケージに焦点を当てる場合，そして(ハ)企業 A と企業 B のリンケージを包み込むシステムを対象とする場合である。最後に(ニ)環境と(イ)から(ハ)全体を含むリンケージである。

8.6　リンケージ戦術による成果

説明する前提条件が整ったので，4 番目のテーマである(4)リンケージによってどのような期待できる成果が得られるのか，について考えてみよう。最重要課題は成果であり，成果が得られなければリンケージする意味がないからである。次の項ではリンケージ戦略として具体的に説明する。

8.6.1　包摂リンケージ

まず，(イ)企業 A 自体を強くするためにとられる戦略は，企業 A がある目的

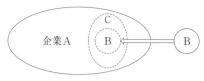

図8.3　包摂リンケージ

を持って補強する M&A（買収）の形態である。図で表すと図8.3のように見える化できる。企業 B は企業 A を強くする機能を持つ組織体である。企業 A は組織体（企業 B）を取り込む包摂戦略をとる場合である。

　企業 A を強くするために取られる包摂の目的は，

(1)　企業 A の機能をより強化するため

(2)　企業 A の規模を拡大するため

(3)　企業 A の商品の多角化及び開発をするため

である。リンケージの立場より考えると包摂戦略が行われたと捉えることができる。包摂によって企業 A の体質を強くすることが可能となる。選択された組織体（企業 B）は，企業 A にとって有用な独自の技術，ノウハウ，人材，特殊設備，マーケットなどの一つまたは 2 つ以上の魅力的なリンケージ機能を持つ。企業 A は目的を達成するために，包摂によって有用な益が得られ，企業体質自体を強化することができる。

8.6.2　補完リンケージ

　次に，(ロ)補完リンケージによって企業 A を強くする戦略を考えてみよう。図8.4に補完リンケージ戦略を示す。企業 A がある目的を持って企業 B とつなげることによって，より強い組織を目指す戦略である。企業 A を強くする主な目的は，

(1)　企業 A と企業 B のつながりを強化するため

(2)　企業 B とのつながりによってスピードアップを図るため

(3)　企業 A の内部のつながりの強化を図るため

(4)　企業 A の内部の横断的つながりによる新規創出のため

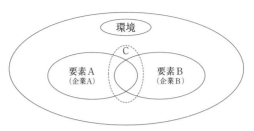

図8.4　補完リンケージ

である。これらは補完リンケージの主要目的である。

　さらに，(ハ)リンケージによる構成要素としてのシステム自体を強くする戦略を考える。これまで企業A自体，企業Aとのリンケージを考えてきたが，次はリンケージした企業Aと企業Bを含む構成要素全体からの戦略である。全体のシステムを強くする目的は，

(1)　つながりによる規模の拡大，質の充実を図るため

(2)　つながりによる商品の多様性を図るため

(3)　業種の異なったつながりによる新しいシステムの創出をするため

(4)　つながりによる商品市場の拡大を図るため

である。これらの企業活動は，補完リンケージ，状況によっては止揚リンケージをすることによって得ることができる。ダイナミック環境の現在，多くの企業では積極的に補完リンケージ活動を行い，企業体質の強化を図っている。これらのリンケージは主に効率性を追求した戦略である。

8.6.3　止揚リンケージ

　企業を取り巻く環境と止揚リンケージする場合を考えてみよう。企業A，Bと企業A，Bを取り巻く環境のリンケージである。環境の変化に企業A，Bはどのように対応すればよいのであろうか。企業を取り巻く環境の中でESGを取り上げてみよう。

　ESGとは，環境（Environment），社会（Social），統治（Governance）の略であり，長期的に成長するためにはESG投資の取り組みが重要となってきてい

る。環境では，再生可能エネルギーの使用，二酸化炭素の排出削減，製造工程での廃棄物低減，社会では，サプライヤーの人権問題への配慮，ダイバーシティやワークライフバランス，個人情報の保護・管理，統治では，積極的な情報開示，取締役会の多様性，資本効率への高い意識が一例としてあげられている。[9]
これらの課題と企業Aに焦点を当てる場合，企業Aと企業Bの破線Cのリンケージに焦点を当てる場合，企業Aと企業Bのリンケージ全体のシステム自体を対象とする場合，の止揚リンケージを考える。ESGとリンケージの関係を図8.5に示す。

ESGを企業経営課題に入れ，企業理念として浸透させる目的は，

(1) つながりによる企業のイメージアップ

(2) つながりによる顧客満足

(3) つながりによる従業員のモラール向上

(4) つながりによる情報共有の向上

(5) つながりによるステークホルダーの信頼性向上

(6) つながりによる経営の透明性と投資家の要望

があげられる。

さらに，㈡変化の激しい社会環境の中で，リンケージをどのように生かすのかについて考えてみる。図8.5を含めた社会環境とのリンケージである。社会環境をどのように把握し，企業戦略に生かすのか。止揚リンケージで環境に対応する目的は，

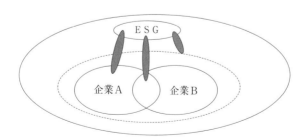

図8.5　ESGとの止揚リンケージ

(1)　環境の変化を見つけ出す予兆を発見するため

(2)　ステークホルダーとの関係を良くするため

(3)　敏感に対応し，企業を継続させるため

である。

　グローバル環境，インターネット環境が定着し，情報が瞬時に世界を駆け巡る状況になってきており，一つの発信した情報が社会にまで影響を及ぼす環境が地球規模で整ってきている。このような状況にある現在，社会環境とのリンケージは必要不可欠な問題となってきた。環境に対応するものづくり経営リンケージ戦術は，必要とする機能をつなげる活動をすることによって，社会性という価値を生み出す原動力となる。

8.7　リンケージ適用

　リンケージ戦術として整理してきたが，企業を取り巻く環境変化の中で，リンケージを効果的に活用するには，どのようなステップを踏めば良いのであろうか。リンケージ戦略の内容をさらに詳しく整理してみると，①企業 A 自体を対象とした戦略，②企業 A とのリンケージ戦略，③企業 A と企業 B を含めたシステムのリンケージ戦略，④ ESG とシステムとのリンケージ戦略，⑤外部の社会環境とシステムのリンケージ戦略の5つに分けられる。

　①から⑤までを見てみると，一企業の強化から，対象を拡大して，社会環境との関係にまでリンケージ範囲を広げてきている。企業 A という点のリンケージから，企業 A と企業 B の線のリンケージ，企業 A と企業 B を取り巻くシステムとしての面のリンケージ，そしてシステムを取り巻く社会環境との空間のリンケージに広がってきている。グローバル環境になった現在，点，線，面，空間のリンケージを常に俯瞰して戦略を立てなければならない。地球全体でユビキタス（いつでも・どこでも・何でも・誰でも）社会が実現し，グローバル化と情報化のリンケージにより，ダイナミックな変化が起きている。

　筆者らはリンケージ・マネジメントで，ダイナミックとは「その時の外部の環境の変化により，どのように対応すれば良いのかを柔軟的に考え，その時の

状況，状態，時間の変化により適応していく経営行動」と捉えている[10]。そして戦略的とは，「相手の出方に応じてこちらの出方を変えること，こちらの出方に応じて相手の出方が変わることである」としている[11]。この考え方をベースとして，その時の状況に応じて対応できる柔軟な考え方が要求される。リンケージをより効果的に活用するには，戦略的なものづくりの立場から，リンケージ戦術を有効に活用する仕組みを考える必要がある。つまり有用性の面より，有効に機能するリンケージ戦略が要求される。

8.8　リンケージと効率性，有用性，社会性

　先に述べた内容を効率性，有用性，社会性のつながりから整理すると，①企業A，②企業Aと企業B，③企業AとBを含めた企業システム，④システムとESG，⑤ESGを含めたシステムと社会環境に広げることができる。対象からの推移でみると点，線，面，空間のリンケージ戦略を形成している。つまり個としての企業自身を高め，リンケージによって相互の企業を高める。そしてシステムとしてリンケージ環境を高め，環境とつなげることによって，社会とつながるリンケージの連続体を形成する。①，②，③の企業間の効率性から，リンケージを有効に機能させる有用性を経て④，⑤の社会性に広げる活動である。図8.6に流れとしてリンケージの戦略展開を示す。

　企業自体の体質を強くし，より良い方向に進むためには，自社にない機能を外部に求めて包摂リンケージ，補完リンケージをし，その環境をシステムとして捉え，止揚リンケージすることによって体質を強化する。社会に認められる企業として展開するためにはESGとのつながり，さらに社会環境とリンケージする，という止揚リンケージ戦術の展開である。あるべき方向は社会環境と融合しながら企業を継続していく方向を模索していく。このような展開により社会に受け入れられる企業として存在していくと考える。この考え方が社会性を基本とした，変化に対応する環境を考慮したリンケージ戦略である。この戦略展開は今後のものづくり経営リンケージ戦略の重要なテーマとなる。

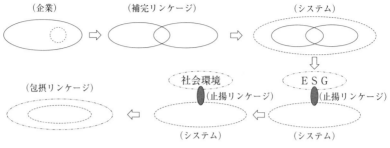

図8.6　リンケージの戦略展開

注

1 ）野村重信（2020）『リンケージ・マネジメント』学文社，p. 38（2021工業経営研究学会賞を受賞）経営の中にリンケージの概念を最初に導入した著書であり，リンケージの構造，リンケージ・バリュー，リンケージ・サイクルから成り立っている。

2 ）平松は PAUSE 理論に関する研究の中で知識創造理論の 4 層構造モデルを提案している。その中でシステム体系に関する経営学の理論を 4 つに分けて分類している。その中の(1)～(4)をリンケージの基本課題に適用した。詳しくは次の論文を参照。平松茂実(2006)「知識創造における PAUSE 理論の事例研究」『工業経営研究』Vol. 20

3 ）前掲 1 ），pp. 20-30

4 ）前掲 1 ），pp. 37-40

5 ）弁証法は互いに矛盾し，対立するかに見える 2 つの要素を統合することによって，新しい価値を創造するという考え方である。田坂広志（2005）『使える弁証法』東洋経済新報社，pp. 20-37

6 ）前掲 1 ），p. 38

7 ）J. W. ヤング著，今井茂雄訳（1988）『アイデアのつくり方』TBS ブリタニカ，p. 28

8 ）前掲 1 ），pp. 42-44

9 ）勝田悟（2018）『ESG の視点』中央経済社

10）前掲 1 ），p. 199

11）野中郁次郎・戸部良一・鎌田伸一・寺本義也・杉之尾宜生・村井友秀（2008）『戦略の本質』日経ビジネス人文庫，p. 380

第9章　リンケージ・マネジメント戦略

9.1　つながりを意識したマネジメント

　リンケージのつながりがわかってくると，種々のものづくりに活用できる。

　グローバルな環境の中で，インターネットの普及によって，ある目的をもったつながりという価値を，積極的に発信したり，活用したりできる時代になってきた。個人，組織，社会が情報のつながりを通じて，ある場に参加し，お互いに利益を共有できる時代になったのである。リンケージという考え方は，グローバルな環境にあってより広域化，浸透化，個性化してきている。時代に合った新しいリンケージ概念を構築し，目的に応じて活用する新情報化社会の到来である。

　環境の変化によって，企業も変化した結果，競争環境の枠組みが変わってしまったのである。今やつながりを意識したマネジメントを，積極的に活用する戦略を取らない限り，企業の発展，継続が難しくなってきた。

　リンケージは8章で示したようにものづくり経営にとって基本的な考え方であり，企業が成長し，継続するためには必要不可欠な活動である。企業目的を達成するために，必要とする諸要素をつなぎ，全体として達成したい目標に導き，期待できる成果をあげる活動はものづくり経営にとって有効な手段となりうる。リンケージをマネジメントとして活用する意義がここにある。この章ではリンケージをマネジメントの立場より明らかにし，リンケージ・マネジメントとしての枠組みを考える。最初にリンケージ・マネジメントはどのような形で形成されるのか，説明することにする。

9.2　相互利益を生むリンケージ・バリュー

　既にリンケージの3つの意味，つなぐ，つなげる，つながる，を定義し，3つのリンケージ過程を8章で示した[1]。リンケージはお互いの要素の中にある機

197

能を効果的に組み合わせ，Win-Win関係をつくることによって，組織に貢献する利益を相互に享受することができる。つくり上げている相互利益を価値と呼ぶ。この価値は意識的につなぎ，つなげ，つながるリンケージ・バリューである。8章で述べた補完リンケージ，止揚リンケージ，包摂リンケージの3つのリンケージ・バリューの基本形について，相互利益の価値という立場から述べる。この問題は8章で示した5つのテーマのうち(2)リンケージはどのようなプロセスで成り立っているのかという基本テーマであり，リンケージの時系列的な流れからの構造問題である。

9.2.1　補完リンケージ・バリュー

　図9.1に補完リンケージ・バリューを示す。補完リンケージ・バリューは，お互いに持っている要素の中で，リンクできる機能を組み合わせることによって，新しい価値を創り出すことができる。図9.1の中で左の図はAとBが独立していて重なっていない場合である。右の図はAとBの一部が重なった場合であり，そこから生まれる価値をリンケージ・バリュー（LV）と呼ぶことにする。補完リンケージ・バリューはお互いに持っている要素の機能に対してリンクできる機能を組み合わせることによって，新しい価値を創造することが可能となる。要素Aが持つある機能と，要素Bが持つある機能を補完し，共通目的でつなげることによって，今までつくり出し得なかった新しい価値を創造することができる。

　補完リンケージ・バリューとは，「ある目的を達成するために意識的にリンクできる要素を最大限に活用し，お互いの優位性を引き出してそこから新しい価値を創造し，Win-Win関係をつくり継続できる価値」である。[2] 2つの要素で考えると，要素Aと要素Bの重なり合った部分が，お互いの要素の補完し

図9.1　補完リンケージ・バリュー

た機能をつなげた，新しい価値を生むリンケージ・バリュー領域である。補完リンケージは，お互いが欲している機能をつなげることによって補完し合い，新しい価値を生み出す。産業，経済，社会，日常生活など我々が生活するあらゆる場所で，行われている。「いつでも，どこでも，何でも，誰でも」つながる社会を実現した現在，リンケージ・バリューはますます活用されていくであろう。合弁企業は補完リンケージ・バリューを活用したものづくり戦略である。

9.2.2 包摂リンケージ・バリュー

図9.2に包摂リンケージ・バリューを示す。包摂リンケージ・バリューは侵食され，包摂された段階で，何か他のものとつながることによって再び商品としての価値を見出した場合である。包摂リンケージ・バリューとは，「ある目的を達成するために，包摂された要素を他の要素とリンクすることによって，再度新しい価値を創造し，Win-Win関係をつくり継続できる価値」である。[3)]

包摂リンケージ・バリューは，ある独立した２つのものがあるとした場合，あるものＤがＥに接近することによってＥが持っている価値を侵食する。やがて包摂されていく過程の中で，他の要素Ｆとリンクし，新しい価値を見出す場合である。技術革新の激しい時代において，新商品の寿命は短く，新機能を持った商品に包摂されて，既存商品は寿命を終える。しかし，従来の機能を生かし，他の要素とリンクすることによって新しい価値を見出し，新しく生まれ変わった製品として活用されてきているものもある。

図9.2　包摂リンケージ・バリュー

9.2.3 止揚リンケージ・バリュー

図9.3に止揚リンケージ・バリューを示す。止揚リンケージ・バリューは相反する要素と要素が激しくぶつかることによって融合し，統合してＨを創り

図9.3 止揚リンケージ・バリュー

出すことであり，共創によって革新的な商品を開発する。止揚リンケージ・バリューとは，「ある目的を達成するために，ある2つの反発する要素の一方を否定するのではなく，肯定し，融合し，統合することによって新しい価値を創造し，それらを活用して，Win-Win 関係をつくり継続できる価値」である。[4)]

止揚リンケージはある反発する要素を近づけ，つなぎ合わせることによって，より次元の高い価値を生み出す。つまり矛盾を含んでいる要素同士を止揚することによって次元の高い価値を創り出していく。一方では企業の利益を追求し，一方では ESG の考え方を大切にするとした場合，そこには矛盾が発生する。利益を追求しながら環境を良くするという矛盾を解決する新しい価値が求められる。

3つのリンケージ・バリューは基本形である。実際にはこれらのタイプをベースとした複合的なリンケージ・バリューが展開されるが，ここでは3つの基本タイプについて説明した。ここで述べた3つのリンケージ・バリューは8章のリンケージ戦術活動の成果であり，企業に利益をもたらす有用な戦略となり得る。リンケージ活動はビジネス上の利益を得るために活用される。

9.3 リンケージ・サイクルの形成

9.3.1 つながりとして捉えたリンケージ

リンケージの基本はつなぐこと，つなげること，つながることである。この3つを独立した形で捉えてきたが，動きとして動的に見ると別の見方ができる。時系列的に一連の動的な流れとして捉える見方である。ここでの動的な流れとは，時間の経過と共に変化していく，という時間軸上でつながりを眺めた場合である。リンクするという意義素を Weblio 類語辞典で調べてみると，4つに分類されている。1つ目は複数の物事に関わり合いを持たせること，2つ目は

何らかの関連性を有するさま，3つ目は物理的に接し一続きになること，4つ目は2つ以上のものが因果的につながること，である。

9.3.2　意義素で分解したリンケージ

　1つ目の意義素の中につなぐという言葉が見出された。2つ目の中に関係を持つ，つながりを持つ，3つ目の中にはつながる，そして4つ目の中ではつながり合う，連結する，という言葉が見出された。この4つの意義素をつなげると，つなぐ，つながりを持つ，つながる，つながり合うという一連のつながりで整理することができる。2つ目の意義素の関係を持つ，つながりを持つという言葉をつなげるという類語に置き換えて扱うことにした。こうして意義素から整理すると，4つのリンクする状態は，つなぐ，つなげる，つながる，つながり合うという一連の動的な流れが出来上がる。この流れは時系列的な連続したサイクルとして捉えることができるのではないかと思い至った。リンクするという意義素から4つのサイクルを導き出してきたが，これらはどのように関連しているのか，一連の動的な流れからその意味と関連性を検討してみよう。

9.3.3　リンケージ・サイクルの生成

　つなぐとは，あるものとあるものとの関わり合いを持たせることである。つなげるとは，関わり合いを持たせるために，ある手段を通じてつながりをもたせる意図的な行為である。つながるでは，つなげたことによって無意識的につながっていく状態である。最後のつながり合うによって継続できるシステムとなり，閉じたシステムとしてサイクルが形成され，リンケージ・サイクルがつくられる。このサイクルはつなぐに対して止揚リンケージ，つなげるに対して補完リンケージ，つながるに対して包摂リンケージに各々対応している。つながり合うは意識的につながり合う状態を保ち続けており，連関リンケージと呼ぶことにする。[5]

9.3.4 サイクルからつないだリンケージ

つなぐ，つなげる，つながる，つながり合うの4つのつながりは，時間の軸の流れで表すことができる。4つ目の連関リンケージで閉じたシステムにすると，リンケージ・サイクルとしてのループが出来上がる。さらにリンケージ・サイクルの螺旋的流れを描くことが可能となる。ここでサイクルとはあるものの状態が一定の変化を経過した後，再び元の状態にもどることである。それが循環することによって連続性が継続され，生きたシステムとして活用することができるのではないだろうか。

リンケージはどのようなプロセスで成り立っているのか，という基本テーマから始まって，利益の源泉と成るリンケージ・バリューを体系的に整理し，リンケージ自身を時系列的につながる連続体と捉え，リンケージ・サイクルという管理システムに行きついた。ここでリンケージ・サイクルは，ものづくり経営の継続性を有する運用システムとして，有効に機能することを見てみよう。

9.4 ものづくりとリンケージ・サイクル

9.4.1 リンケージ・サイクルと管理サイクル

リンケージ・サイクルをものづくりの立場より具体的に述べる。現在一般的に使われている，管理との関係で整理することにする。図9.4はリンケージと

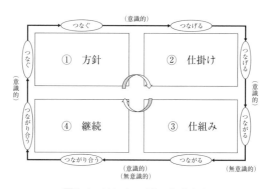

図9.4　リンケージ・サイクル

一般的に管理で使われている活動を含めて，対応させたサイクルである。⁶⁾

　つなぐ，つなげる，つながる，つながり合うの4つのサイクルをそれぞれ，方針，仕掛け，仕組み，継続の管理ステップに対応させた。仕掛けから仕組みに移行する時に，自律的な状態が生まれ，無意識にサイクルを回す自律システムにシフトしていくと，頑強なリンケージ・サイクルの形成プロセスがつくれる。リンケージでは，この形成プロセスを大切にしている。

9.4.2　リンケージ・サイクルが持つ4つの機能

　①から④まで，順を追って具体的に説明してみよう。

　①では，あるものづくりに対する方針が打ち出され，ものづくりの考え方，目標が明らかにされる。この方針に従って現状とのギャップを見つけ出し，課題を明らかにする。課題を解決するための制約条件を明らかにし，止揚の考え方に基づいて方策を立てる。

　②では，目標達成のための方法が考え出され，多くの仕掛けつまり方法と道具が開発され，導入される。この段階では補完の考え方に基づいて，目標達成のために問題となる制約条件を取り除くための活動が要求される。つまり，目標達成のためのツールを開発し，制約条件を取り除く仕掛けが必要となる。

　③の段階では，仕組みづくりをすることにより，ツールが正しく活用され効果を発揮しているかどうか，を意識的につなげる過程から，無意識的につながる過程に移行する移行プロセスと捉えることができる。無意識的と捉えた移行プロセスは，明確な目標が曖昧な場合，方向付けが不明確となり弱いつながりとなる。仕組みはできているが，実際に運用できない場合は，リンケージ・サイクルを回すことは困難となる。

　④の段階では，つながるからつながり合うことによって，無意識的から意識的につながり合い，継続できる連関リンケージが形成される。このようにつなぐ，つなげる，つながる，つながり合うという4つの機能を持つリンケージ・サイクルは，システムとして目標を継続できる機能を有する，頑強性に優れた，自律的なサイクルを形成する。

9.4.3　リンケージ・サイクルの継続性

　このシステムの特徴は，④の段階の継続にある。①〜③はどの企業でも行われており，④の継続に対して，標準化された改善システムでは，最後に歯止めとして定着のチェックがなされている。しかし，その方法は明確に定型化されて運用されているわけではなく，通常企業が独自の基準を作り運用しているわけである。リンケージ・サイクルは，継続に対して，つながるからつながり合う段階で，リンケージ・バリューを自律的に機能させることにある。そして，このサイクルは，環境の変化によって，条件が変われば新しい方針をつくり，さらに上位を目指す活動である。弁証法で説明している螺旋的発展の考え方をベースとしており，ダイナミック・リンケージ・サイクルを形成している。

　図9.4の継続で，つながり合うからつなぐ流れにシフトしているのは，ダイナミックな考え方を指向しているサイクルであることを示している。環境構造の変化によって，①から③の状況が変化し，④の継続が再定義され，螺旋的発展を続ける方向に向かっていく。リンケージ・サイクルが見直されると，リンケージ・サイクルは，管理のサイクルとして知られている Plan-Do-Check-Action と同様，積極的に活用することによって，ダイナミックなサイクルとして有効に機能する。

9.4.4　ダイナミック・リンケージ・サイクルとは

　ダイナミックなリンケージ・サイクルのプロセスを図9.5に示す。①つなぐ，②つなげる，③つながる，④つながり合う，各段階の要素と目標について，そのプロセスを説明する[7]。

　ステップ1のつなぐでは，ある要素Aとある要素Bが近づき，ある目標を達成するために，どのような手段があるのかを検討し，実現するための対策を考える。目標に対してどのくらいのギャップがあるのか，そのギャップを埋めるにはどのような方法が考えられるのか，アイデアを出す。

　ステップ2のつなげるでは，有効なツールを活用しながら，リンケージ・バリューによって要素Aと要素BのWin-Win関係を構築して，目標を達成す

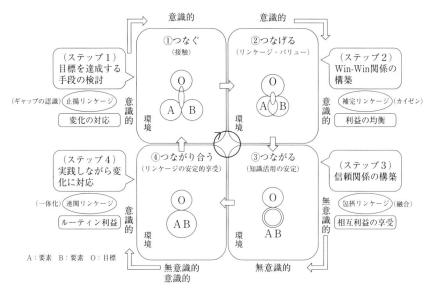

図9.5　リンケージ・サイクル・プロセス

るための方法を見つけ出す。

　ステップ3のつながるでは，安定した関係によって相互信頼が生まれ，相互利益の享受が行われる。信頼関係によって仕組みができ，無意識的な活動によって継続的な体制を整えていく。

　ステップ4のつながり合うでは，継続するためのノウハウが蓄積され，自律的にシステムが運用される。この段階が長く続けばお互いにルーティン利益を享受できる。

　ステップ4はステップ1に移行する準備段階であり，環境の変化によってステップ1に移行する準備が行われるステージでもある。リンケージ・サイクルの螺旋的発展である。

　多くの企業が環境の変化に気づかず，組織が硬直化し，適応できず衰退している現状がある。ステップ4の対応が企業にとって最重要課題となる。リンケージ・サイクルとそのプロセスの構造を詳しく説明した。

9.5 リンケージ・サイクルの活用

9.5.1 リンケージ・サイクルで効率的な問題解決を

リンケージ・サイクルは，効率的な問題解決のツールとして活用できる。具体的に活用する方法を考えてみよう。①つなぐ，②つなげる，③つながる，④つながり合うという一連のサイクルは，このままでは暗黙知の状態である。そこで何をしたいのか，何が問題なのか，を明確にしてから，このサイクルを活用するのである。つまり問題の所在を明らかにし，対象とするターゲットをはっきりとさせて，リンケージ・サイクルを活用すれば成果が出る活動になる。このサイクルは日常生活から企業経営まで幅広く活用することができる。

ポイントは，

① 目標と現状のギャップを認識し，どのような方法によってつなぐのか。

② 効果的な方法を見出して活動を実践し，どのようにつなげるのか。

③ 実践した成果が日常当たり前にできるように，どのようにつながる環境をつくり上げるのか。

④ その環境が自律的に継続できるように，どのようにつながり合う環境をつくり，継続させるのか。

環境が変われば今までの方法を見直して，リンケージ・サイクルを回す。このようなシステム的な活動によって，効果的な成果をあげる活動を推進すれば，ムダの少ない効率的な展開ができ，生産性にも寄与する。

9.5.2 リンケージ・サイクルを応用した問題解決の形式知化

では，どのようにリンケージ・サイクルを活用することができるのか，具体的なテーマで見てみよう。企業と企業の連携についての問題をリンケージ・サイクルで検討する。経営管理の立場で企業間のリンケージ（連携）を考えてみる。リンケージ・サイクルを当てはめると，

① どのような経営要素をどのようにリンケージするのかを決め，

② リンケージ構築がうまく実現するように活動し，

③　リンケージした経営要素群をうまく機能させ,

④　機能を維持する効果的な資源の投資を継続する

という,リンケージ・サイクルに形式知化することができる。①〜④までのリンケージ・サイクルは一つの指針である。その指針を用いて,問題解決の具体的な方法を形式知化することは,比較的容易にできる。表9.1にリンケージ・サイクルの課題に対して,5つの指針例を示した。

　経営管理の立場で,リンケージ・サイクルのステップを整理した。これら5つの課題に対して,リンケージ・サイクルについて,各々4つの内容の細部を整理する。そして具体的なステップをつくり,企業でつくる基本計画に基づいて効率的に活動を推進していく。リンケージ・サイクルの考え方を使った,問題解決の方法論を提案した。この方法論は,実際の活動において組織能力の向上,組織の効率性を追求しており,成果として組織的活動自体の生産性が高くなる。新しい枠組みでの競争環境にある現在,喫緊の問題が増えてきており,企業内の組織能力の効率性はきわめて重要となる。

表9.1　リンケージ・サイクルでつないだ各テーマのステップ展開

	つなぐ	つなげる	つながる	つながり合う
戦略的連携活動	戦略的にどのような経営要素をどうリンケージするかを決め	そのリンケージ構築が実現するよう組織的に活動し	リンケージした経営要素群を有効に機能させ	機能を維持する効果的な資源の投資を継続する
戦略的問題解決	あるテーマに対して設定した目標と現状との差を認識し	目標との差を減らすための方法を見つけ出して改善し	目標を達成した管理要素群を有効に機能させ	機能を維持する効果的な資源の活用を継続する
組織活用のリンケージ	ある目標に対してどのような人をどうリンケージするかを決め	そのリンケージ構築が実現するように活動し	リンケージした人の資質要素を有効に機能させ	機能を維持する効果的な資質要素の活用を継続する
CO_2削減のリンケージ	ある目標を達成するためにどのような要素をどうリンケージするかを決め	目標達成を目指す選定した要素を止揚,補完によって開発,実行し	リンケージした選定要素群を有効に機能させて目標を達成し	機能維持の安定化を図り,継続し続ける状態を保つ
SDGsのリンケージ	17の継続的な目標を達成するために活動する現状との差を認識し	目標を達成する17の要素が実現するよう各々の要素とつなげて活動し	各要素間のリンケージを有効に機能させて目標を達成し	全体のバランスを取る活動によって継続し続ける状態を保つ

9.6 リンケージ・サイクルのステップ展開

　前章で各課題に対してのリンケージ・サイクルの方向づけについて説明した。具体的なステップは次の手順に従う。4つのステップについて一般的な形で表しており，各課題に対して，細部の内容の指針として活用できる。

　ここでステップ1からステップ4までの具体的な手順を説明する。

9.6.1　リンケージ・サイクルの具体的なステップ

〈ステップ1〉　つなぐ（方針）

・どのような経営要素をどうリンケージするかを決める。

　(1)　企業の現状を把握しながらあるべき姿をつくる。

　(2)　あるべき姿からリンクできる対象を見出し，つなぐ工夫をする。

　(3)　ギャップを縮めるための既存のツールの提供，新しいツールの開発を進め，そのツールの適用を検証する。

　(4)　ギャップを縮めるための計画を作成する。

〈ステップ2〉　つなげる（仕掛け）

　・リンケージした要素の構築が実現するように活動する。

　(5)　既存のツールを適用しながらつなげる工夫をする。

　(6)　ギャップが縮まらなければ新しいツールを開発する。

〈ステップ3〉　つながる（仕組み）

　・リンケージした経営要素群を機能させる。

　(7)　目標を達成するために実際に実行する。

　(8)　さらにより良い仕組みにするために知恵を出して実践する。

〈ステップ4〉　つながり合う（継続）

　・経営要素群を効果的に機能させ，つながり合う仕組みを作り，継続する。

　(9)　あるべき姿を実現するための現場のノウハウを蓄積する。

　(10)　ある状態を維持するために現場の環境に対して適応する組織力を構築する。

⑾　環境の変化を認知し，次の指標を探索し，見つけ出し，実行するための
　　準備を進める。

　リンケージ・サイクルはダイナミックなシステムとして機能する考え方であ
り，変化の激しい環境に効果的に機能する。

9.6.2　リンケージ・マネジメントとは

　リンケージ・バリュー，リンケージ・サイクルの手順について述べてきたが，
この2つの考え方を適用したリンケージ・マネジメントを提案する。

　リンケージ・マネジメントとは「ある目的を達成するために目標を立て，リ
ンクできる要素を最大限に活用し，お互いの優位性を引き出してそこから新し
い価値を創造し，組織し，組織に貢献するリンケージ・サイクルを効率的，効
果的に遂行する活動である」[8]とする。リンケージ・マネジメントは補完リンケー
ジ，包摂リンケージ，止揚リンケージを活用して，リンケージ・バリューをつ
くり，社会が共有する基本理念に基づいて，社会的に「善い」存在となる企業
を目指す。地球と共にリンケージできる企業である。

注
1 ）詳しくは野村重信（2020）『リンケージ・マネジメント』学文社，pp. 40-45，3.3節の
　　リンケージ過程を参照。（2021工業経営研究学会賞を受賞）
2 ）前掲 1 ），p. 48
3 ）前掲 1 ），p. 49
4 ）前掲 1 ），p. 50
5 ）前掲 1 ），pp. 67-69　リンケージを流れから見て，時間軸上で整理した過程が詳しく
　　説明されている。
6 ）前掲 1 ），pp. 70-71　リンケージ・サイクルの形成について述べている。
7 ）前掲 1 ），pp. 72-74　リンケージ・サイクルとその周辺に関する説明が述べられてい
　　る。
8 ）前掲 1 ），p. 87

第10章　リンケージ・マネジメントの枠組み

10.1　リンケージ活動の枠組み

　リンケージは活動を推進する動機付け要因と強くつながり合っている。

　リンケージとは何か，リンケージの構造はどのようになっているのか，リンケージはどのようにマネジメントとして機能するのかについて，ものづくり経営の立場から考えてきた。それらの課題については8章，9章で説明した通りである。しかしまだリンケージの全体像を描いているわけではない。ここでは上述した課題を含めてリンケージを体系的に整理することにする。ものづくり経営の中で，リンケージの基本課題を改めてあげると，次の5つである。[1)]

　(1)　リンケージはどのような構造を持っているのか

　(2)　リンケージはどのようなプロセスで成り立っているのか

　(3)　リンケージを作動させるにはどうすればよいのか

　(4)　リンケージによってどのような成果が得られるのか

　(5)　リンケージは環境の変化にどのように適応しているのか

　この5つを説明することによってリンケージの枠組みの全体像が見え，実際に活用できる理論になると考える。(1)の基本テーマは8.1のリンケージとは，の中で述べている。(2)の基本テーマは9.2～9.5のリンケージのプロセスの中で述べている。(4)の基本テーマは8.4のリンケージ戦略および8.6のリンケージ戦術の中で述べた。

　ここで検討する内容は(3)リンケージの作動（動機付け）と(5)環境変化の適応である。この2つのテーマを説明するにあたり，過去から現在までの経営の流れから見てみることにする。経営の流れ，つまりその時代の経営環境とリンケージの関連性から，どのようなリンケージ活動による方策が行われているのか，ものづくり経営の中で積極的に生かしているのではないかと考える。

10.2 リンケージを動かす欲求の原動力

10.2.1 リンケージを作動するとは

まず，(3)のリンケージを作動させるにはどうすればよいのか，つまりリンケージをすることによって，ある利益が得られることを期待して行う方策について考えてみよう。リンケージ機能を作動させるにはどのような手段があるのであろうか。我々はある利益のリターンが期待できるときは，欲求の原動力となる力（動機付け）が働き，人をある行動に駆り立てると推察する。ものづくり経営の中で対象となるリンケージは，企業で働く個人，企業としての部門組織，企業自体，企業を取り巻く環境など，個人から企業を取り巻く環境まで広い範囲にわたっている。

それら対象に対して，欲求の原動力となるものとリンケージし，ある目的を達成する行動は，日常的に行われている。何らかの利益が得られることを期待してその場に応じて行っているわけである。我々は欲求を満たすための一つのツールとして，意識的，無意識的にかかわらずリンケージ機能を使っている。

10.2.2 リンケージの作動の例

人と人との関係でリンケージを見てみよう。

新しいパソコンを購入したが，手引書を見ていてもパソコンをうまく起動することができない。その人のパソコンの知識と手引書に書かれている内容にギャップがあるため理解できないからである。そこでパソコンを常に使っている知り合いを思い出し，起動方法を教えてもらうことにした。早速知り合いに連絡をとって，操作した結果，うまく起動でき利用できるようになった。この場合，欲求の原動力はパソコンの起動（パソコンの活用によって目的が達成でき，個人的利益が得られる）であり，リンケージ相手はパソコンをよく知っている人である。パソコンを起動したいという欲求と，知り合いを助けてあげたいというサポートによって Win-Win 関係が成り立ち，補完リンケージによって目的を達成していることがわかる。困っていることを解決する有効な方法は，主

に補完リンケージである。補完リンケージをすることによって，成し遂げることができた一例である。欲求の原動力はWin-Win関係が成り立つかどうかである。

　ビジネス上の世界では，補完リンケージでWin-Win関係を高めることによって信頼関係ができ，継続した関係をつくる。そしてリンケージ・マネジメントによって効率性が追求でき，その効果をお互いにより確かなものにしていくのである。人と人との例で示したが，リンケージの考え方は広い範囲にわたっている。ここではものづくり経営の立場でリンケージの有用性を説明する。

10.3　リンケージの作動要因

　経営環境から内的環境と外的環境に分けて分類することにする。内的環境として，①個人と企業の関係，②組織と企業の関係，③企業と成長の関係に分類した。外的環境として，④企業と企業の関係，⑤企業とステークホルダーの関係，⑥企業とその他の関係に分類した。[2)3)]

10.3.1　内的環境の作動要因

　①個人と企業の関係は，個人と企業を取り巻くリンケージである。リンケージの作動要因として，a) 個人的利益，b) 昇進，c) 昇給，d) 安定雇用，e) 個人の評価，f) 企業愛，g) 企業ブランドなどである。

　②組織と企業の関係は，組織と企業を取り巻くリンケージである。リンケージの作動要因としてa) 小集団活動による動機付け，b) グループ経営，c) リーダーシップの養成，d) 円滑な人間関係，e) 改善力の評価等である。

　③企業と成長の関係は，企業を成長させる方法のリンケージである。リンケージの作動要因として，a) 適切な収益，b) 継続性，c) 成長と発展，d) 経営の安定性，e) 技術の強化，f) 品質の向上，g) 競争力強化，h) 変化対応力，i) ブランドの強化，j) 事業開発，k) 事業転換，l) 多角化，m) 市場拡大，n) 事業処理，o) 分業協調，p) パンデミック対応である。

10.3.2　外的環境の作動要因

　④企業と企業の関係は，企業と企業を取り巻くリンケージである。リンケージの作動要因としてa）事業拡大，b）開発拡大，c）供給安定，d）上下協業，e）水平協業，f）弱点補強，g）体質強化である。

　⑤企業とステークホルダーとの関係は，企業と止揚関係にあるステークホルダーとの良好関係の構築である。7つの満足として提案したa）従業員，b）顧客，c）サプライヤー，d）環境，e）地域社会，f）株主，g）政府である。

　⑥企業とその他の関係は，企業と特別な経営環境，社会環境にあるリンケージ対象との関係である。リンケージの作動要因として，a）継続目標維持(SDGs)，b）環境重視政策（ESG），c）望ましいサポート（JICA），d）その他，企業とある活動の要因に関連するリンケージである。

　以上①から⑥までの作動要因について述べた。これらの内容を図10.1にまとめて示す。内的環境，外的環境に関するこれらの要因は経営の流れから見た場合，時代の環境変化と関係してリンケージが活発に行われると考えられる。

　例えばグローバリゼーション時代を迎え，安い商品を大量に生産し，大量に供給するものづくりをする場合，図10.1の中の④企業間の水平協業をしてそれぞれが持つ得意分野のノウハウを，有効に活用できる補完リンケージ戦略が選択されるであろう。環境を重視する時代に入り，CO_2の削減が各国の共通認識となって，目標達成のための新商品開発が必要となってきた。巨大企業であっ

リンケージ	①企業内個人 （個人と企業）	②企業内組織 （組織と企業）	③企業自体 （企業と成長・継続）		④企業間 （企業と企業）	⑤企業とステークホルダー	⑥企業対その他
リンケージ要因	a）個人的利益 b）昇給(能力主義) c）昇進(能力主義) d）安定雇用 e）個人の評価 f）企業愛 g）企業ブランド	a）権限と義務 b）小集団活動による動機付け c）グループ経営 d）リーダーシップ e）人間関係(人脈) f）改善力の評価 g）5Sの促進	a）適切な収益 b）継続性 c）成長と発展 d）経営の安定性 e）技術の強化 f）品質の向上 g）競争力強化 h）変化対応力 i）ブランド強化	j）事業開発 k）事業転換 l）多角化 m）市場拡大 n）事業処理 o）分業協調 p）パンデミック対応	a）事業拡大 b）開発拡大 c）供給安定 d）上下協業 e）水平協業 f）弱点補強 g）体質強化	a）働きやすい環境 b）満足商品 c）望む価格 d）資源削減 e）地域貢献 f）健全成長 g）利益貢献	a）継続目標維持(SDGs) b）環境重視政策(ESG) c）望ましいサポート(JICA) d）その他関連しているもの

利益のリターンが期待できるリンケージとその要因

図10.1　リンケージを形成する要因

ても自社技術だけでは新商品を開発することはコスト面，開発期間の面から困難である。そのため他社の技術の助けを借りて開発を促進する戦略をとる。開発のために採用される戦略は止揚リンケージである。

10.3.3　リンケージを形成する作動要因とリンケージ・バリュー

　インターネットの発展と共にAI化が進み，AIを使った新しいソフトが無数に作られる時代に入ってきている。多くの企業は自社だけで開発することは難しく，市場に出てきているベンチャー企業を買収し，競争力強化を図る戦略が必要となってきた。この戦略は，包摂リンケージである。自社に包摂した企業（組織）を取り込み，補完リンケージ・バリュー，止揚リンケージ・バリューを活用することにより，新製品を開発したり，市場を拡大したり目的に応じた活動を推進する。

　このようにリンケージの作動要因はリンケージ・バリューをつくる活動によって達成されうる。補完「リンケージ・バリューとは，ある目的を達成するために意識的にリンクできる要素を最大限に活用し，お互いの優位性を引き出してそこから新しい価値を創造しWin-Win関係をつくり継続できる価値である」としている。[4]リンケージはWin-Win関係と密接につながっており，お互いに利益を享受している間は図9.5で示したステップ4のつながり合うリンケージ・サイクルを維持し続けることができる。

　グローバル化，ICT化によって現在は目まぐるしく変化しており，予測が困難な状態になってきている。戦略的なものづくり経営が企業の盛衰に影響を与える時代に入り，環境の変化に対応するためのリンケージ戦略がとられている。外的環境の中で特に技術革新が激しい業界は生き残りをかけて活発に企業間のリンケージが行われる。

　一方，内的環境の個人と企業，組織と企業は，外的環境の変化にかかわらず，組織能力をより強固にするために，必要不可欠な要因である。時代の流れに影響されにくく，日常の中で行われる継続的なリンケージ活動であると捉えることができる。企業と個人では，多くの場合昇給，昇進は定期的に行われており，

企業と組織では，リーダーシップ，小集団活動，改善の評価は日常的に行われている。人や組織は日々変化している。日常業務の中で，Win-Win 関係をどのように作り上げるのかが，人，組織を活性化するために不可欠である。

10.4　問題解決とリンケージ・マネジメントの関連性

　5つの基本テーマのうち4つの基本テーマを説明したが，これらの基本テーマは果たしてリンケージ・マネジメントについて全体の枠組みを表しているのだろうか。つまり提案したリンケージ・マネジメントに対して有用性の面より体系的に説明できているのかどうか，問題解決プロセスとの関連で調べてみることにする。提案された考え方がうまく活用できるのかどうか，を検証するときの一つの方法として，一般的なマネジメントの問題解決プロセスとの関係で整理することができる。リンケージの5つの基本テーマは，マネジメントとしての問題解決プロセスと果たして適合しているのかどうかみてみよう。

10.4.1　問題解決の一般的手順とリンケージとの関係

　問題を解決するために，我々はどのような手順によって活動をするのであろうか。一般的な問題解決の手順に従って整理し，5つの基本課題との関連性について考えてみよう。ある課題が与えられたら，まずその課題に対しての情報収集を行い，解決のための目標を設定する。次に目標を達成するための計画を作成する。そして誰が，いつ，どこで，何を，どのように行うのか，5 W 1 H を使って実施計画を立てる。次にその計画に基づいて実施する。

　実施の結果について継続的にチェックし，実施プロセスを計画的に管理する。そして成果の確認をして評価をする。評価結果を検討し，継続的な活動をするのか，さらに次の目標を設定するのか，終了するのか意思決定がなされる。この一連のステップを螺旋的に発展させる。このような問題解決プロセスによって活動が推進される。説明した内容に基づいた問題解決プロセスとリンケージとの関係を図10.2に示す。[5]

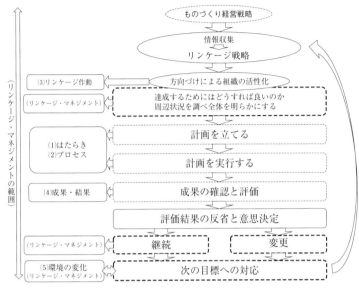

図10.2　問題解決プロセスとリンケージの関連性

10.4.2　問題解決の手順と５つの基本課題の関連性

　図10.2より，問題解決のプロセスと５つの基本課題との関連性を見てみよう。５つの課題はどのプロセスに当てはまるのであろうか。最初のステップから順に，基本課題を当てはめてみることにする。

　方向づけによる組織の活性化は，(3)リンケージを作動させるにはどうすればよいのかに相当する。この要因が強ければ強いほど，次の評価目標の設定に影響し，目標がより明確になると考えられる。計画を立て，計画を実行する手順は(2)のリンケージはどのようなプロセスで成り立っているのかに相当する。計画を立てる段階で，止揚リンケージ，補完リンケージ，包摂リンケージのどのタイプを活用するのか，が決められる。また，(1)リンケージはどのような構造を持っているのかも計画を立て，計画を実行する手順に相当する。実行する段階で，リンケージ・バリューを活用して，より良いリンケージ戦術を追求することになる。

リンケージ・バリューによって目標達成のための価値を見出し，リンケージ・サイクルによって継続するマネジメント・システムが構築される。成果の確認と評価は(4)リンケージによってどのような成果が得られるのかに相当する。リンケージ活動をした結果，企業にどのような結果をもたらし，成果が出たのか確認することができる。(5)リンケージは環境の変化にどのように適応しているのか，は環境状況を見ながら継続するのか，変化に適応できる指標に変更するのか，見定めて目標の設定をする。変更する場合，新しく指標を選定し，目標をつくり，計画を立てるというダイナミック・リンケージとして展開する。

リンケージの5つの基本テーマは，問題解決プロセスの手順の中で適用することができ，リンケージ理論の枠組みを示すことができた。ここでは問題解決プロセスを通じて，リンケージ・マネジメント理論の構造から活用まで，基本テーマの整理を試みた。問題解決プロセスとリンケージ・マネジメントは，手順化において親和性が認められる。このようにリンケージ・マネジメントは実用面で有効に機能する有用性が確認できた。

10.5　環境の変化とリンケージ

10.5.1　経営学の流れとリンケージ

最後の基本テーマである(5)リンケージは環境の変化にどのように適応しているのか，について考えてみよう。時代の変化と共に経営環境がどのように変わっていったのか，リンケージとの関係で説明する。図10.3に1900年から2000年代までの約100年間の経営学の流れを示す。企業の黎明期から成長期，安定期，グローバル環境に至る間，日本企業は工業化，サービス産業化，情報システム化，ユビキタス社会を経験して，その時代に応じたリンケージをして成長・発展してきている。近代化の代表は富岡製糸場（1872年開業），八幡製鉄所（1901年操業開始）であり，諸外国からの技術を導入して建設されている。富岡製糸場はフランスの技術を導入した官営企業と技術の補完リンケージである。八幡製鉄所はドイツの技術を導入した官営企業と技術の補完リンケージである。この2つは世界遺産に登録されている。

図10.3　近代化からユビキタス社会までの推移

　工業化時代に入り，良いものを安くつくるという考え方が広がり，自社の技術だけでなく他社の技術を学び，積極的に取り入れていった企業が発展していった。一つの製品を完成するのに多くの部品を組み立てる必要のある加工・組立産業は，部品と組立ての協業によるリンケージ戦略によって，競争優位を確保した。

10.5.2　サプライヤーとのリンケージ

　トヨタのサプライヤーとのリンケージ戦略はグループ全体に大きな利益をもたらしている。止揚リンケージ，補完リンケージによってトヨタとサプライヤーの強固なリンケージ・サイクルを構築しているといえる。情報システム化時代に入り，IT業界に対するものづくりは，どのような戦略をとってきているのであろうか。半導体メーカーのインテルは，コアとなるマイクロプロセッサーをつくり，パソコン等の機器を受託生産メーカーとの協業でつくっている。頭脳の部分は主体企業が握り，OEM，ODMの受託生産をして販売するリンケージ戦略である。アップルはソフト，ハードはものづくり専門企業に依頼し，製品にするという，ソフトとハードのリンケージによってアップル製の製品として販売している。3つの企業の協業型（補完）リンケージ戦略である。

10.5.3　水平分業・垂直分業のものづくりとリンケージ

　ものづくりの流れの中で分かれた水平分業モデルと垂直統合モデルについて述べてみよう。1970年代の情報システム化を境として，ものづくりはオープン化・分業化・国際標準化が進み，デジタル企業を中心に水平分業型モデルに移行した。代表的な例としてインテル，アップルの包摂リンケージ，補完リンケー

ジ戦略である。一方独自の知財マネジメントを守る，という使命によって，垂直統合にこだわった企業も多く存在する。特に日本企業がこだわったものづくり戦略である。シャープは経営資源を集中し，垂直統合戦略として企業内組織のリンケージにこだわった。その結果，競争の波に飲み込まれ，台湾メーカーに買収された。台湾メーカーが欲しかったシャープの知財を包摂リンケージによって飲み込んだのである。

　IT業界で日本企業が生き残るためには自社の知財をどの分野に適応するのか，見極めた上でどの分野とリンケージすればよいのか，戦略的マネジメントが重要なカギを握る。ソニーはソニーグループとして，家電メーカーから，エレクトロ事業，映画，音楽，ゲーム等のエンターテイメント事業，保険や銀行等の金融事業等幅を広げた多角化戦略をとっている。ソニーの知財を基盤として，他分野とリンケージして積極的な展開をしている。ウォークマンを代表としたソニーイズムの「イノベーション」が復活したと言える。

10.5.4　環境の変化とリンケージ

　環境の変化に対応するには，どのような環境になったとき，どのように対応すればよいのであろうか。インターネット環境になり，「いつでも，どこでも，何でも，誰でも」というユビキタス社会が実現し，技術やソフトの補完リンケージにより，様々なサービスが提供されてきている。顧客が要求する製品を効果的に，いつどのように提供するのか，が問われている。つなぐ，つなげる，つながる，つながり合うというリンケージ・サイクルは環境の変化によってさらに高いサイクルに上っていくのか，包摂されて機能を失うのか，の選択に迫られる。技術革新によって企業のものづくりは変化していくのが常である。螺旋的リンケージ・サイクルを図10.4に示す[6]。

　図より最初のつながり合う段階では，経営者，管理者集団はつながり合う最初の段階で安定したものづくりを行っている。

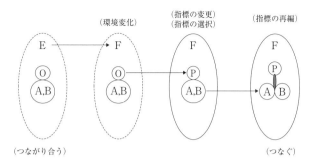

O：指標　P：指標（環境変化後）　A：経営者　B：管理者　E：環境（旧）　F：環境（新）

図10.4　螺旋的リンケージ・サイクル

10.5.5　環境の変化による指標の変更

　図10.4について説明する。安定した環境から技術革新，世界情勢の変化，世界を揺るがすパンデミック等，環境に変化が起こると，今まであった指標から新しい指標に移行する指標の変更が生じる。どの方向に舵を切るのか，外部取締役，内部取締役，管理者等の意見を聞きながら，様々な情報を収集して，最終的には経営者が意思決定をする。新しい活動による指標が選択され，その指標に基づいて指標の再編が行われ，組織が再構築される。

　最初のつなぐ段階から，自社の知財に基づく止揚リンケージ，他社の知財による補完リンケージを積極的に行い，目標に向かって，つなげ，つながるリンケージ・サイクルを推進する。そして新しいリンケージ・サイクルによる螺旋的発展につなげる。この活動が企業を継続，発展させるリンケージ戦略である。

10.5.6　指標の変更とリンケージ戦略

　図10.5は指標の変更についての手順を示している。その企業にとって影響する環境の変化が起こると，今の製品が今後も通用するのか，包摂リンケージによって機能しなくなるのか，大きな決定を強いられる。経営者の意思決定によって今後の企業の方向が決まる重要な政策課題である。限られた人材の中で，効率的・効果的な組織を作り出さねばならない。リンケージ・サイクルは戦略的

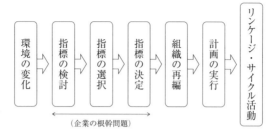

図10.5　ダイナミック戦略

な課題に対して効果的に機能する。目的達成のためにギャップをどのような方法によってつなぎ，つなげて，どのような方策を考えてつながり，つながり合うのか，課題を明確にして活動すれば，効率的な展開をすることができる。

注
1）野村重信（2021）「グローバル環境におけるリンケージ・マネジメントの体系化」『グローバリゼーション研究』Vol. 18, No 1，工業経営研究学会，p. 72
2）前掲1），pp. 83-84
3）「リンケージ理論研究会」（2020.12）において平松茂実の「リンケージ経営体系と日本企業のリンケージ体系」のレポートに基づいて筆者が加筆して作成した。平松と筆者の共同作業によってまとめた内容である。
4）野村重信（2020）『リンケージ・マネジメント』学文社，p. 48（2021工業経営研究学会賞を受賞）
5）前掲1），p. 76
6）前掲4），p. 223

第11章　ものづくり経営とリンケージ・マネジメント

11.1　リンケージ・マネジメントの展開プロセス

リンケージ・マネジメントの活用方法について述べる。

8章から10章で説明したリンケージの内容に基づいて，まずビジネス上の利益の追求から，結果の評価までの展開プロセスを説明する。次にそのプロセスを用いた企業間，企業内の事例を紹介する。そして，基礎編の課題から，効率性，有効性，社会性をつなぐリンケージ戦略を提案する。リンケージは経営の意思決定の基本戦略として，ものづくり経営に効果的に機能してきていることを示す。

リンケージ活動は画期的な成果をもたらす。リンケージ・マネジメント戦略は，企業目標を達成するために，他社や他の組織を活用することによって，自社だけではできなかった画期的な成果を生み出すことができる。リンケージ・マネジメントを効果的に活用するにはどのようなステップを考えればよいのだろうか。効率性，有効性，社会性のリンゲージ戦略の立場から考えてみよう。

11.1.1　リンケージ活動のステップ展開

図11.1にリンケージ活動のステップを示す。[1] ビジネス上の利益をあげるために，リンケージを有効に活用する方法が手順化されている。リンケージ・マネジメント戦略は，企業目標を達成するために，他社の知識や組織を有効活用することによって，自社だけではできなかった，独創的な成果を生み出すことができる。

リンケージ活動のステップについて説明する。外的環境，内的環境，これからの方向を見据えながら，ビジネス上の利益を得る企業目標を立てる。利益のリターンを期待してリンケージの検討に入る。そしてリンケージ活動を実施し成果につなげる。成果の結果から，評価を行い，継続するか，さらにレベルアッ

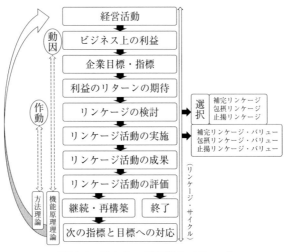

図11.1　リンケージ活動のステップ

プして推進するのか，終了するのかを決定する。そして次の目標を設定してリンケージ活動を継続する。このステップがリンケージ活動である。

11.1.2　リンケージ・サイクルからのステップ展開

　リンケージ・サイクルから見たステップを説明しよう。図11.1の右側のリンケージ・サイクルである。まず自社の状況を把握し，利益のリターンを考えながらどのリンケージ・タイプが良いのか決める。リンケージ活動の実施では，選択されたリンケージ活動によってリンケージ・バリューが生み出される。そして生み出されたリンケージ・バリューによって，期待した利益を得る。

　最初の経営活動から次の指標と目標への対応に至るプロセス全体がリンケージ・サイクルである。継続するか，再構築するかそれとも終了するのかの選択がなされる。次に環境変化に対応して次のリンケージ戦略を検討する。そして螺旋的流れをつくってより高いレベルを目指す。

11.1.3 ビジネス上の成果からのステップ展開

図11.1左のビジネス上の利益を導き出す直接の原因である動因について考えてみよう。ある企業Aのある機能をより強化するリンケージ方針が取られたとする。企業Aの機能をより強くするために，包摂リンケージ（買収）によるリンケージ活動を選択する。そして企業Aの機能を補強し，リンケージ・バリュー活動によって実施する。実行した結果の成果を評価する。この一連の流れはビジネス上の利益から始まる動因によって活動を展開し，目標を達成することによって成果につながるメカニズムとして機能する。

ビジネス上の利益からリンケージ活動の評価まで，うまく機能する仕組みと作動は，仕掛けを作ることで，リンケージ・サイクルとしての機能を果たしているといえる。作動はどうやってうまくリンケージ機能を働かすかの方法論であり，リンケージ活動の実施段階で行われる活動である。道具となるリンケージ・バリューを効果的に活用し，成果に結びつける活動であり，リンケージ活動の実施から評価までの活動プロセスである。

機能原理理論はビジネス上の利益からリンケージ活動の評価までの範囲にわたり機能し有効性を追求している。方法理論はリンケージ活動の実施から評価までの実践的活動に対応し，効率性を追求している。

11.2　展開プロセスを用いたリンケージの事例

では具体的にどのような事例があるのか考えてみよう。3つのリンケージのタイプは，経営上の戦略を考える上で重要な位置を占めている。特に環境の変化が激しく，積極的な展開をしている企業に顕著に表れる。包摂リンケージ，補完リンケージ，止揚リンケージの例を紹介する。代表的な企業として日本電産，セブン-イレブン，富士フイルムのリンケージ事例の一部をあげる。ものづくり工場のリンケージ事例では実際に行われている主要な活動を紹介する。リンケージ展開プロセスより，(a) ビジネス上の利益，(b) リンケージの作動，(c) リンケージ・バリュー，(d) リンケージ・サイクル，(e) ダイナミック・リンケージの5つの項目から整理した。

11.2.1 企業間の事例

（1）事例1 （包摂リンケージ）

（日本電産）…電動機に関連するメーカーの買収

   （a）　ビジネス上の利益…企業の拡大と技術取得（技術の強化，多様化）

   （b）　リンケージの作動…収益向上，技術強化

   （c）　リンケージ・バリュー…種類の多様化，買収企業との Win-Win 関係

   （d）　リンケージ・サイクル…継続性，変化対応

   （e）　ダイナミック・リンケージ…次の買収企業の選定

（2）事例2 （補完リンケージ）

（セブン-イレブン）…プライベート・ブランド

   （a）　ビジネス上の利益…ブランド強化，多角化

   （b）　リンケージの作動…収益向上，技術強化

   （c）　リンケージ・バリュー…新製品開発，連携企業との Win-Win 関係

   （d）　リンケージ・サイクル…継続性，変化対応

   （e）　ダイナミック・リンケージ…他の商品開発

（3）事例3 （止揚リンケージ）

（富士フイルム）…多角化経営，多品種商品の開発

   （a）　ビジネス上の利益…事業の拡大

   （b）　リンケージの作動…動機付け，事業転換

   （c）　リンケージ・バリュー…他分野への用途開発と技術開発による商品開発

   （d）　リンケージ・サイクル…継続性，高付加価値商品

   （e）　ダイナミック・リンケージ…顧客対応の商品開発

　3つの事例からもわかるように，ものづくり経営リンケージ戦略は企業にとって必要不可欠な意思決定活動である。これらの事例は企業の存続をかけた経営問題を扱っているが，企業内のリンケージ戦略も盛んに行われている。企業内部のリンケージ戦略についていくつかあげてみよう。

11.2.2　企業内の事例

（1）事例1（補完リンケージ）

（ものづくり設計部門と工場現場）…設計図面に基づいた製品製作

  (a) ビジネス上の利益…要求品質の実現，納期の実現

  (b) リンケージの作動…動機付け，人間関係，リーダー・シップ

  (c) リンケージ・バリュー…設計通りでかつ作りやすい

  (d) リンケージ・サイクル…ものづくりのノウハウの共有，情報共有

  (e) ダイナミック・リンケージ…多職能化，多能工化

（2）事例2（止揚リンケージ）

（情報部門と工場）…生産管理システムの構築と実施

  (a) ビジネス上の利益…納期の遵守，在庫の削減

  (b) リンケージの作動…目標システムの実現，情報のスピードアップ

  (c) リンケージ・バリュー…時間短縮，利益の還元，人員削減，システム開発と標準化

  (d) リンケージ・サイクル…システムと工場とのギャップの解消方法，システム開発の手順化，システムの安定

  (e) ダイナミック・リンケージ…システム保全，指標の変更によるシステム変換の容易性，新システムの垂直立上げ

（3）事例3（包摂リンケージ）

（自動車部品工場と熱処理工場）…熱処理工程の買収，設備技術の導入と工程の簡素化

  (a) ビジネス上の利益…技術の習得と定着，他工場との差別化，工程の単純化

  (b) リンケージの作動…収益向上，技術獲得

  (c) リンケージ・バリュー…品質の向上，フレキシブル生産

  (d) リンケージ・サイクル…技術の高度化，技術の継続性

  (e) ダイナミック・リンケージ…技術融合と技術進化

 以上6つの展開プロセス事例を示した。リンケージという立場で5つの項目

から整理すると，今まで断片的に整理してきた情報を体系的に見ることができ，効率的に有用な情報を見出すことができる。リンケージ活動はものづくり経営の課題解決の手段として有効に機能するであろう。

11.3　リンケージ・マネジメント戦略

　従来の生産活動は，戦術的に良いものを安く早く作ることが良いとされ，多くの生産企業で展開して成果をあげてきた。リンケージ・マネジメント活動を考える上において，大切なことは，どのような戦略を描いてものづくりをすれば良いのか，社会に受け入れられる企業活動とは，どのような活動であるのか，を明確にして社会に発信することである。

　その指針として，図11.2にものづくり戦略の段階を示す[2]。一番上位に位置づけられるのは，基本理念として，社会に善い存在となるための企業の基本指針である。次の経営理念は経営活動をする上において，企業自らが作り出した独自の考え方であり，企業イズムが醸成される。企業イズムによってその企業への帰属意識が芽生え，一人前の人材に育っていく。

　企業にとって，全員で共有する価値観は特に重要であり，長期にわたって共有できることが好ましい。企業を創立した創業者の考え方を経営理念として，現在まで継続している企業も数多く存在する。経営ビジョンは，将来の方向を具体化した考え方であり，どのような方向に進むのかが明確になっていることが大切である。

　ビジョンは船でいうと羅針盤にあたり，全体を束ねる方向づけを行い，組織をある方向へ導く役割を果たす。経営戦略は，ビジョンを実現するための継続可能な方策を与える。経営戦術は，戦略を具体化する策であり，指標を明確にして効率的な改善をすることが要求される。日常業務では，定型業務と同時に与えられたテーマに対して，リーンな仕事を効率的に実践することが求められる。基本理念ではSDGsやESGの考え方が必要となってきている。

　これらの6つに関わる要素（図11.2）をつなぎ，ものづくり経営リンケージ活動を展開する。ある監督者のある日をみてみよう。朝礼で基本理念，経営理

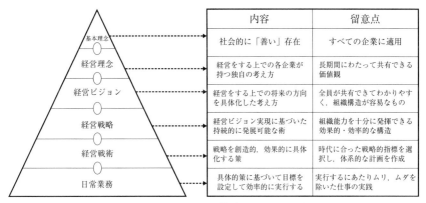

	内容	留意点
基本理念	社会的に「善い」存在	すべての企業に適用
経営理念	経営をする上での各企業が持つ独自の考え方	長期間にわたって共有できる価値観
経営ビジョン	経営をする上での将来の方向を具体化した考え方	全員が共有できてわかりやすく，組織構造が容易なもの
経営戦略	経営ビジョン実現に基づいた持続的に発展可能な術	組織能力を十分に発揮できる効果的・効率的な構造
経営戦術	戦略を創造的，効果的に具体化する策	時代に合った戦略的指標を選択し，体系的な計画を作成
日常業務	具体的策に基づいて目標を設定して効率的に実行する	実行するにあたりムリ，ムダを除いた仕事の実践

図11.2　ものづくり戦略のリンケージ

念を唱和した後，経営ビジョン，経営戦略を確認して日常業務を行うとする。監督者には品質不良削減目標が与えられている。監督者の業務を遂行しながらどのように不良を削減するのかである。効果的に具体化する策として，不良情報の見える化をするための仕組みづくりをしている。工程内，工程間のリンケージによって不良の情報が発生現場でわかり，迅速な対応によって同じ不良を出さない現場を目指した。この活動は有効でかつ効率的なリンケージ戦略活動となる。

11.4　ものづくり経営リンケージ展開

　基本編で日本製造業の不振の原因，ものづくりのありたい姿，経営戦略，企業の持続的発展等について説明した。ここでは基本編に基づいてリンケージ・マネジメント戦略としてどのように展開すれば良いのか，これからの企業の方向について探ってみよう。

11.4.1　ものづくり経営活動のステップ展開
（1）ものづくり経営活動の展開
　図11.3は，ものづくり経営活動のステップ展開である。基本理念の明示から

経営環境の変化まで，ものづくり経営活動を11ステップで表示した。ステップⅣからⅦまでの評価は，まとめて一つのステップXで表している。ⅣからⅦまでの各リンケージ段階で評価をしてフィードバックをし，目標を達成するまで繰り返す。この11ステップは，図11.2のものづくり戦略のリンケージに基づいてより具体化した展開図である。

　ものづくり経営活動の流れを説明しよう。Ⅰ基本理念は社会的に善い存在として最初に明示されるものである。次いでⅡ企業理念の明示，Ⅲ企業ビジョンの表示によって企業の目指すべき方向を明らかにする。我々が生活する社会環境の中で，善い行いをする企業の存在理由である。Ⅳ企業目的，Ⅴビジネス・システムについては，リンケージすることによって利益を生むのか，つまりリンケージ機能を十分に発揮することができるのかどうかである。Ⅵの戦略の策定は，リンケージの対象を明確にして，リンケージ・バリューという価値を見出すことができるのかどうかである。

　Ⅶ戦術の計画と実施では，リンケージ機能を動かす方法を構築し，実施する。

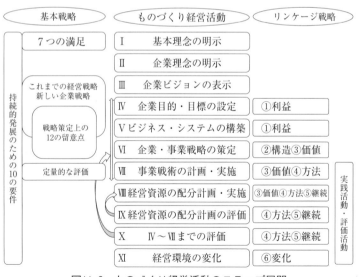

図11.3　ものづくり経営活動のステップ展開

Ⅷ配分計画と実施では，価値，方法，リンケージ・サイクルという，継続を実際に実施する。Ⅸ配分計画の評価では，正しい方法で行っているのか，目標は達成しているのか，を評価する。Ⅺ経営環境の変化では，10章，図10.5のダイナミック戦略に基づいて，指標の検討をし，次につなげる継続的な企業活動を展開する。

　次に，ものづくり経営活動を図11.3の基本戦略（左側）とリンケージ戦略（右側）とのかかわり合いから見てみよう。

（2）リンケージ戦略からのものづくり経営活動

　ものづくり経営活動を，右側に描いてあるリンケージ戦略との関連で説明する。Ⅳ企業目的・目標の設定，Ⅴビジネス・システムの構築では，どのような利益を期待するのか，成果を検討する。Ⅵの企業・事業戦略の策定では包摂リンケージか，止揚リンケージか，またどのようなリンケージ・バリューを期待するのかを検討する。Ⅶの事業戦術の計画・実施ではどのような方策によって結果を出すのか考える。Ⅷ，Ⅸの経営資源の配分計画・実施・評価では効果的な方策によって継続させる方法を検討し，実施する。そして環境の変化に対応して次のステップに進む。この流れがステップ展開の実践活動・評価活動の手順である。

（3）基本戦略からのものづくり経営活動

　基本戦略とものづくり経営活動のリンケージについて社会性，効率性，有効性の立場より悦明する。

　図11.3のⅠ基本理念の明示では，2章5に7つの満足として7つのステークホルダーをあげ，基本理念とした。Ⅱ企業理念では各企業が顧客や組織に伝えたい考え方であり，企業の存続に関係する内容である。Ⅰ，Ⅱに基づいてⅢ企業ビジョンの表示，Ⅳ企業目的・目標の設定，Ⅴビジネス・システムの構築，Ⅵ企業・事業戦略の策定がされる。ⅢからⅤを計画，実行するために，基本編の3.1これまでの経営戦略，3.2新しい企業戦略，3.3策定上の12の留意点をリンケージして企業に合ったビジネス・システムを構築する。Ⅶ事業戦術の計画・実施では定量的な評価をしてより効率的な戦略の策定に還元する。さらに

ⅠからⅪの範囲に対して持続的発展のための10の要件を定期的にチェックする。そして企業の継続に貢献するリンケージ・マネジメント・システムをつくり，有効的に機能させる。これが基本戦略とものづくり経営活動の社会性を関連付けたリンケージ戦略である。

11.4.2　7つの満足とものづくり経営のリンケージ

　基本編第2章，ものづくり企業のありたい姿―「7つの満足の獲得」とリンケージ戦略について述べる。ステークホルダー主義（詳しくは本書第2章参照）は，7つのステークホルダー（顧客，サプライヤー，従業員，株主，地域社会，地球環境，政府）の協働を通じて，付加価値を創造し，それを適正に配分するという考え方である。止揚リンケージ・バリュー，補完リンケージ・バリューの新しい価値を創造することと相通じている概念である。これらの7つのステークホルダーとどのように連携していくのかが，リンケージ・マネジメントの基本テーマとなる。企業の目指す方向と7つのステークホルダーは，主に止揚リンケージ活動となる。

（1）企業と地球環境のリンケージ・バリュー

　一つの例として，企業と地球環境のテーマについて述べる。相互利害関係にある目標のギャップを止揚リンケージ課題とする。暗黙知領域を形式知化し，止揚リンケージ・バリューの立場で積極的に挑戦していく。そのためにリンケージ課題としての共通目標を設定し，問題を深く掘り下げ，問題解決に向かう方向を相互に探り出す。リンケージ課題は，Win-Winの関係が成り立つことによって達成される。図11.4に企業と地球環境のリンケージ・バリューの例を示す。[3]

　人，生物が住む上においてマイナスとなる様々な問題に対して，止揚リンケージ・バリューで問題を顕在化し，環境への投資をする。例えば工場内の環境の整備，廃棄物の処理，環境に配慮した製品の開発等，多くの課題を見つけ出し，改善活動を推進する。企業の利益，地球環境の利益を得るWin-Win活動をつくることによって，リンケージ・サイクル活動が促進され，継続的な活動につ

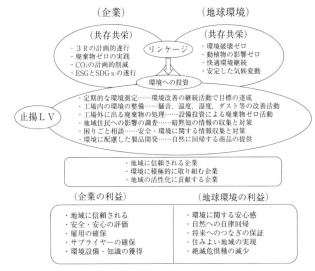

図11.4　企業と地球環境のリンケージ・バリュー

ながっていく。

（2）企業と従業員のリンケージ・バリュー

　もう一つの例として，企業と従業員について述べる。企業と従業員は継続と成長という共通目標を持っているが，経営責任と非経営責任という関係にあり，そこに利害関係が生じる。企業の存続理由は高利益，資本家の対応，高生産性等であり，従業員の帰属理由は適正報酬，公正処遇，教育機会等である。止揚リンケージ・バリューの活動によって，どのように継続と成長を達成していくのかが，問われる。

　企業が成長し継続するには，従業員の日常の働きが欠かせない。止揚リンケージ・バリューで，やりがいのある職場をいかにつくり上げるのか，が組織を活性化する上でのポイントである。企業が求める課題を止揚し，企業独自の組織力を磨き上げていくことが大切となる。そのためには，将来の方向づけを明らかにして，企業従業員が共通目標に向かって，実践する力を養う必要がある。共通目標は将来の企業のあるべき姿をつくり，ロードマップによって方向づけ

をする。その方向を見据えながら，実現するための目標を決め，計画表を作成する。その計画表に基づいて組織計画をリンケージし，実施計画に落とし込み実施する。そして評価をし，次のステップに進む。

11.4.3 重要経営指標とリンケージ

基本編の第5章で述べている3つの評価指標について財務的KMIと生産部門のKPI，KAI（図5.2）のリンケージについて見てみよう。KAIは各改善活動の事例であり，結果のKPIとつながることによって生産性，品質向上，安全性に貢献する。企業の原動力である財務的利益であるKMIを得るために目標KPIをつくり，KPIに貢献するKAI事例を選択し，効率的な改善活動を行う。企業が目指すものづくりコンセプトと改善活動をリンケージして，効果的な活動につなげ，利益を獲得する。

KMI–KPI–KAIのつながりから，ものづくりコンセプトに基づいたKMIに貢献する課題を抽出し，全社的な改善活動によって，効果的に財務的利益に結びつける。つまりKMIに貢献する直接的なつながりのあるKAI（強リンケージKAI）をいかに効率的に見つけ出すかが課題である。リンケージ・サイクルによって改善活動が繰り返され，環境変化に対応しながら継続的な発展を目指す。効率性を重視した経営活動となる。

図5.3の生産部門のKAIと経営部門のKAIをリンケージしたLET–CAPDo活動は，KMIに貢献するKAIを見つけ出すために役立たせなくてはならない。LET（学習・教育・訓練）の効率的な活動によってCAPDoが生きてくる。効率的な活動とはKMIの成果からKPIの成果にリンケージしているKAIを見つけ出すことである。図5.4のKMI–KPI–KAIをつなげたマトリックスを表示し，どのKAIがどのKMIにつながっているのか，を知ることによって効率的な改善活動につながっていく。KMI–KPI–KAIのつながりの強さすなわちリンケージ解析は統計的解析によって見つけ出す方法や論理的つながりや経験則によって見つけ出すことが可能である。戦略的なリンケージ活動によって成果に寄与するKAI活動を推進することがリンケージ戦略である。

図5.5の流れによる価値連鎖も KMI を増大させる重要なものづくりリンケージ戦略となる。よく知られているジャストインタイムは顧客と直接つながっている考え方である。発注から納入までの期間（図5.5より購買・物流，生産，出荷・物流の流れ）を短くする改善活動であり，投入した資本をいかに早く回収するのかに直接リンケージしている。良い流れをつくって経営に貢献するリンケージ活動となる。ジャストインタイム生産方式は経営に貢献する理にかなった考え方であるといえる。

11.5　日本のものづくり経営とリンケージ

　日本企業から生まれたものづくりシステムを基本編で詳しく説明した。その内容に基づいて4つのものづくりシステムを考え方，特徴，有用性，効果としてまとめた。それらのキーワードとなる内容を整理し，表11.1に示した。

11.5.1　日本のものづくりシステムの比較

　考え方について4つのシステムすべてとリンケージしている内容は，トップダウンによる展開であった。また全員参加による組織力向上を目指していることがわかった。特徴の中で，企業存続の必要条件と顧客との関係について，TPS，TQM，アメーバ経営は強く意識したリンケージ・システムを構築している。TPM は企業内活動に中心をおいている。有用性では，システムを継続するために仕組みを作っている。

　TPS は継続できる頑強なかんばんシステムを持っている。TPM ではボトムアップ型の自主保全活動がある。TQM では良い品質をつくり込むために QCサークル活動を行っている。アメーバ経営では，経営感覚を持つリーダーの養成によって継続する活動を行っている。継続と強くリンケージしている活動はTPS とアメーバ経営と考えられる。効果では4つのシステムは原価と強くリンケージしており，ものづくりが原価と直接結びつく活動を行っているといえる。

表11.1　日本のものづくりシステム

	TPS	TPM	TQM	アメーバ経営
考え方	・トップダウン展開 ・仕事のムダの徹底的排除 ・生産性の向上の継続 ・働きとは付加価値を高める ・個人を鍛え組織力を高める ・徹底したJITの実現	・トップダウンによる展開 ・儲ける企業の体質づくり ・人と設備の体質改善 ・生産効率の極限追求 ・全員参加による生産保全活動 ・故障ゼロ，不良ゼロ，災害ゼロ	・トップダウンによる展開 ・顧客の要求する製品の実現 ・顧客に受け入れられた価格 ・組織を効率的に運用 ・組織で目標を達成する ・ステークホルダーとの良好関係	・トップダウンによる展開 ・全員参加の経営 ・トップダウンとボトムアップの調和 ・従業員の参加意識の醸成 ・利益を中心とした合理主義
特徴 (効率性含)	・需要と直接つながる生産 ・JIT生産があるべき姿 ・カイゼン組織の役割の明確化 ・決められた仕事量の遂行 ・基準設定の明確化と遂行 ・ムダの顕在化と改善スピード ・平準化生産環境が前提 ・リードタイム短縮が目標 ・関連会社とのリンケージ ・製品別原価低減活動	・需要が供給を上まわる場合 ・設備総合効率の極大化 ・トップダウン ・ロードマップの推奨 ・目標達成のステップ展開 ・8本柱の連携 ・人の能力を最高に発揮 ・16大ロスの提案と改善効果 ・ロスの排除と未然防止 ・強いリーダーシップ	・顧客指向の品質 ・継続的改善活動 ・QCツールの活用 ・全員参加の小集団 ・源流管理 ・QCストーリーを持つ ・問題解決の方法 ・環境の変化に対応 ・トップ主導の展開 ・企画からサービスの品質保証	・需要と製造の採算性 ・小集団組織別の採算管理 ・採算表，KPI，具体策が連動したPDCAサイクル ・スピーディーな損益評価と意思決定 ・役割，責任の所在の明確化 ・経営数値の全社的な共有 ・数値に基づいた客観的な人事評価制度
有用性	・納期最優先のシステム ・7つのムダを徹底的に排除 ・スムースな流れをつくる ・継続できる頑強なシステム ・在庫0を目指す改善システム ・改善は無限であるという哲学	・PQCDSMEによる体質改善 ・生産システムの効率化 ・成長企業における大きな成果 ・設備，品質，安全のゼロ指向 ・設備をベースに予防哲学 ・ボトムアップ型の全員参加	・品質を中心とした質の経営 ・QCサークル活動の継続 ・仕事の中で品質をつくり込む ・企画，開発からつくり込む ・人間側のミスの削減 ・デミング賞の内容の実現	・経営者マインドを持ったリーダーの養成・育成 ・コミュニケーションの活発化 ・事業の再生（半導体，通信に限らず，医療，介護，教育などの異分野にも展開可能）
効果	・製品別原価管理の徹底 ・納期遵守の徹底 ・最小在庫によるムダの排除 ・CT=TTによるムダの排除 ・継続改善による原価低減 ・かんばんによるつながり合う継続システムの構築	・設備総合効率の向上 ・コストに対する意識の高まり ・原価の低減，不良の低減 ・安全意識とモラールの向上 ・最小インプットで最大アウトプット ・人の能力を最高に発揮 ・解決のための手法の開発	・品質面からのモラールの向上 ・全社的活動の活性化 ・クレームの削減活動 ・経営システムの質の向上 ・問題解決能力の向上 ・ヒューマンエラーの減少 ・安全に対する意識の向上	・高収益の獲得 ・採算に対する従業員の意識と行動の変化 ・努力と結果がリンクすることによるやりがいの実感 ・目標に対するチャレンジングなアクションの推進

11.5.2　共通的なキーワード

　これら4つの共通的なキーワードを整理すると，①トップダウンによって顧客に対応する目標を立て，②小集団型の全員参加で，③日常活動できるシステムを継続し，④原価低減活動によって企業に高収益をもたらす活動を実現する，という極めてティピカルな企業活動となった。4つのキーワードを効率的にリンクすることにより，システムとして機能し目標達成に貢献すると考える。それぞれのシステムは独自のシステムとして進化し，発展してきたが，効率性，有効性を追求している全社的改善システムであると考えることができる。

　さらに継続するにはどうすれば良いのか，について4つのものづくりシステムから次の3つが導かれた。

　(1)　閉じたシステムとして運用していること

　(2)　顧客と直接つながっていること

　(3)　あるべきコンセプトが明確であること

　これを継続するための3原則とする。(1)の閉じたシステムとは企業を取り巻く外的・内的な環境がものづくり経営に対応して安定している状態を保っていることである。(2)顧客とのつながりは，より良いものを意識してつくることであり，常にQCD（品質，コスト，納期）の顧客満足を考慮していることである。(3)あるべきコンセプトは全員がものづくりコンセプトを共有して，組織的に束になって活動できることである。[4]

11.5.3　日本のものづくりシステムと基本編

　第4章の持続的発展の要件より見てみることにする。トップダウンについては，要件②経営者資質・役割と直接リンケージしている。また全員参加による組織力向上は，要件③従業員の士気・倫理観・実践力，要件④組織体制の内外環境適応性と直接リンケージしている。主に止揚リンケージすることによって新しい何かをつくり上げ，トップのリーダー・シップの基，全員参加で目標に向かった活動を推進する。この流れが日本のものづくりシステムの強さである。

11.5.4 日本のものづくりシステムとリンケージ

事例で示したリンケージ展開プロセスについて TPM システムを例に整理すると次のようになる。

（TPM システムの導入と工場）……QCD 目標の達成

（ a ）ビジネス上の利益……組織能力の向上，全社的活動による目標の達成，活動結果として高い利益率

（ b ）リンケージの作動……動機付け，人間関係，リーダー・シップ

（ c ）リンケージ・バリュー……リンケージ相互の価値の継続，情報共有，達成感，組織能力の向上

（ d ）リンケージ・サイクル……改善サイクルの継続，高い仕事の習慣化，目標達成の継続性，多能工化

（ e ）ダイナミック・リンケージ……TPM システムのランクアップ，あるべき指標の設定，螺旋的発展の継続リンケージ展開プロセスによって効率的な活動を展開することができ，リンケージの有用性を見出すことができる。

この章では，基本編とものづくり経営のリンケージについて，その一部を説明した。基本編からリンケージ問題を整理するとまだ多くのリンケージ課題が存在する。ものづくりの中に意識的にリンケージの考え方を取り入れ，実践すると大きな成果につながると考える。身近なところに潜んでいる問題を拾い上げ活用すると，意外な結果を生み出すのではないだろうか。

リンケージは幅広い概念である。リンケージの概念を使ったマネジメントは身近なところに潜んでおり，読者諸氏が主役になってマネジメントすることができる。リンケージを戦略として積極的に取り上げ，効率性，有用性，社会性に貢献する活動にすることこそが，より良いものづくり，社会づくりにつながると信じる。

注
1）野村重信（2021）「グローバル環境におけるリンケージ・マネジメントの体系化」『グローバリゼーション研究』Vol. 18. No. 1，工業経営研究学会，p. 88
2）野村重信（2020）『リンケージ・マネジメント』学文社，p. 92（2021工業経営研究学会賞を受賞）
3）前掲 2），p. 99に加筆。
4）野村重信（2022）「つなぐ技術のものづくり力Ⅱ」『IE レビュー』Vol. 63, No 2，p. 58

第3部　導入編

第12章　日本企業におけるリンケージ導入事例

12.1　A社を取り巻く環境

　改善活動は,日本のものづくりを支える企業文化の一つであり,長年にわたっ
て脈々と続けられてきた活動である。企業の愚直で地道な取り組みが製品の品
質を高め,日本製品の競争力を生み出してきた。

　この原動力となったものは一体何であろうか。それは,一人の管理者による
功績ではない,また,秀でた能力を持った特定の人物の活躍によるものでもな
い。日本における改善活動の多くは,人と人が連携して知恵を出し,行動を起
こすことで成しえてきたものであることが多い。これはまさに,改善活動が複
数の要素のリンケージによって生み出された結果であることを示している。

　近年の競争環境は変化のスピードを増しており,リンケージによって生み出
される成果への期待は高まる一方である。一人の人間や一つの企業が実行し得
る活動は限られているため,利用可能なあらゆるリソースを活かし,取り入れ,
組み合わせることのできるリンケージの推進が不可欠である。

　ここでは,今後ますます重要になると考えられるリンケージの推進要因を明
らかにするため,A社における改善活動の事例から,人と人のリンケージが
どのように生まれ,定着していったのかを説明する。

12.2　A社における改善活動

12.2.1　長年のものづくり

　A社は,順調に業績を伸ばしているものづくり企業である。優れた品質や
顧客サービスが市場に認められ,売上高と利益を拡大し続けている。長年,安
定した経営を続けており,定年退職が間近に迫った社員でも,数十年にわたる
勤続の中で会社の危機を感じた経験は皆無である。大規模な災害や景気の変動
が起こり,他の多くの企業が業績を悪化させている最中であっても,A社は

堅調な成長を続けてきた。言うなれば，長い歴史の中で顧客に認められた優良企業の一社である。

そのような経営環境にあるA社のものづくり現場は穏やかだった。昨日までのつくり方を今日も続けていれば会社は儲かり，従業員は十分な給料を手にすることができる。何も変える必要はなく，いつもの作業を続けていれば良いと多くの従業員が考えていた。

数年前に撮影された生産ラインの写真を手に取って現在の様子と見比べてみても変化を見つけることはできない。変わらないことが習慣となったものづくりがあった。

12.2.2　改善のきっかけ

ところが，2009年のある日，A社のこれまでのものづくりに疑問を投げかける出来事があった。工場を訪れたある人物が生産ラインを見るなり提案した。「1個流しに改善すれば，生産性は倍になる」。初めてA社を訪れたその人物に，生産ラインのムダを見抜かれ，生産のやり方を根本から変えるような本格的な現場改善を勧められたのである。

12.2.3　それまでのつくり方

当時，A社の生産ラインは工程間に多くの仕掛在庫を抱えるダンゴ生産と呼ばれるつくり方を採用しており，各工程はそれぞれが独立した生産計画に従って生産を実行していた。前後工程のつながりは希薄で，工程間には多くの仕掛在庫が滞留していた。さらに，生産ラインは生産計画によって示される数量はあくまでも目安であると解釈し，余裕のある日は計画数を超えて生産することや，トラブル時は計画が未達成でも構わないというスタイルをとっていた。

多くの工程がトラブル時に生産実績が不足することを避けるため，過剰な"安心"在庫を持つことで対応していたのである。また，生産管理の担当者も，生産計画が目安として現場に認識されていることを理解しており，欠品や納期遅れに備えた"安心"を重視した計画を立案するようになっていた。このように

A社では，現場と生産管理の二重の"安心"によって増幅されたものづくりが運用され，現場はたくさんの在庫であふれていた。

このような生産をするが故に，A社の製造リードタイムは長かった。主要な工程の正味作業時間の合計が約20分間であるのに対し，実際の製造リードタイムは3カ月間以上かかることもあった。これは，製造リードタイムに占める99％の時間は在庫として滞留している時間であることを意味しており，極めて大きなムダを伴っていたことを示している。

ほとんどの工程では，1日分の生産数量が一つのロットのように扱われ，当日生産したものは工程の脇にある通路に集積されていくのであった。その通路の集積所には，前日以前に生産された仕掛在庫も滞留したままで，いつ使われるのかも定まっていない。後工程は，その通路にある在庫から当日の生産品種を探して持っていくのである。出荷数量の少ない品種も同様の方法で生産されていたため，すべての仕掛在庫を消費するまでに数カ月以上の期間を要する場合もあった。

一方，前工程でトラブルが生じた際は，後工程への供給が滞ることも起こっていた。そのような場合は，豊富にある仕掛在庫を組み合わせ，生産計画外の品種をつくることで作業者の仕事量を確保していたのである。この際，作業者の仕事量を確保することが優先され，出荷予定が定まっていない品種の生産を行う場合もあった。そのため，工場内は在庫であふれ，どこに何があるのかを把握することさえ困難な状況であった。

12.2.4　工場長が期待したこと

本格的な改善活動に着手することを勧められた2009年のある日，その現場にA社の工場長が同席していた。工場長は，以前から改善活動に興味を持っており，若手の時代には社内のQCサークル活動でリーダーを担当したことがあった。1個流しという方法を実践したことはなかったが，工場が変わる良いきっかけになるかもしれないと期待感を持っていた。

A社における従来のQCサークル活動は，発表会のための活動が中心であり，

発表会が終われば現場はすぐに元通りになっていた。工場長は，今回の1個流しが自分たちの変わるきっかけになるのではないかと，淡い期待を抱いていたのである。

12.2.5　現場の反対

しかし，1個流しの提案を受けた数日後，現場はピリピリした雰囲気に包まれていた。「工場長が1個流し生産というわけのわからない改善を進め，現場をきつく管理するようだ。現場に2倍の仕事量を求めているらしい」という噂が広まっていた。工場長が現場を訪れた時，1人の従業員が臆さず言った。「私たちは一生懸命仕事をしている。現場のことを知らない工場長に勝手なことをして欲しくない」。1個流しという未知の改善に対する拒絶反応が起こっていた。工場長の期待もむなしく，結局だれ一人の賛同も得ることができずに活動は進まなかったのである。

一方その頃，A社の本社では製造部長を中心に，生産革新の全社的な取り組みが企画されているところであった。当初は5Sや自主保全といった基礎づくりから始める計画であったが，生産革新活動の象徴としてテストラインでの1個流し改善も同時に実行することになった。テストの対象ラインは，前述した工場長が管轄する工場である。本社では，推進事務局が組織され，1個流しラインの構築に向けた準備が開始された。

その数日後，推進事務局はテストラインを設置する工場を訪れ工場長に製造部長の方針を説明した。工場長は1個流しに対して，当初は自分たちが変わるきっかけになると期待していたにもかかわらず，推進事務局の提案に対して否定的だった。工場長は従業員の反応を知っており，本社と現場の板挟みにあっているような状態だった。改善活動を進めるのも止めるのも，原動力は人の力である。当時は工場の力が改善活動を止める方向に作用し，何も進まない状態に陥っていた。

12.2.6　1個流しの研究

　何も進まない状況が続く中で，推進事務局は1個流しについて研究すること
にした。本当に1個流しは現場をきつく締め付けるような管理なのか。生産性
が2倍になると，仕事量も2倍になるのか。他社の導入事例を調査して疑問を
少しずつ解消していった。研究の結果，1個流しは作業者を締め付けるような
生産方法ではなく，ラインの前後にある工程をリンクし，良い流れをつくるた
めの優れた方法であることがわかった。

　さらに，1個流しの研究と同時に，作業者の動作を注意深く観察した。ストッ
プウォッチをもって現場に立ち，一人ひとりの作業内容を観察していった。す
ると，これまでの作業方法では仕掛品を在庫するための取り扱いに膨大な時間
を費やしていること，在庫の運搬時に生じる振動によって仕掛品が不良となり
手直しに長い時間を要していること，大きなロットで運搬するため作業者の肉
体に負荷がかかっていることなどが明らかとなった。

　この研究を通じて，推進事務局はこう考えるようになった。作業者は現状の
作業が習慣化しているため，新しい方法に転換することに抵抗感がある。しか
し，1個流しは良い流れをつくることができるだけでなく，作業者の負荷も軽
減できる可能性がある。膠着状態を打開するため，1個流しを工場長や作業者
にも理解してもらいたいと思うようになった。

12.2.7　モデルラインづくり

　1個流しの正しい理解を浸透させるため，推進事務局は工場長に協力を要請
してモデルラインをつくることを決めた。生産ラインの最終工程とその一つ前
の工程を選定して，2つの工程間を1個流しでつなぐ構想である。モデルライ
ンは，現行ラインの脇にあるスペースに設置したいと考えたが，仕掛在庫がス
ペースを塞いでいたため実現することができなかった。工場内には他にも適当
なスペースがなく，従業員が使っている食堂の片隅がモデルラインの仮設場所
となった。

　1個流しのモデルラインづくりは思いのほか捗った。予め推進事務局が調査

しておいた時間観測のデータが活用できたことも影響したが，最も貢献したのは工場長である。モデルラインの設計を工場長と推進事務局が共同で進めたことにより共通の理解が進み，実現に向けたモチベーションが共有されたのである。工場長は，食堂を訪れる作業者に声をかけ，モデルラインのコンセプトを説いた。最初は遠巻きに見ていた作業者がほとんどだったが，毎日毎日声をかけられたことで次第と距離感が近づいていった。モデルラインの最終形が完成した時，ほぼすべての作業者の意見が盛り込まれたラインになっていた。

　食堂でのモデルラインづくりは成功した。工場長が想いを言葉にして一人ひとりの作業者に働きかけ，共通のゴールを共有したことが成功要因であった。工場長，作業者，推進事務局の組織がつながって協力関係が生まれ，問題解決に成功したのである。その結果，食堂に設置したモデルラインは従来とは桁違いの短い製造リードタイムを実現することができただけでなく，作業者の肉体的な負荷や不良率の低減にも大きく貢献したのである。

12.2.8　生産ラインへの展開

　モデルラインが成功した直後，工場のラインを1個流しに改善する取り組みが始まった。大掛かりなラインの変更を生産活動と並行して進めるのは困難であったが，全員で出勤スケジュールを調整して対応した。当初は1個流しに否定的な立場を取っていた従業員の多くは，工場長の働きかけによって1個流しに賛同するようになり，ライン変更による一時的な休日出勤にも自らのできる範囲で自発的に協力するようになった。

　ある年のお盆連休が明けるころ，最終工程とその一つ前の工程を1個流しでつないだ最初のラインが完成した。生産性は2.16倍，製造リードタイムは最短2日から60秒へと大きな改善が実現できた。

12.2.9　工場の変化

　最終工程とその一つ前の工程での1個流しが完成し，工場が一段落ついていた頃，さらに上流側にある工程のリーダーらが新しい計画を練っていた。その

計画は，自分たちの工程にも1個流しを導入するという横展開の取り組みである。後工程で導入された1個流しを目の当たりにし，自分たちの工程もチャレンジしたいと考えるようになっていた。

　しかし，上流工程側は大型の加工設備が配置されており，1個流しのためのレイアウト変更は容易でない。レイアウトを変更するには，地下ピット内の配管を引き直す工事が必要となり，高額な費用が掛かることがわかったのである。

　このような課題には，技術スタッフが協力した。業者に依頼する高額な地下ピットの工事ではなく，自分たちで頭上に配管を引き直すアイデアが生まれた。その結果，安価かつ今後の変化にも柔軟に対応できるレイアウトが実現した。

　その後，1個流しの改善はラインのもっと上流へ横展開が進められていった。リードタイム短縮を目指した段取り替えの改善，作業者の負荷を軽減して働きやすい環境をつくるためのからくり改善，工程間の運搬を自動化する無人搬送車の導入など，新しい改善のアイデアが毎日考えられて実行されていった。

12.2.10　今後の展望

　A社の工場は1個流しがきっかけとなり，人と人のリンケージが生まれた。そして，そのリンケージは改善の意欲を掻き立て，新しい課題の解決を促し，新しい時代にマッチした製造リードタイムや生産性を実現した。ここで取り上げたA社の事例は，リンケージの重要性と効果の大きさを示している。今後ますます変化のスピードが加速する環境において，より広範囲でより強いリンケージが求められるであろう。

12.3　A社の事例分析

12.3.1　リンケージを推進する要因

　前述したA社の工場において，リンケージを推進した要因とは何であったのだろうか。1個流しの改善に成功した集団とそうでない集団の違いを分析した研究成果[1]から，リンケージを推進する要因を述べる。

　この分析は，A社の7工場34ラインを対象に，Management, Man, Machine,

Material，Method の5分類に関する27個の項目を評価し，良好な改善活動を進めている集団とそうでない集団の特性を調査したものである。5分類27項目の要因は表12.1の通りである。これらの要因の内，どのような項目が推進要因となっているのかを数量化Ⅱ類によって分析した結果，図12.1のようなサンプルスコアを得ることができた。散布図中の「○　線のレベル」は強いリンケージの関係を構築している集団，「×　点のレベル」はリンケージの関係を構築することができていない集団，「△　線に向かう過程」はそれらの中間であることを示している。散布図は，それぞれの集団が明確に異なる領域に属していることを表しており，5分類27項目の条件が特徴的に異なることを示唆している。

　得られたデータから第1軸と第2軸の分析を行うと次のような解釈をすることができる。まず，第1軸は，工場長がリーダーシップを発揮し，組織のモチベーションを高めながら活動をけん引するトップダウン型か，活動の方向付けまでを現場がせざるを得ないボトムアップ型かを判別する軸であると考えることができる。次に，第2軸は，制約条件を解決する問題解決能力の有無を判別する軸であると考えることができる。

　以上の分析結果から，「○　線のレベル」に該当する強いリンケージの関係を構築している集団は，工場長がリーダーシップを発揮して組織のモチベーションを高めながら活動をけん引するトップダウン型を採用していること。また，制約条件を解消することのできる高い問題解決能力を有していることが特徴である。企業は，このような推進要因の有無を評価し，広範囲かつ強力なリンケージを構築するための活動を目指すことが重要である。

12.3.2　A社におけるリンケージ要素の分析

　A社の改善活動は，①推進事務局，②工場長，③作業者の3つの異なる立場の要素がリンケージすることで成功した事例である。しかし，改善活動を始めた当初は，それぞれの立場で掲げる「理想」に隔たりがあり，互いに対立した関係性を持っていた。ここでは，一見するとリンケージの関係性が生まれないと思われるような対立関係から，どのようにしてリンケージが結ばれ，新し

表12.1　5要因27項目の要因[1)]

基本要因	項目	推進条件	制約条件
Management	ビジョン	明確	明確でない
	工場長の戦略	全体最適指向	部分最適指向
	スタッフの戦略	全体最適指向	部分最適指向
	現場の戦略	全体最適指向	部分最適指向
	活動時間	時間内	時間外
	勤続年数	ピラミッド	逆ピラミッド
	パート社員率	高い	低い
	組織	前後連携型	分断型
	主導権	現場主導型	スタッフ主導型
Man	モチベーション	高い	低い
	目標値への関心	高い	低い
	欠勤率	低い	高い
	多能工化	高い	低い
Machine	要求技能レベル	低い	高い
	ロット制約	無	有
	専用／汎用	専用	汎用
	設備トラブル	少ない	多い
Material	材料品質バラツキ	少ない	多い
	工程内品質バラツキ	少ない	多い
	材料納期遅れ	少ない	多い
Method	外注依存	少ない	多い
	標準作業	有	無
	能力バランス	高い	低い
	設計変更	少ない	多い
	受注バラツキ	少ない	多い
	特急対応	少ない	多い
	在庫管理不備	無	有

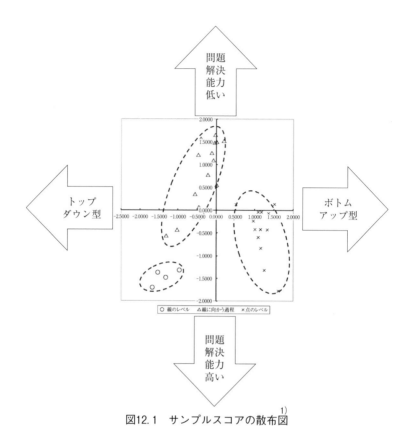

図12.1　サンプルスコアの散布図[1]

い価値が生まれたのかを2つの事例とともに述べる。

（1）①推進事務局×②工場長のリンケージ

　推進事務局は，生産革新活動の全社展開を企画しており，1個流しを活性化のきっかけにしたいと考えていた。一方，工場長は現場の反発にあって1個流し生産のテストさえままならない状態であり，改善活動を避けたいと考えていた。これは，両者の思惑が矛盾した関係性である。通常であれば両者の関係性は平行線をたどり，交わることも争うこともない。

　しかし，モデルラインづくりが始まってから両者の関係性は変化していった。

モデルラインづくりは事務局が仕掛けた最初のきっかけである。事務局は，人目につく食堂でモデルラインづくりを実行し，工場長と作業者が接触できる機会を設けた。

　工場長は否が応でもモデルラインづくりに関心を持ち，近くを訪れる作業者には工場長自らが積極的に声をかけた。工場長の声掛けは作業者の理解を高め，優れた改善のアイデアを集約することができた。

　これは，1個流し生産の実現というゴールに向かって，対立する両者がリンケージすることによって生まれたバリューである。

（2）②工場長×③作業者のリンケージ

　工場長は新しいものづくりへの革新を目指していた。一方，作業者は，長年続けてきた作業が変化することへの抵抗感があり，従来の作業方法を続けたいと考えていた。前述の事例と同様に，両者の思惑が相反した関係である。この事例の場合，工場長が1個流し生産を目標としたことをきっかけに，対立関係はさらに増していった。

　しかし，この対立は強いエネルギーを生み出し，議論の行方に無関心である作業者はいなかった。工場長は作業者の理解を得るために，積極的に将来の目標を語った。また，作業者は，自分たちが納得できる優れた新しい作業方法を考えてモデルラインに反映していった。

　前述した事例と同じく，1個流し生産の実現というゴールに向かって，対立する両者がリンケージすることによって生まれたバリューである。

12.4　工場長の思い「改善は無限」

　「よい流れをつくり，製造リードタイム20分を実現して，需要の変化に対応できる工場になる」これが私たちの描いた理想の状態である。リードタイム20分を実現するためには，あらゆる工程が1個流しでつながることが必須条件となる。今はまだすべての工程が1個流しになっていないが，描いたゴールに向かって知恵を出し，少しずつ歩みを進めている。

　改善を始める前の私たちは，以前の人たち（先輩）がつくりあげたものづく

りを，そのまま真似をして続けているだけであった。現状を否定して，自分た
ちの力で何か新しいことをやってみようと思う気持ちが不足していたといえる。
「今日も昨日と同じことを続ける……」これでは自分たちがものづくりに携わっ
ている意味を見出すことはできず，日々の仕事に対する情熱も失われてしまう。

　しかし，改善活動を始めてから，大切なことに気が付いた。それは，ものづ
くりにとって重要なことは，自分たちのできる最良の方法を考え，実践し，次
の世代へ財産として残していくということである。次の世代につながる財産は
企業の文化となり，脈々と伝承されていく。前の世代から引き継いだ財産に満
足せず，自分たちが新しい価値を加えて次世代につなげるという気概を持ち，
無限につながる改善に取り組み続けたい。

　注
　1）安田正義・野村重信（2013）「企業内 SCM の実証研究―工程間の連携を推進させる
　　要因―」『工業経営研究』vol. 27，pp. 115-122

第13章　海外企業におけるリンケージ導入事例

　効率性，有用性，社会性を追求する海外企業のものづくり経営戦略について
紹介する。グローバル環境に突入し，競争が激しくなってきた結果，安定した
収益に陰りが出てきた。企業Bは，まず効率性を追求するものづくりを行っ
た。最初は効率性の追求に重心が置かれていたが，活動を推進していくうちに，
つくった商品が顧客に真に役に立つ商品なのか，企業自体が社会に奉仕する企
業になっているのか，という有用性，社会性を考慮した社会環境に対応する企
業に変化してきた。3つのキーワードを追求しながら，企業Bとリンケージ
しているサプライヤーを巻き込み，全社的な改善システムを追究してきた。そ
して企業B独自の模倣困難な企業組織を構築してきている。ここではリンケー
ジ・マネジメントの考え方を適用したリンケージ生産システムに基づいたもの
づくりを行ってきた改善活動を紹介する。どのような生産展開をしてきたのか
の10年間の活動事例である。事例を紹介する前に企業Bに導入したリンケー
ジ生産システムについて具体的に説明する。

13.1　リンケージ生産システム[1]

　リンケージ生産システムは良い流れをものづくりのコンセプトとしたJIT
の考え方に基づいたシステムである。良い流れをつくるとは，どのような流し
方にすれば良いのかを追求するものづくりである。ものを人，設備，方法，環
境面よりつなげ，変化に対応するものの流し方を確立していくことを考える。
このシステムは，全体のものの流れをリンケージ・サイクル，リンケージ・バ
リューの考え方を適用してシステマティック的に構築した考え方である。もの
づくりのコンセプト（あるべき姿）は「良い流れ，より良い品質」(Better Flow
more Better Quality) である。リンケージをキーワードにシステマティック的
に捉えたリンケージ生産システムを考えてみよう。図13.1は設計から顧客まで
の一連の流れをつなぐ，つなげる，つながるというリンケージとして捉えた工

図13.1　リンケージした流れ図

程の流れ図である。良い流れ，をつくるために工程間に関する要因に対して，どのようにつなぎ，つなげ，つながるのかがリンケージ課題となる。供給と加工１のリンケージで見ると，つなぐでは，コンセプトに基づいて供給と加工のあるべき姿が作られ，その姿と現状とのギャップから解決するための課題が作られる。つなげるでは，どのような方法によってつなげるのか，に対して課題解決のための手段を考える。つながるでは，つながるためにはどのような方法で実施し，目標を達成するのかである。このような活動に対してリンケージ・バリューを高めながらリンケージ・サイクルによって実行し，継続していくリンケージ構造を持つシステムの開発を考える。加工１と加工２のリンケージでは両工程をリンクしてどのようにつなぐのかを，人，もの，設備，品質等について原理原則に基づいてつなぎ方を考える。つなぐであるべき姿の方向を決め，つなげる活動で補完，止揚の考え方を適用して実際に設計，実施し，次につながる活動で継続するための仕組みづくりを行うというリンケージ過程を経る。

　ものづくりコンセプトの具体的な改善活動の方向を図13.2に示す。○は価値を上げる工程であり，□は検査，▽は停滞，⇒は移動を表している。ランク１はある現場の現状を示しており，まず停滞に着目してどのように削減するのかを改善課題として検討する。停滞工程を改善することにより，移動工程も削減されるメリットがある。ランク２では３つの停滞工程を削減したことにより，２つの移動工程も削減できた。ランク３では２つの移動工程を削減することにより，良い流れを実現できている。ランク４では，価値を上げる工程の自動化によって２つの検査工程を減らしている。このように付加させられている工程を段階的に削除することにより，あるべき姿のものづくりに近づいていく。良い流れをつくることを優先した改善活動によって効率的なものづくりが実現で

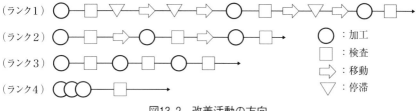

図13.2　改善活動の方向

きる。工程の自動化はいかに安く自動化するかが問われる。

13.2　リンケージ生産システム2本の柱

　企業の改善活動を継続的に活性化するためには，どのような展開をすれば良いのだろうか。1つ目は，トップダウンによるものづくりのコンセプトと方向づけの明確化である。具体的にはロードマップを見える化して全員で情報を共有化することである。2つ目は高い問題解決能力を持つ推進組織力である。様々な課題に挑戦し効率的に解決する集団的組織能力である。図13.3に推進活動の2本の柱を示す。

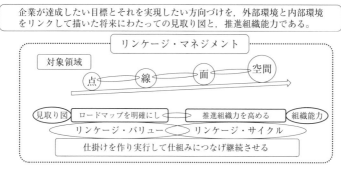

図13.3　戦略的生産システム推進活動の2本の柱

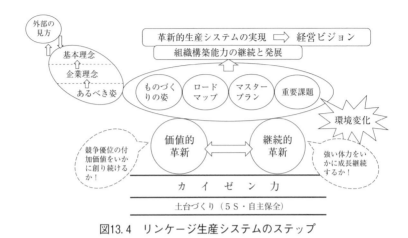

図13.4 リンケージ生産システムのステップ

13.3 リンケージ生産システムのステップ展開

13.3.1 リンケージ生産システムの具体的展開

　リンケージ生産システムの具体的なステップは，どのように行うのかについて説明する。リンケージ生産システムを実現するには，まず基本理念，企業理念を明確にして，その理念に基づいてあるべき姿をリンケージしてつくることが第一歩である。リンケージでは JIT をベースに「流れの良さ」をものづくりのコンセプトとしている。このコンセプトはかなり広い意味を持ち，企業自らが具体的な形で表さなければならない。図13.4は動物のイメージで基本的なステップ構造を描いた。脳である頭が明確になると次はそれを実現するために行う胴の部分である。胴の部分ではものづくりの姿を明らかにして，それを実現するための方向を明確にする。リンケージ生産2本の柱の一つであり，見取り図である。全員が同じベクトルに向かうようにロードマップを作成する。そのマップよりマスタープランを作り，重要課題を抽出する。胴の下にある2つの輪は，車輪として一つは企業が作り続ける価値でありリンケージ・バリューである。競争環境の中で絶えず変化していく。もう一つは価値を継続する仕組みであり，リンケージ・サイクルである。その土台にあるのは，組織構築能力

を高める現場の改善力である。そしてその土台に全員参加の現場力を支える５S活動，自主保全活動の二重構造になっている。二重構造のリンケージによってより活性化できる改善システムを目指している。

13.3.2　リンケージ生産システムの分析方法

リンケージ生産システムの良いものの流れとは，具体的にどのような流れを考えればよいのだろうか。一つのモデルで考えてみよう。対象となるのは設計から顧客までであるが，ここでは供給から製品ができるまでの工程を考える。良いものの流れを作るとは，企業で決められた最小ロット生産を実現することである。流れに関連する項目をつなぐ，つなげる，つながるというリンケージ・サイクルより整理してみると図13.5になる。つなげるためのツールが活用され，つなげるための活動が行われる。例えば，流れについてつなぐためには，各工程の能力バランスが一定になるような状態にするために，リンケージ・バリュー・プロセス分析が用いられる。日常の標準作業に生かす作業システムを

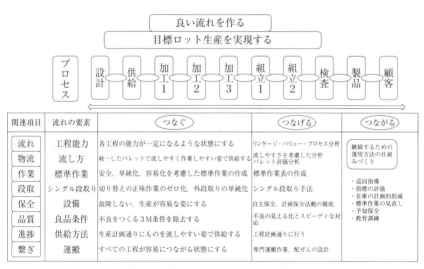

図13.5　流れに関連する要素とリンケージ・サイクル

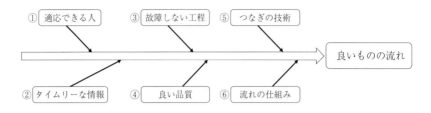

図13.6　流れに関連する要素とリンケージ・バリュー

実行し，常に流れる状況を継続する。流し方については，統一したパレットを使い，流しやすく作業しやすい決められた数を生産するための流しやすさを考慮した基準フロー分析が用いられる。流しやすさから問題の抽出を行い，改善活動を行う。8つの基本的な流れの要素を表示したが，加工組立型，装置工業型等，業界によってものづくりが異なるため，流れの定義を明確にして必要な要素は企業で新しく作り，活用することが望ましい。

　さらに良いものの流れについてリンケージ・バリューの側面から考えてみることにする。図13.6は流れに関連する要素に対して，どのようなリンケージ・バリューを考えると良いのかを示している。①の適応できる人はリンケージ・バリューの考え方を理解し，それに基づいた設計を行い現場に提供する技術者である。②のタイムリーな情報は，工程管理板によるものと情報をつながる状態にして，現場作業者がその情報に基づいて容易に作業できる環境を作ることである。③の故障しない工程は自主保全活動と計画保全活動をリンケージして予知保全，予防保全によって故障しない設備の管理をすることである。④の良い品質は規格内に入っていることを保証する工夫を現場の中に実現することである。⑤のつなぎの技術は工程間をスムースに流すために，ものと搬送のつなぎにリンケージ・バリューの考え方を使い，より良い品質を作りこむことができる。⑥の流れの仕組みはスムースな流れを止めないように作業者，監督者，

管理者のつながるためのツールを工夫し，運用することである。良いものの流れをコンセプトにしてつなぐ，つなげる過程で，リンケージ・バリューを活用してものづくりを行うと多くの知恵が出てくる。流れに関連する要素とリンケージ・バリューは，良い流れを作る一つの着眼点になると考える。

13.4　リンケージ生産システムの導入事例

13.4.1　企業 B の概要

　企業 B は輸送関連業界の海外大手企業である。グローバルな環境になり，従来生産していた製品の販売が停滞し，新しい製品に活路を開くために日系企業と技術提携（補完リンケージ）し，設計から生産，販売までサプライヤーとリンケージした垂直統合型生産を達成した企業の改善活動事例である。従来つくっていた製品の技術を基盤としてつくり方の技術を習得した結果，日系企業との技術提携を解消（Win-Win 関係の解消）し，現在では独自でつくっている。国内市場の競争が激化しつつあった時，海外輸出を展開し，現在は国内市場と同じ売り上げになっている。また，海外のメーカーを包摂リンケージ（買収）し，そのメーカーのブランドを用いたブランドマーケティング戦略を取っている。これらの攻めの戦略は，企業で行っている全社的改善革新活動の活性化によって，売上げ，利益とも着実に成果をあげてきていることがベースにある。

13.4.2　企業 B の改善活動の流れ

　日本で開発された全社的改善活動を十数年前に導入し，企業体質の基盤をつくった。導入当初最初に現場で行った活動は，体質改善をするために種々の制約条件を取り除き，現場を中心とした小集団による自主保全活動を立ち上げたことである。その結果，ものづくりのレベルが上がり，品質に対する考え方が変化した。前向きな人による改善活動で設備が故障しなくなり，職場が明るくなるというつなぐ，つなげる，つながるというサイクルが回り出したのである。現場の土台づくりとして自主保全活動を導入した結果，全社的改善活動がリンケージ・サイクルとして機能し始めてきた。企業 B はディープリー（深く），

ワイドリー（広く）というスローガンのもと，ものづくりとして「良い流れより良い品質」を目指したリンケージ・マネジメント活動を推進している。ワイドリーとは対象として，点（各工程エリア），線（工場エリア），面（企業エリア），空間（工場を取り巻く環境エリア，顧客）の４つに分けて活動を展開した。

　企業Ｂは４つの工場を持ち，低価格製品を組み立てる工場，普及製品を組み立てる工場，高級製品を組み立てる工場に分け，大ロット生産システムでものを作っていたが，ものづくりの基盤ができた段階で，低価格製品を組み立てる工場をパイロットラインとして小ロット生産システムに切り替えた。良い流れをつくるために制約となる種々の問題を取り除くための活動が開始された。まず空間としての建物の構造の制約である。壁を取り壊し，大部屋化し，風通しを良くした結果，流れの良さと同時にコミュニケーションの活性化につながった。人と人のリンケージによるワイドリーという活動である。ものの流れを良くするためにパレットに入れる数を統一し，部品を置く場所を指定し，整理整頓を徹底した。その結果ムダな部品が見えるようになり，改善が進んでいった。現場の見える化をすることによって，現場での改善活動の活性化につながった。小ロット生産を目指すディープリーという活動である。

　リンケージ・サイクル（図13.5）で示したステップに従って改善活動は展開してきたが，次に組立てる部品を提供するサプライヤーの改善活動に着手した。企業Ｂとサプライヤーとのリンケージである。まずTier 1の中で主要製品を供給している企業である。企業Ｂのサポートにより，サプライヤー企業の全社的改善活動が開始され，手順に従って全社的改善活動を展開した。一つのサプライヤーから次のサプライヤーに広がり，現在ではTier 1のサプライヤーすべてが改善活動を全社的に展開している。ワイドリーとしての戦略である。サプライヤーはJIT生産方式に基づいた生産供給方法で企業Ｂに供給している。企業Ｂとサプライヤーの補完リンケージ体制を取っている。サプライヤーは企業Ｂ以外の組立てメーカーにも供給する体制を取り，企業ＢとのWin-Win関係をより強固にしているといえる。次に行ったことはディーラーとのリンケージである。客情報を設計にどのように反映するのか，である。国内外

にあるディーラー網の情報共有によって製品に生かす活動を展開している。点の活動から始まって，線の活動，面の活動を展開し，空間の活動に広がってきた。企業Bとステークホルダーとのリンケージである。止揚リンケージによってWin-Win関係を結ぶ活動を行っている。

　このような活動によって企業Bは大手企業として十数年前から全社的改善活動に挑戦し，環境の変化に対応した模倣困難な体質の強い企業に成長してきている。リンケージ生産システムを導入した模範的な事例である。次にいくつかの改善活動項目の基本内容に触れておく。

（1）ものづくりのコンセプトについて

　B社はものづくりのコンセプトを最初は「ステークホルダーを満足する経済的バッチ・サイズ」としたが，経済的バッチ・サイズを実現するために「スムースな流れより良い品質（Better Flow with more better Quality）」をものづくりコンセプトにしている。スムースな流れとはものが滞留しない流れを意味しており，経済的バッチ・サイズにつながる。より良い品質とは顧客に受け入れられるファンとなる品質を指しており，経済的という意味と信頼感があるという意味を合わせ持っている。

（2）基本理念からの展開

　ステークホルダーの満足を基本理念とし，自社の基本理念と経営ビジョン，経営戦略経営戦術につなげる活動の展開である。内部の体質改善とあるべきものづくりからの課題に対してステークホルダーからの基本理念，SWOT分析，課題の抽出を整理し，戦略的改善活動の柱としている。それらの内容をリンケージした新しい考え方を構築し，活動の推進母体としている。

（3）つながりからの活動

　需要情報から顧客までの流れをリンケージ・プロダクション・システムと考え，各部門，各工程のつながりを重要視した活動を展開している。付加価値の高い活動（LV活動）になるという考えのもと，実施した結果，各部門間の価値が明確になり，さらに改善活動が進んできている。改善活動をLV（リンケージ・バリュー）で評価し，改善活動の促進に役立たせている。サプライヤーと

Win-Win の関係を結び，さらに付加価値の高い技術を創出した活動を行っている。

（4）改善して継続し定着する

　改善活動はエネルギが一要求され，継続するためには仕掛け，仕組み，定着のサイクルが必要である。リンケージという立場からつなぐ，つなげる，つながる，つながり合うという4つのサイクルを回して定着させる活動を行っている。自律型ものづくりを目指した改善活動を行っている。

（5）平準化生産への挑戦

　平準化生産はかなり難しい生産方法であるが，平準化を阻害している条件は何かを整理し，問題を表面化し，経済的ロット生産によって実際に行い，改善する方法を実施している。ロットサイズを決め，荷姿を統一した工程を組みつつある。ロット数を明確にして1ロットを1個と考えたスムースな流れを目指している。全工程に対して数をそろえ，パレットの姿を簡略化して流しやすい方法を実施している。

（6）点・線・面・空間のリンケージアプローチについて

　現場の各ショップの点のカイゼンから顧客を含めた空間のカイゼンまでの活動の中でB社は空間のアプローチを目指しており，その方向の入り口まで活動を推進している。このアプローチは全体最適を目指しており，利益を出し，継続するためのあるべき姿を描いている。全社的改善活動で企業体質を確立し，他方では戦略的なものづくり革新活動の方向づけと組織能力の向上を目指して継続しつつある。今後の活動は顧客とのつながりを重要視した改善活動，製品が顧客から廃棄に至る過程での改善活動である。

（7）供給部品の開発とリンケージ・バリュー

　ここで紹介する内容は実際に行われた活動内容である。サプライヤーは企業Bに部品を納めているサポート会社である。企業Bの依頼は軽くて安いコストのタンクがほしいという要望である。ここでとった戦略はサプライヤーが鋼板の開発を行い，タンクの生産は企業Bが受け持つということである。両社のリンケージによってリンケージ・バリューとして軽い製品，安いコスト，強

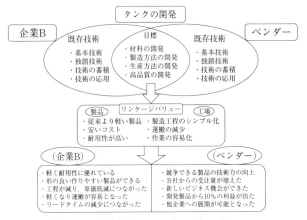

図13.7 供給部品のリンケージ・バリュー

い剛性，工程のシンプル化，運搬の減少等を達成した。企業Ｂとベンダーの
Win-Win 関係を図13.7に示す。企業Ｂは５つの利益を得ることができ，サプ
ライヤーも５つの利益を得ることができた。この関係はリンケージ・サイクル
として継続している。タンクの開発に成功した結果，他のサプライヤーともつ
ながり，多くの改善事例を実施しお互いの企業に貢献してきている。Win-Win
関係は継続するための必要十分条件である。この事例が示すように Win-Win
関係ができると，条件が変更するまでお互いに利益をもたらす関係を継続する
ことができる。

　日本が作り上げてきたものづくりシステムは，その時の企業を取り巻く環境
に応じて有効に適用されてきた。グローバルな環境真っ只中，日本的ものづく
りシステムは世界に広まり，特に成長段階にある新興国で導入され，すそ野が
広がってきた。日本的システムがその国の企業に適用され，その国の風俗，習
慣に適合し，KAIZEN という考え方を理解し企業の成長に貢献している。国
が豊かになっていく過程において，日本的システムは有効に働いているという
ことである。TPS のムダ，TPM のロスを改善によって全社的展開をすること

によって，大きな利益を生むことを理解したトップはさらに上を目指す活動を目指している。ロスやムダが利益を生む源泉であるという考え方は導入時には顕著であるが，継続的に行っていくとロス，ムダの探す問題を見つけ出すことが困難となっていく。この時点で「頑張っているが効果が出ない」という状況に見舞われ，システムのマイナーな面を体験し，システムの信頼性が揺らいでいく。この現象が日本的ものづくりシステムを衰退させてきた原因の一つでもある。

　ものづくりの現場環境がコモデティ化し，優位性がなくなってきた現場では，差別化するために次のシステムが必要となってくる。守るシステムから攻めるシステムへの転換が要求される。次はつくる問題に挑戦するシステムを開発することである。リンケージ生産システムは，つくる問題に対してリンケージ・バリューという考え方を導入し，その考え方の活動方法をリンケージ・サイクルという考え方で継続させ，環境の変化によってさらに発展させるというダイナミック・システムの方向を目指している。基本理念からあるべきものづくりの姿を追究する，トップダウン的な展開によって作り上げたシステムである。リンケージ・バリュー活動で，つくる問題を指向することによって新しい多くの創造物が出来上がり，企業のものづくり経営に貢献すると考える。このシステムは加工組立型ものづくりを想定して展開しているが，装置系，その他の業界にも適用できる考え方である。

注
1）野村重信（2020）『リンケージ・マネジメント』学文社，pp. 159-189（2021工業経営研究学会賞を受賞）

第14章　（一財）海外産業人材育成協会（AOTS）における講座の実践事例

AOTSでは2018年2月13日から2月19日まで，アジアの開発途上国の民間企業管理者を対象に，リンケージ・マネジメント・システムをテーマとした1週間のセミナーを開催した。以下実践事例として紹介する。

14.1　（一財）海外産業人材育成協会（AOTS）とは

一般財団法人海外産業人材育成協会（The Association for Overseas Technical Cooperation and Sustainable Partnerships）[1] は1959年に財団法人海外技術者研修協会（The Association for Overseas Technical Scholarship）として当時の通商産業省の認可を得て設立された国内初の民間ベースの技術協力機関である。設立当初から官民パートナーシップの先駆けとして開発途上国の産業人材を民間企業および政府と「タイアップした研修」を通じて育成してきた。その後，2012年に経済産業省のODAを補助金として，専門家派遣を専門としていた財団法人海外貿易開発協会（JODC）と合併し，一般財団法人海外産業人材育成協会（HIDA）として新発足した。この合併により日本国内外での「研修事業」と海外への「専門家派遣事業」両方を主なツールとして開発途上国の産業人材の育成に努めている。団体の英文名称は2017年に現在の英文名称に改称し，英文略称は創立時と同じAOTSとした。現在の活動は国の補助事業，国からの受託事業そして自主事業の3本柱で「産業人材の育成」をキーワードに様々な研修ニーズに応え，多種多様な事業を展開している。設立から2020年度までの累計で世界約170カ国から約40万人を超える海外産業人材に対して日本国内外で研修を実施する一方，10,200人弱の専門家を海外に派遣し現地企業の技術指導を行っている。また，2014年から日本人を海外の企業や団体にインターンとして派遣しグローバル人材を養成する国庫受託事業の実施をきっかけに，自主事業でのインターンシップを開始し，累計で1,300人を超える日本人をAOTSの海

外ネットワークを利用して現地に派遣している。

14.2 海外産業人材向け講座としての実践事例

14.2.1 講座開設の経緯

　今回講座の実践事例として紹介する本講座（プログラム）は，2019年2月13日（水）から2月19日（火）にかけてAOTS中部事務所にて開催した，リンケージ・マネジメント・システムプログラム（Program on Linkage Management System）X536-3である（以下，本プログラムとする）。本プログラムは過去2回AOTSが企画・実施した「高度生産システムセミナー（X536）」の3回目のプログラムの位置づけとしたまま，内容を改善して名称を新たにリンケージ・マネジメント・システムとし，日本政府の補助金など公的な資金が入らない自主事業のプログラムとして開設したものである。AOTSでは過去2回の同名プログラム以外に特定国向けに同種の内容を1コース実施しており，いずれも今回同様リンケージ・マネジメント・システムの提唱者である愛知工業大学の野村重信名誉教授に依頼しており，リンケージ・マネジメント・システムの原型である考え方，つまり「7つの満足経営[2)]」を重視した上で，各企業に適した最適な生産システムを「あるべき姿」として描き，バックキャスティング思考を用いて，日本のものづくりシステム（TPS，TPM等）の要素のつながりを重視した各企業独自の生産システムを構築する考え方と手法を参加者に提供してきた。

　AOTSではこのような過去の経緯も踏まえ，野村教授が従来の考え方をリンケージ・マネジメント・システムとして2017年に論文発表[3)]したことを機に，プログラムの大きなコンセプト（7つの満足と各種生産システムのつながりを重視）とプログラムの骨格は過去実施したプログラムのままで，内容を整理，進化させてリンケージ・マネジメント・システムをプログラム名に入れて新たに開催したものである。

14.2.2　講座の実施内容

（1）プログラム設計

　プログラムの概念体系は図14.1の通りである。目的はリンケージ・マネジメント・システムの概念を理解し，参加者の所属企業に適した独自の生産システムのあるべき姿を考え，それを構築するための具体的なアクションプランを作成するとした。そのため，来日前からプログラム参加の目的意識を高めるため事前課題を共通フォーマットで参加者に課し，事前に自社の課題を認識したうえで来日してもらった。プログラムでは，まず7つの満足経営を含めるその概念（コンセプト）の講義をプログラムの初日に行う。その後，事前課題となっていた自社分析に基づく自社の課題を参加者が発表し参加者同士の問題意識の共有と意見交換で意識のベクトルを合わせた上で，講師から本プログラム参加の心構えとロードマップ作成の注意事項など含めた演習を行う。これによってコース初日に参加者間の相互理解とチームビルディングしやすい環境を整えた。また，プログラム内容は，講義，事例見学，演習等を効果的に組み合わせ，それらを通じてコンセプトを実践的に理解できるように工夫した。最終日の成果発表の場で自社に適合する独自の生産システム構築のアクションプランを現実感をもって発表できる学びの場となるようにトータル設計した。

（2）プログラムスケジュール

　プログラムの概念体系図（図12.1）を基にアレンジした実施スケジュールは表14.1の通りである。リンケージ・マネジメントの概論から始まり，講義にてTPS，TPM，TQM等日本のものづくりの管理手法の特性を紹介するとともに，講義を補完する事例見学として4社を企業訪問し，現場の担当者や経営者からその企業の各テーマに関する考え方と実践状況の説明を現場で受け現場の理解を深められるように工夫した。見学には講師も同行し，必要に応じて講義との関連性の観点から現場で補足説明をした。さらに作業標準・ポカヨケ・目で見える管理の講義では，講師が講義の中でレゴブロックを使った演習を取り入れ，管理手法を体感できるような工夫も行い，臨場感のある講義・演習となるように努めた。最終日のアクションプランでは，講義初日に最終日の発表のイメー

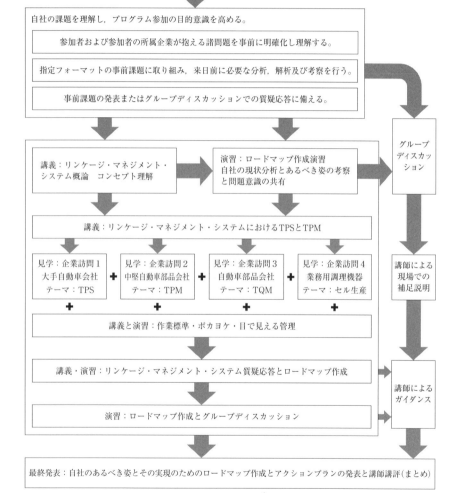

図14.1　プログラムの概念体系図

表14.1　プログラムスケジュール

日付	午前	午後	夕方
2／13（水）	オリエンテーション／開講式 講義：リンケージ・マネジメント 　　　概論	演習：あるべき姿とロードマップ ・事前課題グループディスカッション ・ロードマップ作成演習	―
14（木）	講義：リンケージ・マネジメント 　　　における TPS と TPM	企業見学１：自動車会社 　　　　　テーマ：TPS	―
15（金）	企業見学２：自動車部品会社 　　　　　テーマ：TPM	企業見学３：自動車部品会社 　　　　　テーマ：TQM	―
16（土）	講義・演習：作業標準，ポカヨケ・目で見える管理		―
17（日）	休日		
18（月）	企業見学４：業務用調理機器製造 　　　　テーマ　セル生産方 　　　　式	演習：リンケージ・マネジメント・システム 　　　質疑応答 　　　ロードマップ作成 　　　（グループ作業）	―
19（火）	演習：ロードマップ作成 　　　グループディスカッション	演習：ロードマップ作成 　　　アクションプラン発表	修了式

ジを持ち，効率的な発表ができるように，共通のフォーマットを配布することで，効率的な準備と参加者によるボリューム感やレベル感に差が出ないように工夫した。その上で，コース担当者は帰国後の活動につなげる内容を引き出すように，日々のプログラムをコーディネートした。

（3）参加者の概要

　本プログラムは自主事業の公募型コースであるため，帰国研修生及び，世界43カ国72（当時）ある帰国研修生同窓会[4]向けに広報し，各国同窓会がさらに現地で公募した結果，表14.2の通り，4カ国（タイ，インドネシア，スリランカ，ハンガリー），9名（内，2社3名が日系企業）の参加者が集まった。過去2回の高度生産システムセミナーが，4カ国20名（X536），8カ国17名（X536-2）だったことを考えると大幅に参加者が少なくなった。実施時期が2月であり，

表14.2　プログラム参加者の概要

No.	国名	性別	職位	年齢	業種	製品	従業員数
1	ハンガリー	M	社長	49	ゴム	ゴム製品製造	240
2	スリランカ	M	課長	34	アパレル	縫製品	2,300
3	スリランカ	M	工場長	50	金属	金網製造	200
4	インドネシア	M	コンサルタント	30	コンサルティング	コンサルティング	54
5	インドネシア	M	課長（製造）	44	自動車部品	自動車機器システム製造	120
6	タイ	F	スーパーバイザー（QC）	29	医薬品製造	健康食品	300
7	タイ	F	スーパーバイザー（生産）	26	医薬品製造	健康食品	300
8	タイ	F	課長（生産B）	37	食品飲料	食品飲料	500
9	タイ	M	社長	32	コンサルティング	コンサルティング	20

ターゲットとしている経営者層が動きづらい時期であったこと，またAOTSの補助事業の管理研修も同時期に重なり参加者が分散したことなどがその主な理由と考えられる。職位では，プログラム設計上は工場長クラス以上の経営者層をターゲットにしているが，先に指摘した時期の問題でターゲット層の参加者は3名にとどまった。

（4）　参加者のプログラムへの取り組み状況

　参加者が9名と大幅に少なく，また一部の参加者の経験や知識がプログラム設計上の想定よりも少ないことで，コース運営に支障が出ないか心配したが，少人数であったことが大学のゼミのような雰囲気を醸し出し，時間経過とともに自然と経験や知識のシェアが行われて各人それぞれが成果をあげることができた。参加者はリンケージ・マネジメントのコンセプトそのものが新しい概念であることと，参加者によっては，TPS，TPM等それぞれの手法に関してもっと深く知りたい希望もあったようで，開始当初は戸惑いがみられたが，講義，

ガイダンス等を通じリンケージ・マネジメントの各要素としての位置づけと，最終的には各企業に適した生産システムの構築にどのように取り組むかという大きな視点でのプログラムであることを理解し，最終日に向けて集中して取り組めたようである。プログラムのハイライトは参加者による成果（アクションプラン）の発表である。先に述べた通り，参加者はプログラム開始前に共通のフォーマットを使って事前に自社のあるべき姿や現在の課題について考えた上でプログラムに参加しており，初日午後のガイダンスは野村講師が作成したロードマップ作成用の共通フォーマットも配布され，講義や見学を進めていくごとに理解を深め，疑問点を質問しながら最終日のアクションプラン発表に向けて自らの考えをまとめ，最終日は具体的な内容の実践的なプレゼンテーションがなされた。参加者の発表した内容は残念ながら本書で共有はできないが，当日は参加者を3グループに分け，各グループ内で個人ごとに発表した後，各々フィードバックを実施。その後チーム代表者が全員の前で発表し，質疑応答とその発表に対して講師からコメントというやり方で進めた。参加者は他社のケースでも話題が共有化できているので自社と対比しながら活発な意見交換が行われたということで，参加者の問題意識とプログラムとの融合という点でもうまくファシリテートできた結果と考えている。また成果発表後に講師から今回使用した一連のロードマップ作成手法を使って改善を行った企業の事例紹介があり，ロードマップ作成までの一連の作業を経験した直後でもあり，活発な質疑応答が展開され，さらに効果的な学びの時間となった。

（5）参加者のプログラム直後評価

　参加者にはプログラム完了後，直後評価を行っている。評価項目は大きく3つ（①総合評価，②講義・グループワーク／演習に関して，③見学に関して）で数字での5段階評価と任意の記述コメントからなっている。AOTSでは，その評点平均が4.2以上の場合，概ね満足を得られたと判断している。今回のプログラムの参加者の直後評価の結果は次の通りであった。

① 総合評価

　本プログラムの①総合評価に関する満足度は評価項目5項目（a. 管理研修内

容に対する満足度　b．カリキュラム構成に対する満足度　c．管理研修コース中に出した要望に対する満足度　d．コース参加者の構成や雰囲気に対する満足度　e．教室内の研修環境に対する満足度）すべての平均評点が4.2を上回っていたので，セミナーの総合評価としては概ね満足いただいたと考えている。評価項目のうち b．カリキュラム構成に対する満足度に関しては2名が5段階評価のうち評点3をつけており，その理由として工場見学を限定してTPS，TPM，TQMの理論部分にもう少し時間を割くべきだったとのコメントがあった。見学数の配分は参加者の経験や日本的なものづくりシステムの知識度合いにも依存するので理想的には参加者の申し込み段階でスクリーニングできることが望ましい。一方，今回のように申込者が少ない場合は申し込み時点での絞り込みが難しいのが実情であり，今後の課題としたい。また，d．コース参加者の構成や雰囲気に対する満足度の項目でも評点3と評価したものがいるがその理由は，参加者人数が少なかったことに対しての率直な評価であった。プログラムのテーマ的にも参加者が多ければそれだけ他国や他社の管理職との経験交流の機会が増えてよりよいネットワークと相互関係を作ることができるというものであった。

② **講義・グループワーク／演習に関する評価**

　講義・グループワーク／演習に対する評価に関しては，総合評価と同じく参加者に5段階評価と任意の記述コメントで評価してもらうが，講義に関しては講義内容の理解度，講義内容の満足度，講師に対する満足度，グループワーク／演習に関してはグループワークの目的達成度とグループワークに対する満足度，講師に対する満足度と各々3つの観点から評価してもらっている。ここでは講義内容の理解度，グループワークの目的達成度，そして講義およびグループワークに対する満足度に関しての評価結果を中心に振り返る。

　参加者の評価結果は平均4.4であり概ね受け入れられたと考える。講義に関しては理解度，満足度共にほぼすべての講義に対して4.3以上の評価を得ることができた。満足度で唯一4.3を下まわった「リンケージ・マネジメントにおけるTPSとTPM」の理由は講義時間内に，すべてを十分カバーすることが

できなかったことと，内容的に理論が多く理解しやすい事例を取り上げて解説して欲しいとのコメントがその理由を示している。このコメントは総合評価のカリキュラム構成の満足度評価にも影響している。一方，「ロードマップ作成演習」以下の演習／グループワークに関しては初日のロードマップ作成演習の評価が目的達成度，満足度共に4.2を下回った。これはプログラム初日でチームワークがうまく取れなかったことと参加者の準備状況によって評価がわかれたためと考えられる。事前準備してきた参加者と十分準備できていなかった参加者とのギャップや講師に対する質問の時間が足りなかった等のコメントもあった。一方，プログラムが進むにつれ，参加者の中でよいチーム形成が行われ，最終的には各企業独自の生産システム構築のためのロードマップ・アクションプランを作成することができ，結果的には今後の活動に具体的なイメージをもって帰国できたのではないかと考えている。来日前の事前課題に関する情報の出し方や当日のファシリテーションに課題を残したが，演習の2回目以降はチームがまとまりクラスの中でシナジーが生まれたことは評価点からもそれを感じることができる。

③　見学に関しての評価

　講義の事例見学としての見学に対する評価は理解度と満足度共に全体平均では4.4となり，概ね及第点をいただけたと考えるが，見学時間が足りず，説明が不十分との指摘もあり，事前の情報提供や，見学時の説明のための準備も見直し今後さらに改善していきたい。

14.2.3　プログラムの今後の課題

　来日前の事前課題の取り組み具合によって来日後の成果が大きく影響されるため，初日のグループディスカッションがより成果のあがるものとなるよう事前学習や事前コミュニケーションの充実を図る方法を検討したい。また，リンケージ・マネジメントの概念をより鮮明にするために来日後の講義ポイントの整理と配布教材のバランスをとる必要がある。今回のみならず過去の参加者の

意見も参考に講師と再度見直し，来日後実施するプログラム内容を厳選し，講義，見学，演習とをより有機的に結び付けるようにしたい。今回は少ない人数であったがゆえに，講師と参加者間，あるいは参加者間同士の深い意見交換ができる機会ともなった。講師と9名の参加者とはいまだにSNS等でつながっており近況報告など組織を超えたリンケージも健在である。一方，COVID-19で来日研修の今後は色々な意味で見直しが必要な状況となっている。過去の参加者とのリンケージも活かし，オンライン技術を駆使しながら新たなプログラムを開発し，プログラム参加を機に参加者通しがつながり，切磋琢磨しながら各々の企業成長につなげていく継続的なリンケージ活動に期待している。

注
1）一般財団法人海外産業人材育成協会（AOTS）https：//www.aots.jp/（2021.02.14）の活動に関しては，萱島信子・黒田一雄編（2019）『日本の国際教育協力』東京大学出版会，p.195-220；山田肖子・大野泉編著（2021）『途上国の産業人材育成』日本評論社，pp.106-123，および創設時の理念，歴史に関してはAOTS外史編集委員会編（2016）『AOTS外史』 スリーエーネットワークを参照。
2）野村重信『リンケージ・マネジメント』p. 108，注11）2012年にJIPEのシンポジウムで発表された。田中芳雄（2012）「TPM Forum 2012」JIPEソリューション，p. 78
3）野村重信（2017）「リンケージ・マネジメントに関する研究」『グローバリゼーション研究』Vol. 14，No. 1
4）日本でAOTS研修に参加した帰国研修生が，世界各地で自主的に組織した民間非営利団体（NGO）で，2021年現在世界44カ国・地域に73存在する。

第15章　DX 時代の導入方向

15.1　DX とはどのような技術なのか[1)2)3)]

DX とは Digital Transformation のことであり，2004年にスウェーデンのウメオ大学のエリック・ストルターマン教授が提唱した概念であるといわれている。デジタル技術が浸透して人々の生活や社会が良い方向に変化していく，ということを表している。英語圏では Trans を X と表す習慣により，Digital Transformation の略語を DX と表している。

これまでアナログとして扱われていた情報をデジタル情報として捉えることによって膨大な量のデータが得られる。このデータにデジタル技術を活用することにより生じる変革の総称が DX である。しかし，単に企業において AI やIoT などのデジタル技術を活用する程度ではなく，我々の日常生活を含む社会全体を対象とする大がかりな変革を意味している。すなわち，デジタル化した社会では，あらゆるデータがアナログではなくデジタルで表される。人や物がインターネットでつながれ，デジタルデータをやり取りする。そのデータが蓄積され，利用される。その結果，新しいビジネス・モデルがこれまでのモデルにとって代わる。

経済産業省によれば，DX とは「企業がビジネス環境の激しい変化に対応し，データとデジタル技術を活用して，顧客や社会のニーズを基に，製品やサービス，ビジネス・モデルを変革するとともに，業務そのものや，組織，プロセス，企業文化・風土を変革し，競争上の優位性を確立すること」と定義している。

15.2　DX による技術革新の波[4)]

諸外国では，あらゆるデバイス（パソコンを構成する様々な機器，装置）がインターネットで接続され，そこから得られるビッグデータの分析がクラウド上で行われて，広く活用されている。これに対し，日本ではようやくデジタル化

が叫ばれるようになってきた。遅ればせながら「デジタル化を実現し，ポストコロナの新しい社会をつくります。」と首相官邸ホームページに記述されている。日本政府はデジタル庁を新設して，デジタル化に取り組む姿勢を示している。

　現在，我々にはこのデジタル化の流れをうまく利用していくことが求められている。多くの企業がデジタル技術を活用した新しい事業やサービスに本格的に取り組み，業界にイノベーションを起こすチャンスを狙っている。DX の時代にはあらゆる産業でディスラプション（破壊）が進行する。進化するデジタル技術を活用し，大手 IT 企業やスタートアップ企業が続々と参入してくる。企業にとっては，これまでの事業が危機に陥るリスクと，新しい事業の展開を図るチャンスが生じる。新しい価値を提供することが不可欠で，これまでの事業の延長上で IT 活用を考えていては取り残されてしまう。デジタル化により社会システムや産業構造が急速に変化する。デジタル化によって市場そのものや大口の顧客の需要が失われることがある。

　製造業では，生産プロセスの中に新しいデジタル技術を組み込んで，生産性を向上させる取り組みも増えている。また，AI 技術を活用することで，熟練者がいなくても製造できる体制を作ったり，故障や不良を事前に予測することで修繕や手直しを減らしたりする革新的な試みも行われている。

15.3　DX 推進指標[5)6)]

　日本では DX が遅れている。DX が進まなければ「2025年以降，最大年間12兆円の経済損失が生じる可能性がある」と経済産業省は警告している。危機感を持った国は企業に対して，DX に対する考え方について自己診断を依頼している（2019年から毎年実施）。

　自己診断では DX の推進の程度を「経営者は無関心か，関心があっても具体的な取り組みに至っていない」レベルから「デジタル企業として，グローバル競争を勝ち抜くことのできる」レベルで表している。

　自己診断に参加した企業数を，業種別でまとめた結果が図15.1，および従業

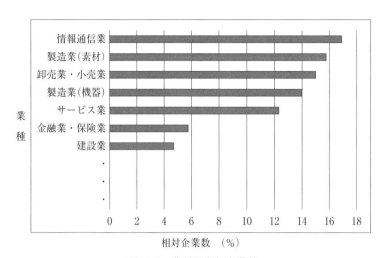

図15.1　業種別参加企業数

（出所）独立行政法人情報処理推進機構『DX 推進指標　自己診断結果　分析レポート
（2021年版）』

員数別でまとめた結果が図15.2である。どのような企業が DX 化に関心を示し
ているのであろうか？

　業種別の図15.1によると，情報通信業，製造業（素材），卸売業・小売業，
製造業（機器），サービス業が上位 5 位までを占めており，製造業が 2 つ入っ
ている。素材系と機器系を合わせると製造業が30％程度になり断トツの 1 位で
ある。今回で 3 回目の自己診断であるが，いずれの結果においても製造業が 1
位となっており，製造業が DX に強い関心を寄せていることがわかる。DX 化
の影響を最も強く受ける業種であり，波に乗り遅れることが致命傷になりかね
ないという危機感があるためと考えられる。言い換えれば，DX 化なしでは製
造業は生き残ることがむずかしいといえる。

　従業員数で表した規模別の図15.2によると，3,000人以上の企業からの回答
が32％と最も多い。規模の大きい企業で，DX に関心が高いことがわかる。ま
た，多少凹凸はあるものの，従業員数が少なくなるにしたがって回答数が減少
している。小規模企業になると，関心が低いというよりも，余裕がなく DX に

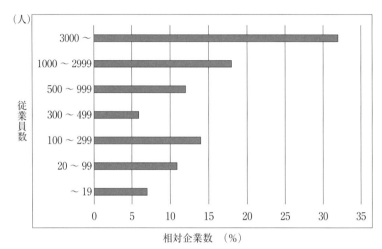

(人)

図15.2　規模別参加企業数

(出所) 図15.1に同じ

まで手が回らないことに加え，基盤の弱い中小企業では未知のデジタル社会に対して様々な危惧を感じており，参加を躊躇しているのではないだろうか (15.7.3参照)。

15.4　DX 導入上の問題点[7][8][9]

GAFA (Google, Apple, Facebook, Amazon)に代表されるように，インターネットのようなデジタル技術を使って，これまでにないビジネス・モデルを展開する新規参入者が登場してくる。対策が遅れれば，書店や家電販売店のように日本の街角から消えることになる。各企業は競争力維持・強化のために DX をスピーディーに進めていくことが重要である。

その際，注意すべき点として，これまで使ってきたシステムの延長として新しいデジタル技術を考えてはいけない。これまでのシステムに縛られていては，データの活用，資金や人材の投入が限定的になってしまう。また，時間が経過するに従い，残した古いシステムを維持・保守できる人材がいなくなり，セキュ

リティ上のリスクも高まる恐れがある。したがって，思い切って新しいデジタル技術に乗り換えることが重要である。その際，DX に通じた人材の不足が最も重要な問題となる。

　経営者が果たす役割は大きく，DX を実現していく上での IT システムに関する現状の課題やそれへの対応策，デジタル技術を活用してビジネスをどのように変革するかという経営戦略，それを実行する上での体制や企業組織内の仕組みの構築が必要である。

　最近日本の企業において，デジタル部門を設置する動きが出てきたが，経営者の働きに課題がある場合が多い。新しく設置したデジタル部門はその性質上既存の組織から独立しているため，社内で孤立してしまい，経営，事業部門，IT 部門からも支援が得られない状況が生じている。これらの問題を解決できるのは上に立つ経営者に他ならない。

15.5　DX に必要な全社的 IT システムの構築[10)11)]

　DX に必要な全社的な IT システムを構築するに当たっては，既存の IT システムと各事業部門が新たに導入する IT システムとの連携を保ちつつ，IT システムが事業部ごとに個別最適となることを回避し，全社最適となるようにガバナンス（健全な企業経営）を確立することが重要である。

　全社的な IT システムの全体像は表15.1のようである。「既存の IT システム」と「新たに導入する IT システム」の 2 つのシステムからなっている。

　「既存の IT システム」は社内のオペレーションの効率化を目的とした社内ユーザーが利用する業務用サービスが中心である。人事，財務，生産管理，在庫管理など企業の業務と直接かかわるシステムである。システムの安定性を重視している。データ活用は，主に経営，業務を目的としている。

　「新たに導入する IT システム」は競争力強化，収益拡大を目的とした顧客が利用するサービスが中心であり，システム開発にスピードとアジリティ（機敏性）を持たせている。データ活用は，部門や自社・他社の垣根を越えて，必要なデータを使いたいときに使える状態を目指す。

表15.1　DX に必要な全社的 IT システム

システム	既存の IT システム（旧システム）	新たに導入する IT システム
目　的	社内業務向け：記録のためのシステム	顧客向け：企業とユーザーをつなぐ エンゲージメントシステム
特　徴	・社内のオペレーションの効率化	・競争力強化，収益拡大
	・システムの質と安定性を重視	・システム開発にスピードとアジリティ を持たせる
	・経営情報や業務改善を目的	・部門や自社，他社の垣根を越えて必要 なデータを使える状態を目指す
	・社内のユーザーが利用する業務用 サービスが中心	・顧客が利用するサービスが中心

（出所）経済産業省（2018）『デジタルトランスフォーメーションを推進するためのガイドライン（DX 推進ガイドライン）』Ver. 1. 0;野村総合研究所（2020）『DX 推進から基幹系システム再生までデジタルアーキテクチャー設計・構築ガイド』日経 BP に基づいて筆者作成

　「既存の IT システム」と「新たに導入する IT システム」との間では連携が必要であるが，両者間には課題が存在しており，DX 化への重荷になっている。旧システムの維持・運用に予算の大部分が取られて新システム導入の予算が確保できないこと，機能追加などによる旧システムの肥大化・複雑化によるブラックボックス化，旧システムに精通したエンジニアの退職などが大きな課題となっている。

　課題を解消する必要があるが，そのとき事業部門ごとに「個別最適」となることを回避し，「全社最適」となるように必要なガバナンスを確立しなければならない。あたらしく，全社的 IT システムを構築するとき，ベンダー企業(ユーザーに製品を提供している企業）に丸投げすることはせず，システムを連携する上で重要な基盤の企画・要件定義に企業自らが関わることが重要である。

15.6　DX 化による生き残り[12)13)]

　これからの時代は進化するデジタル技術を活かしてあらゆる産業でディスラプション（破壊）が進行することになる。既存の企業には，イノベーションの

チャンスがある。特に，製造業はデジタル化の影響を大きく受けることになり，製造工程における生産機械や設備の自動化，見える化などが急速に進みつつある。

　すでにDX時代のものづくりが始まり，歯科医療の分野でも起こっている。歯の矯正に使うマウスピースは個人で異なり，オーダーメードで同じものがない。製造技術も特殊で高価である。これまで海外で作られたマウスピースは空輸され，個人に届けられていた。それが大きく変わったのである。主役は高性能な3Dプリンターである。もはやマウスピースを空輸する必要はなくなったのである。ネットを使ってメーカーから送られてきた積層造形用のデータを，国内の3Dプリンターで出力することでマウスピースを作っている。時間と費用の大幅な削減が実現している。

　同様のことが，近い将来，製造業においても起こることになる。メーカーから積層造形用データを送ってもらうだけで，3Dプリンターで出力し，瞬時に製品を手にすることができるのである。コストと時間の大幅な削減である。さらに3Dプリンターが進化して高性能になれば，それだけ完成品に近い製品を出力させることが可能になる。夢のような時代がすぐそこに来ているのである。

　一つの成功例にしがみついていては，変化の速いデジタル時代には生き残ることはできない。唯一生き残るのは変化できる企業である。

15.7　DXへの取り組み

　DXが社会に及ぼす影響は大きく，国の将来の繁栄と強く結びついている。ドイツや日本は国をあげてDXに取り組んでいる。それでは，DXにどのように取り組もうとしているのであろうか？

15.7.1　ドイツが進めるIndustry 4.0

　（A）Industry 4.0の導入[14)15)16)]：ドイツは最も早くからDXの重要性に気づき，いち早く具体的な行動を起こした国である。ドイツが提案したDXがIndustry 4.0である。「4.0」は製造業を対象にした「第4次産業革命」を表している。IoT

を製造プロセスに応用して，あらゆる機械やセンサーをインターネットでつないでネットワーク化する取り組みである。「Industry 1.0は18世紀の水力・蒸気機関を活用した機械化（軽工業）による『第1次産業革命』，Industry 2.0は20世紀前半の石油と電力を活用した流れ作業（重工業）による『第2次産業革命』，Industry 3.0は20世紀後半のコンピューターを活用した自動化(オートメーション）による『第3次産業革命』である。」

　2011年4月，ヘニング・カガーマン教授らは工業生産のデジタル化とIoTの普及を目指して，官民一体のプロジェクト「Industry 4.0」を公表した。工業見本市ハノーバメッセが始まる直前のことであった。2013年，カガーマン教授を中心にして「プラットフォームインダストリー4.0」が設立され，政府機関，業界団体，フラウンホーファー研究所，Bosch などを含めた産官学連携体制が構築された。2015年4月，「Industry 4.0」を促進するため，ドイツ政府がこのプラットフォームの旗振り役を務めることになり，トップダウン方式で経済界を牽引するようになった。政府が主導している点に特徴がある。

　(B) ドイツが目指すスマート工場[17)18)19)]：それでは，ドイツは Industry 4.0によって，どのような製造業を目指しているのであろうか？　Industry 4.0が狙っているのはスマート工場の実現である。生産機械やセンサーだけでなく企業資源のあらゆるものが IoT でつながれている。互いに通信することで，製品の効率的な製造を可能にするだけでなく，各製品がいつ製造されたか，どこに納品されるべきかといった情報を共有し，製造プロセスを円滑にすることができる。さらに既存のバリューチェーンの変革や新たなビジネスモデルの構築を可能にすることができる。このシステムにより，大量生産の仕組みを活用しながら個別の製品生産に対応できる「マス・カスタマイゼーション」が可能となる。このような生産方式が「サイバー・フィジカル・システム（CPS)」であり，このシステムを導入した工場が「スマート工場」である。

　(C) ドイツが狙う標準化[20)21)]：「Industry 4.0の取り組みは，日本のトヨタ生産

方式，アメリカのリーン生産方式に対して，ドイツが強い危機感を持ったのがきっかけである。」

　現在，ドイツは車，工作機械，プラントの製造で世界のトップグループであり，貿易黒字を生む製造業はドイツ経済の屋台骨である。ところが，製造業をめぐる競争は激しくなるとともに，顧客のニーズが変化しており，この競争を勝ち抜くためには，大量生産ではなく個々のニーズを満足させる高品質の製品を大量生産並みの安価な価格で生産する必要に迫られている。製造業が大きく変化して生まれ変わらなければ，国の繁栄を失うことになる。

　「Industry 4.0を実現する上でもっとも重要な要素が，工場および工場設備における通信規格の標準化である。」標準化にはレベルがあり，最下位が製造装置や機器のレベル，次が製造装置を制御するレベル，次が製造ラインや工場間のレベル，そして最上位が経営資源管理のレベルである。標準化がなされていない場合，データのフォーマットがバラバラで読み取ることができない。スマート工場を実現するためには標準化が不可欠であり，標準化を主導することは，世界のものづくりを主導することであり，ドイツが世界市場を制する絶好の機会となっている。

15.7.2　日本が進める Society 5.0

　（A）Society 5.0の導入[22)23)]：日本政府が提案している DX が Society 5.0である。しかし，日本政府の動きは鈍かった。2011年にドイツ政府が国家プロジェクトとしてインダストリー4.0を発表したのに対し遅れること4年，2015年に民間主導で IoT の研究団体が設立された。Society 5.0は内閣府によって第5期科学技術基本計画（2016年～2020年）において我が国が目指すべき未来社会の姿として提唱されている。「2020年までにセンサーで集めた現場のデータを，工場や企業の枠を越えて共有・活用する先進システムを全国50カ所で生み出す。製造現場の強みを共有するドイツと協力し，国際標準化を進める」と首相が発表したのは2016年4月である。Industry 4.0がドイツ政府主導であるのに対し，日本の場合は民間が主導している点に特徴がある。

日本を取り巻く環境は大きく変化しようとしている。経済発展が進む中，食料の問題，エネルギーやCO$_2$削減問題，高齢化や出生率の低下による労働人口の減少，グローバル化による国際的競争の激化，富の不平等，など解決困難な問題が山積している。これらの問題を解決しながら持続可能な社会を推進していこうとする「スマートシティ」を目指している。

　(B) Society 5.0が目指す社会[24)25)26)]：日本政府が提案するSociety 5.0とはどのような社会であろうか？　Society 1.0は狩猟社会，Society 2.0は農耕社会，Society 3.0は工業社会であり，現在，我々が暮らしているSociety 4.0は情報社会である。様々な情報や知識にあふれている。データベースにインターネットを経由してアクセスし，情報やデータを入手して解析することで価値が生まれてきた。しかし，これらの多くの情報やデータは限られた領域の中で集積されており，分野を横断した広い領域において共有されていない。

　Society 5.0では，サイバー空間（仮想空間）とフィジカル空間（現実空間）を高度に融合させたシステムにより，経済発展と社会的課題の解決を両立する人間中心の社会を目指している。IoTですべてのものがつながっていることから，フィジカル空間のセンサーからの膨大な情報がサイバー空間に集積される。その膨大なビッグデータをAIが解析し，その結果が産業や社会にフィードバックされることで，これまでになかった新しい価値がもたらされることになる。

　デジタル革新によって社会のありようが変化していき，その中で製造業も変わってきている。デジタルツインがその一例であり，サイバー空間上にフィジカル空間情報を反映したモデルを構築し，フィジカル空間でセンシングした情報を基に実状態の分析を行ってモデルの最適化を行い，フィジカル空間でのリアルなシミュレーションを可能にする仕組み（CPS）である。

　東京都ではデジタルツインを活用して，仮想空間にバーチャル東京を作成し，リアルタイムで都民の情報把握，災害対策，渋滞予測などのシミュレーションを行い，その結果をフィジカル空間で実社会に役立てている。また，製造業に

おいても，デジタルツインを活用したマス・カスタマイゼーションの要求が高まってきている。

15.7.3　Industry 4.0，Society 5.0の問題点[27)28)29)30)]

　従来の方法を大きく変化させるこれらの国家的プロジェクトの導入は様々な問題を引き起こすことになる。

　2011年に提案されたIndustry 4.0であるが，初めは思うように進展しなかった。機械製造業界とIT業界の間でどちらが主導権を握るかをめぐって対立が生じたためである。Industry 4.0はIT業界のカガーマン教授が中心になって生まれた構想である。機械製造業界にはIT業界の下請けにはなりたくないとの気持ちが強かった。また，IT業界ではスピードを重視し，機械製造業界では品質を重視する文化の違いがあった。さらに，将来スマートサービスが広まり，製造業のネットビジネスが進むと大切な製造ノウハウをソフトウェアとして公開することになり，製造ノウハウを失ってしまうことになりかねないとの危惧があった。特に，基盤の弱い中小企業（ミッテルシュタント）ではこの傾向が強く，インダストリー4.0への参加を躊躇した。ドイツと同様，中小企業が多い日本のSociety 5.0においても，重要な問題である。

　IoT，AI，ロボットなどを工場や社会に導入したとき，労働者の仕事が奪われる可能性がある。工場における組み立てや製品の検査に携わる作業員にはプログラミングの知識が不可欠となり，常に新しい技術を身につけるために研修を受ける必要がある。銀行の窓口係，店員，タクシーの運転手など単純作業もロボットや自動運転などに置き換わると考えられる。約50％の仕事が奪われるとの試算もある。また，高齢者がSNSを使いこなしてデジタル社会に適応できるかという問題もある。

　社会構造の変化による影響も大きい。Society 5.0が目玉とするシェアリングエコノミー（共有経済）の進展により，社会生活で必要とされる自動車が大幅に減少することが予測される。電気自動車への転換によって日本の自動車産業が受ける打撃に追い打ちをかけることになる。

このように様々な問題が懸念されるが，Industry 4.0や Society 5.0はまだ始まったばかりといってよい。日本と同様の悩みを抱えながら先行して Industry 4.0を推し進めてゆくドイツを横目で見ながら，日本も歯を食いしばって取り組んでいかなければならない。「変化するものだけが生き残れる」のだから。

　注
　1 ）経済産業省（2018）「産業界におけるデジタルトランスフォーメーションの推進」
　2 ）内山悟志（2020）『テクノロジーをもたない会社の攻めのDX』クロスメディア・パブリッシング，p. 29, 18
　3 ）経済産業省（2018）『デジタルトランスフォーメーションを推進するためのガイドライン（DX 推進ガイドライン）』Ver. 1. 0
　4 ）ベイカレント・コンサルティング（2017）『デジタルトランスフォーメーションの実際』日経 BP 社　p. 12, 3
　5 ）独立行政法人情報処理推進機構『DX 推進指標　自己診断結果　分析レポート（2021年版）』
　6 ）経済産業省「デジタルトランスフォーメーション DX レポート―IT システム『2025年の崖』克服と DX の本格的展開―」
　7 ）前掲1 ）
　8 ）前掲5 ）
　9 ）前掲4 ），p. 4
　10）前掲3 ）
　11）野村総合研究所（2020）『DX 推進から基幹系システム再生までデジタルアーキテクチャー設計・構築ガイド』日経 BP，p. 12
　12）前掲4 ），p. 133
　13）例えば，https：//news.mynavi.jp/techplus/article/20220520-2348416/（2022. 6. 12）
　14）長島聡（2015）『日本型インダストリー4.0』日本経済新聞出版社，p. 12
　15）総務省「インダストリー4.0とは」『平成30年版　情報通信白書』
　16）熊谷徹（2017）『INDUSTRIE 4. 0　日本の製造業は IoT 先進国ドイツに学べ』洋泉社，p. 16, 118, 143
　17）MOOK（2015）『インダストリー4.0の衝撃』洋泉社　p. 10
　18）前掲15）
　19）前掲16），p. 22
　20）前掲17），p. 11, 14, 15, 139
　21）前掲16），p. 52

22）前掲16），p. 214, 215
23）内閣府「Society 5. 0」
24）前掲23），pp. 1 - 3
25）前掲16）
26）日本機械学会サイト　https://www.jsme.or.jp/kaisi-volno/no-1231/（2021. 7. 12）
27）前掲16），pp. 122-130, 143-145
28）内閣府『平成30年版　経済財政白書』p. 217
29）前掲16），pp. 146-147
30）総務省「シェアリングエコノミーの経済効果の経路」『平成30年版　情報通信白書』

参考文献
内山悟志（2020）『テクノロジーをもたない会社の攻めの DX』クロスメディア・パブリッシング
日立東大ラボ編（2019）『Society 5. 0　人間中心の超スマート社会』日本経済新聞出版

おわりに

　グローバル環境，DX環境でのものづくりは，新しい局面を迎えてきている。企業を取り巻く環境は，地球環境，政治，経済，社会，技術(Global Environment, Politics, Economics, Society, Technology) のいわゆる E-PEST が目まぐるしく変化している。世界はより開いた環境になり，ものづくり経営をする基盤となる拠りどころが揺らぎ，将来の方向が見えにくくなってきている。

　より開いた環境の中で，ものづくり，つまり「もの」と「つくり」に関する戦略と戦術についてどのように考えるのか，将来を見据えていかなる企業理念をもって対処するのか，またそれさえも超えて，何をすべきなのかを問うたものづくりをまとめた。

　ものづくり企業のありたい姿として3つの基本理念（人間尊重，社会協調，環境保全）のもとで顧客，サプライヤー，従業員，株主，地域社会，地球環境，政府の7つのステークホルダーの満足が企業理念であるという考え方を取った。

　企業は持続的に発展し続けなければならないとして，何を根拠に経営戦略を策定するのか。戦略にこそ戦略が必要であるとの観点より，「強い日本の技術力がなぜ負けるのか」の答えとして戦略策定上の12の留意点をあげた。この留意点は根源的と思われる概念を整理したものであり，ものづくり戦略を考える上での基盤となる。ものづくり企業は持続的に発展するためにどのような要件が必要なのか，10の要件をあげた。10の要件は7つの満足の獲得に寄与する。

　戦略的経営をいかに定量的に把握するのか，活動とのつながりで有効性と効率に貢献するという立場で，因果関係の説明をしている。経営評価指標，業績評価指標，活動評価指標の3つの指標のリンケージから説明している。

　第2章から第5章までの内容に基づいて有効性，効率性，社会性を結びつける方法としてリンケージ・マネジメントを適用した。この考え方は，我々が提案しているこれからのものづくりの方向について，どのようにリンケージすれば良いのかの一つの答えを提供する。補完リンケージ，止揚リンケージ，包摂

リンケージはものづくり戦略，戦術に効果的に適用され，企業の発展成長に寄与してきている。

　3つのリンケージはリンケージ・サイクルの持続的な発展を続けるために適用できる考え方であり，10の要件，7つの満足をつなぎ，つなげる，つながる実践活動をする管理のツールとして活用できる。特に継続し続ける活動に対してつながり合う考え方が適用でき，とても相性が良い。

　ものづくり経営のリンケージ・ステップ展開によって，3つのリンケージを効果的に適用して，継続的発展に貢献している。7つの満足とのリンケージは止揚リンケージであり，創造的な活動によって新しい「もの」が生まれる。日本企業はこの問題つまり「もの」に挑戦し，世界のリーダーになるチャンスが訪れていると考える。経営指標とのリンケージはKMIと直接貢献するKAIを見つけることにより，より強い企業に成長していく。4つの日本の代表的なものづくりシステムから活動を継続するための3つの原則を導き出した。すなわち，①閉じたシステムとして運用していること，②顧客と直接つながっていること，③あるべきものづくりコンセプトが明確であること，である。リンケージから導き出した成果であり，実際に継続するにあたり重みのある原則である。

　企業における導入事例は，提案したリンケージ生産システムの実践例であり，有効性，効率性，社会性をつないだ，生産システムである。

　講座の実践では，リンケージ生産システムの紹介を通じて，有効なシステムかどうかを検証した事例である。このシステムを理解し，適用できることが明らかとなってきた。

　近年脚光を浴びてきたDX環境について，ものづくりとDXの関係について整理し，これから進める方向について述べた。DX環境はデジタル技術革新によって目まぐるしく変わり，まさに代表的な開かれた環境にある。

　読者の皆様のご意見ご鞭撻をいただきたく，ここに筆をおくことにします。

2022年11月10日

野村　重信

事項索引

人名索引

編著者一覧

*田中　芳雄（第1・2・3・4・5章）
たなか　よしお

　　1940年　台湾　高雄市生まれ
　　1967年　大阪大学大学大学院工学研究科博士課程修了
　　1967年　工学博士（大阪大学）
　　現職　　大阪府立大学（現大阪公立大学）大学院名誉教授

*野村　重信（第6.2，6.3章・第8・9・10・11章，第13章）
のむら　しげのぶ

　　1947年　岐阜県生まれ
　　1978年　早稲田大学大学院理工学研究科博士課程単位修得
　　1986年　工学博士（早稲田大学）
　　現職　　愛知工業大学大学院名誉教授

上田　隆司（第6.1章・第15章）
うえだ　たかし

　　1949年　石川県生まれ
　　1978年　大阪大学大学大学院工学研究科博士課程修了
　　1978年　工学博士（大阪大学）
　　現職　　金沢大学大学院名誉教授

安田　正義（第6.4章・第12章）
やすだ　まさよし

　　1982年　岐阜県生まれ
　　2016年　愛知工業大学大学院経営情報博士後期課程修了
　　2016年　博士（経営情報）（愛知工業大学）
　　現職　　愛知工業大学経営学部准教授

宮本　真一（第7章・第14章）
みやもと　しんいち

　　1963年　香川県生まれ
　　1988年　南山大学法学部卒業
　　2019年　AOTS総合研究所グローバル事業部長
　　現職　　（一社）日・タイ経済協力協会（JTECS）専務理事

（執筆順，＊は編者）

ものづくり経営リンケージ戦略

2023 年 1 月 10 日　第 1 版第 1 刷発行

編著者　田中　芳雄
　　　　野村　重信

発行者　田中　千津子
発行所　株式会社　学文社

〒153-0064 東京都目黒区下目黒3-6-1
電話　03(3715)1501(代)
FAX　03(3715)2012
https://www.gakubunsha.com

Printed in Japan

印刷　亜細亜印刷株式会社

ISBN978-4-7620-3210-3